汽车技术三维课堂丛书

汽车自动变速器

构造与检修彩色图册

上海景格汽车科技有限公司　编
唐晓丹　主编

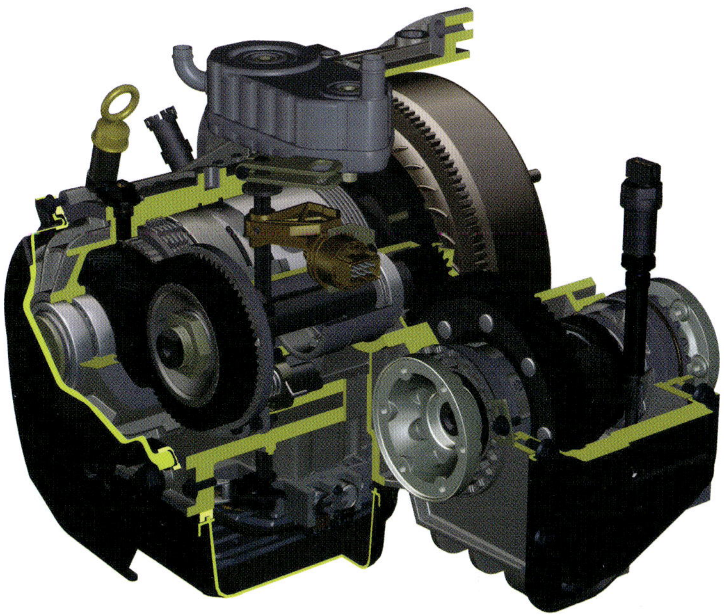

人民交通出版社

内 容 提 要

本图册以上海通用别克轿车4T65—E型自动变速器与大众轿车01M型自动变速器为例，以彩色三维图片为主要形式，全面介绍了自动变速器的组成、结构、工作原理、试验及检修方法。

本图册可作为汽车专业多媒体教学与学习的配套教材，也可供汽车专业的学生和汽车维修技术人员自学使用。

图书在版编目（CIP）数据

汽车自动变速器构造与检修彩色图册/唐晓丹主编；上海景格汽车科技有限公司编．—北京：人民交通出版社，2008. 10

ISBN 978-7-114-07418-9

Ⅰ．汽…　Ⅱ．①唐…②上…Ⅲ．①汽车－自动变速装置－结构－图集②汽车－自动变速器装置－检修－图集 Ⅳ.U463. 212-64

中国版本图书馆 CIP 数据核字（2008）第 150266 号

Qiche Zidong Biansuqi Gouzao yu Jianxiu Caise Tuce

书　　名：汽车自动变速器构造与检修彩色图册

著 作 者：上海景格汽车科技有限公司
唐晓丹

责任编辑：翁志新

设计制作：文思莱

出版发行：人民交通出版社

地　　址：（100011）北京市朝阳区安定门外外馆斜街 3 号

网　　址：http://www.ccpress.com.cn

销售电话：（010）59757973

总 经 销：人民交通出版社发行部

经　　销：各地新华书店

印　　刷：中国电影出版社印刷厂

开　　本：880 × 1230　1/16

印　　张：8.5

版　　次：2009 年 1 月第 1 版

印　　次：2012 年 12 月第 2 次印刷

书　　号：ISBN　978-7-114-07418-9

印　　数：4001~ 6000 册

定　　价：40.00 元

（有印刷、装订质量问题的图书由本社负责调换）

前　　言

Foreword

目前，汽车已发展成为集计算机技术、光纤传输技术、新材料技术为一体的高科技的集成物，汽车技术全面进入电子化、智能化阶段。汽车技术的发展向汽车技术人员提出了新的挑战，汽车技术人员只有加强学习、不断实践，才能跟得上汽车发展的步伐。汽车技术的发展也对汽车专业图书资料提出了新的挑战。现代的汽车结构精密复杂、系统繁多，传统的黑白图形已无法清晰展现汽车结构，只有彩色三维图片才能更好地表现现代汽车结构。为此，我们充分利用上海景格汽车科技有限公司在汽车技术和三维动画软件开发方面的优势，结合维修、教学的实践，以国内比较先进、技术含量较高的通用别克轿车 4T65—E 型自动变速器与大众轿车 01M 型自动变速器为例，编绘了此图册。

本图册图片清晰逼真、色彩鲜艳、文字精练、通俗易懂。

本图册由上海景格汽车科技有限公司组织编写，上海科学技术职业学院的唐晓丹副教授担任主编，上海景格汽车科技有限公司的王德成、姜华荣担任副主编，同济大学的俞水良教授提供技术支持。参加本图册编写的还有黄智、张玮琳、王磊磊、姜磊、王海荣、王金忠、叶苗、陈璞、郑金忠、郑玉宇等同志。

本图册在编绘过程中，得到了一些院校和维修企业的大力支持和协助，并参考了通用汽车公司原厂资料，在此表示诚挚的感谢。

由于水平有限，经验不足，加之时间仓促，书中难免有错误和疏漏之处，恳请广大读者批评指正。

编者

目　录

Contents

结构与原理篇

目　　录

Contents

目 录

Contents

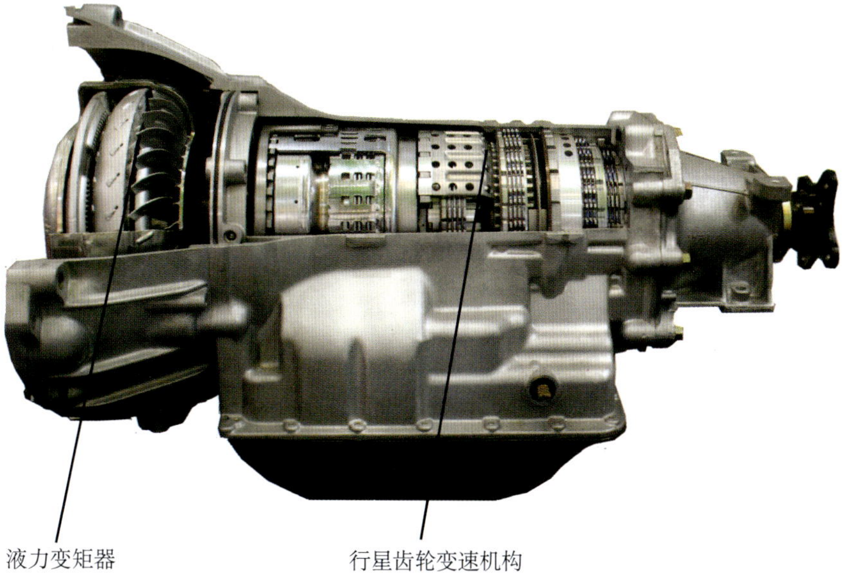

一、定义

自动变速器（英文：Automatic Transmission，简称 AT)是能根据汽车的负荷与车速的变化，自动改变变速器的挡位，以实现汽车最佳的动力性、安全性、环保性的变速器。

二、组成

自动变速器主要由液力变矩器、行星齿轮变速机构、控制系统、冷却和润滑系统四大部分组成。

三、类型

(1) 按驱动方式分类：可分为后轮驱动和前轮驱动的自动变速器。

(2) 按齿轮变速器的类型分类：可分为行星齿轮式、平行轴式以及传动带式（CVT）自动变速器三种。

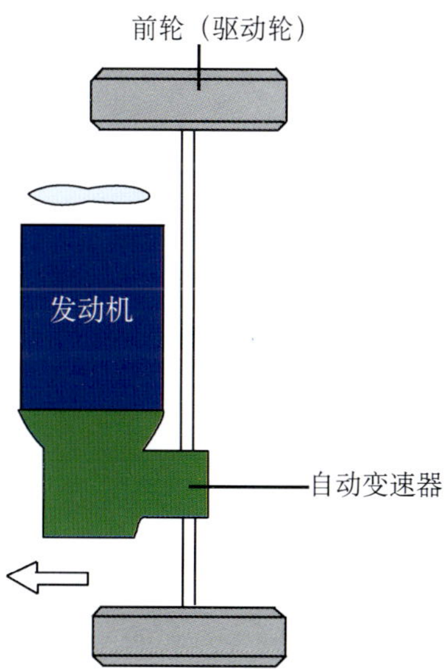

前轮驱动的自动变速器布置示意图

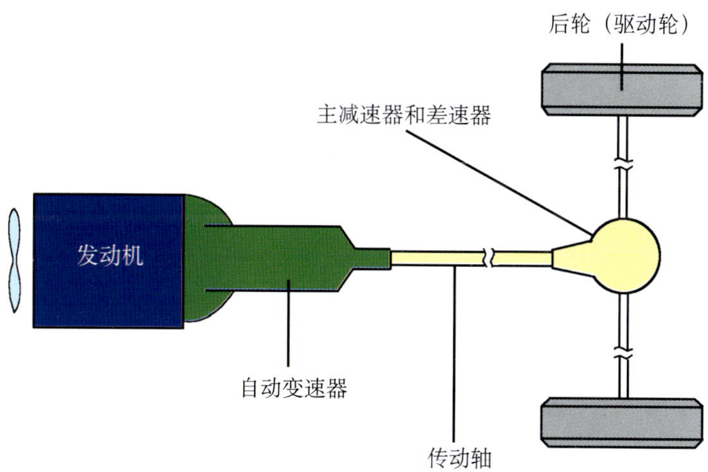

后轮驱动的自动变速器布置示意图

液力变矩器的结构

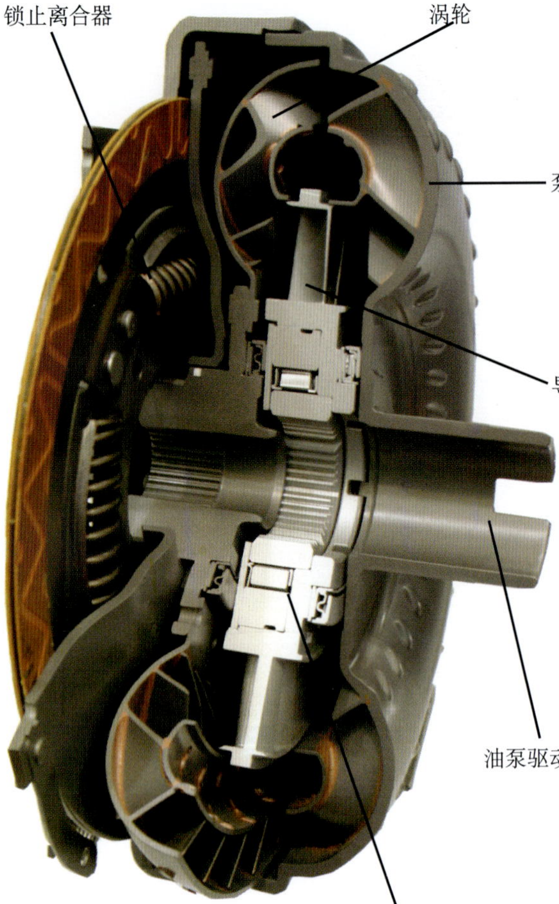

一、安装位置

通过螺栓固定在发动机飞轮的后端。

二、功用

液力变矩器利用自动变速器油作为传力介质，根据汽车行驶阻力的变化，在一定范围内自动地、无级地改变转矩比，把来自发动机的转矩增大后传给行星齿轮机构，同时驱动液压油泵工作。

三、组成

由泵轮、涡轮、导轮、锁止离合器和单向离合器组成。

(1) 泵轮：泵轮是变矩器的主动输入元件，它的叶片直接固定在变速器壳和发动机飞轮上，其转速与发动机转速相等，旋转方向一致。

(2) 涡轮：涡轮是液力变矩器的从动输出元件，与行星齿轮变速机构的输入轴相连，涡轮被来自泵轮的自动变速器油驱动。涡轮内有叶片，其叶片与泵轮的叶片相对，旋转方向相反。

(3) 导轮：导轮是变矩器的反作用力元件，它可以改变由涡轮传来的液压油的流动方向，使自动变速器油改变方向返回到泵轮的中心部位。

(4) 锁止离合器：在一定的车速条件下以机械的方式直接连接泵轮和涡轮，使发动机产生的动力百分之百地传递给变速器。

(5) 单向离合器：能实现元件（如导轮）的单向锁止或转动。

发动机运转时，带动液力变矩器泵轮和液压油一同旋转，泵轮转速越快，产生的离心力越大，液压油旋转速度也就越高，其动能也越大。泵轮内的液压油在离心力的作用下，沿着泵轮叶片外缘冲向涡轮，并沿涡轮叶片流向导轮，再经导轮流回泵轮，形成循环的液流。

液压油的流动有两种类型：一种是环流运动，即液压油按泵轮和涡轮的转动方向流动；另一种是涡流运动，即液压油通过泵轮和涡轮叶片形成的通道进行螺旋形循环流动。

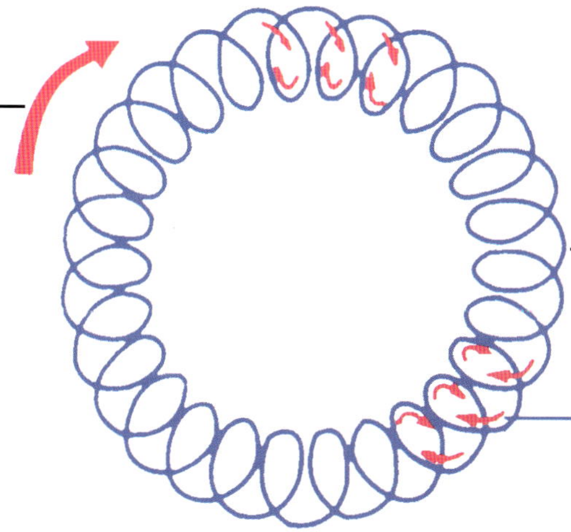

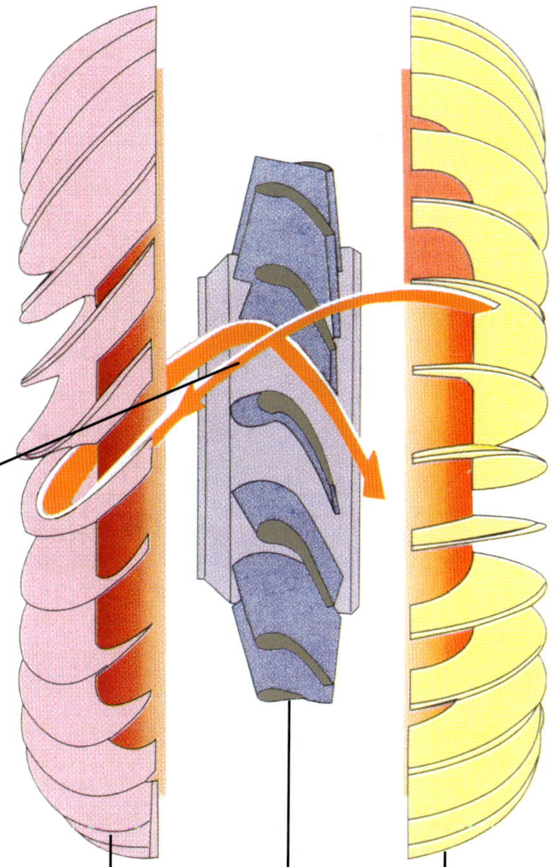

液力变矩器的工作原理（二）

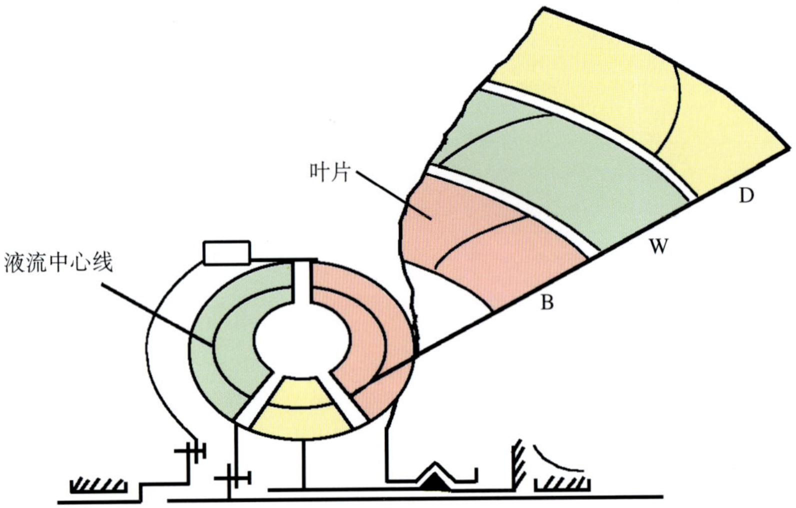

液力变矩器工作轮展开示意图

B- 泵轮；W- 涡轮；D- 导轮

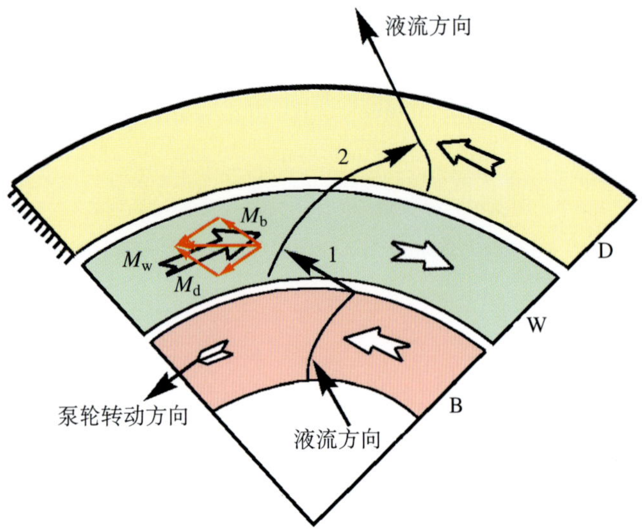

假想地将液力变矩器的 3 个工作轮从液流中心线处剖开（除掉圆内部分）并按液流方向展平，得到左图所示的叶片展开示意图。

当发动机带动泵轮转动，泵轮叶片带动液压油旋转，并推动液压油以一定的速度按右图箭头 1 所示方向冲向涡轮的叶片，对涡轮产生一个 M_b 的转矩，此时涡轮静止不动，冲向涡轮的液压油沿着其叶片冲向导轮，对导轮也产生一个冲击转矩，导轮也对液压油产生方向相反的反作用转矩 M_d，并沿固定不动的导轮叶片流回泵轮。根据力的平衡原理，M_b 与 M_d 的合力就是涡轮所受到的转矩 M_w ，可得：$M_w = M_b + M_d$。因此可知，输出转矩要大于输入转矩，即液力变矩器具有增大转矩的作用。

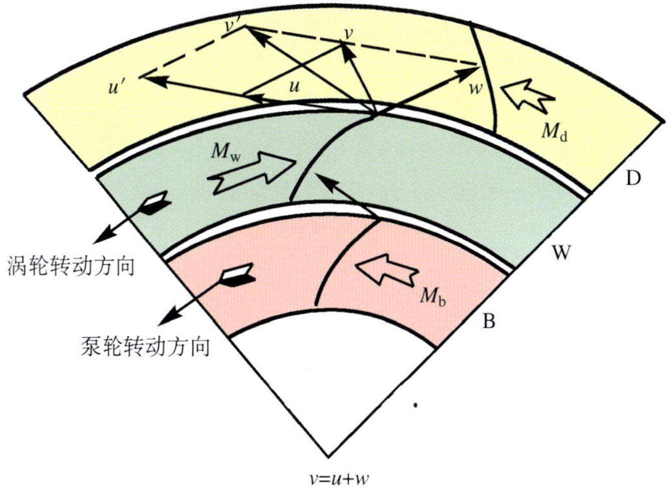

液压油流动方向的变化

如左图所示，当涡轮开始转动后，其转速不断增加；这时涡轮中的液压油除了沿着涡轮叶片流动之外，还要随着涡轮一同转动，使得冲向导轮的液压油既有沿涡轮叶片方向的速度w，也有沿涡轮圆周切线方向的速度u，液压油冲向导轮的实际速度v的方向是w与u方向的合成，该方向顺着涡轮转动的方向向前偏斜了一个角度，使冲向导轮的液流方向与导轮叶片之间的夹角变小，导轮上所受到的冲击力矩也减小，导轮给涡轮的反力矩减小，液力变矩器的增扭作用亦随之减小。车速愈高，涡轮转速愈大，冲向导轮的液压油方向与导轮叶片的夹角就愈小，液力变矩器的增扭作用亦愈小。

当液流从背面冲向导轮叶片时，导轮给涡轮的反力与其运动方向相反，会阻碍其运动；为防止这种情况发生，给导轮安装一个单向离合器，使其在叶片背面受到液流冲击时打滑（自由转动）。导轮进入自由转动的工作点称为耦合点；涡轮静止时，泵轮所能达到最高转速称为失速点，这时涡轮受到的力矩最大。

当涡轮速度处于0～耦合点范围，液力变矩器按变矩器的特性工作，变矩系数$K>1$。

在涡轮速度大于耦合点时，在单向离合器的作用下，液力变矩器按耦合器的特性工作，变矩系数$K=1$。

液力变矩器内锁止离合器的工作原理

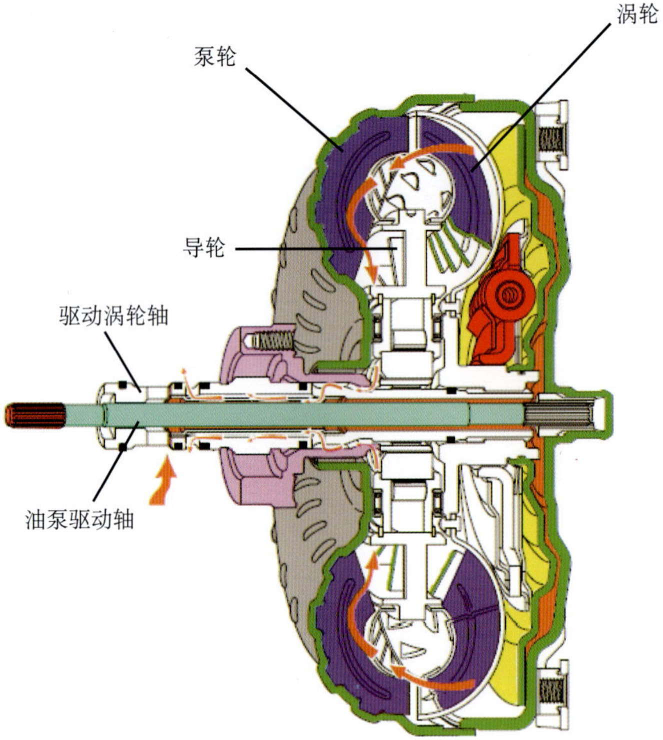

分离状态

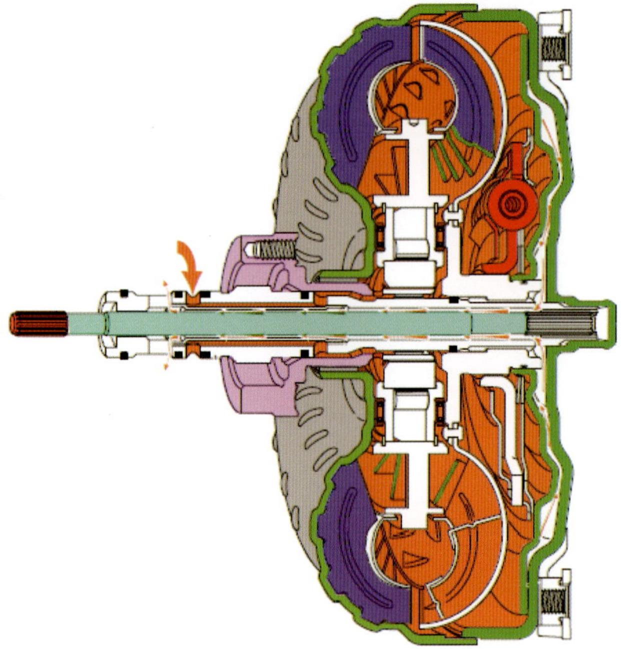

接合状态

液力变矩器在传递动力时存在着能量损失，为了提高传动效率，降低燃油消耗，现代的液力变矩器一般都装有锁止离合器。在一定的车速条件下锁止离合器以机械的方式直接连接泵轮和涡轮，使发动机产生的动力百分之百地传递给变速器。

(1) 分离状态：当车辆低速行驶时，液压控制系统控制液压油通过变速器输入轴的油道流入锁止离合器活塞的右端，从活塞的左端流出进入机油散热器，这时在锁止离合器的左、右侧的压力相等，于是锁止离合器的活塞向左移动，不与变矩器的壳体接触，锁止离合器处于分离状态。

(2) 接合状态：当车辆以中、高速行驶时(80km/h 左右)，液压控制系统使液压油通过输入轴和导轮轴的油道从锁止离合器活塞的左端进入变矩器，这时，锁止活塞被油压推动压靠在变矩器壳内的右端、与变矩器壳体连接成一体并同步旋转。通过泵轮和涡轮之间循环的液压油停止流动，发动机动力无损失地传递给变速器。

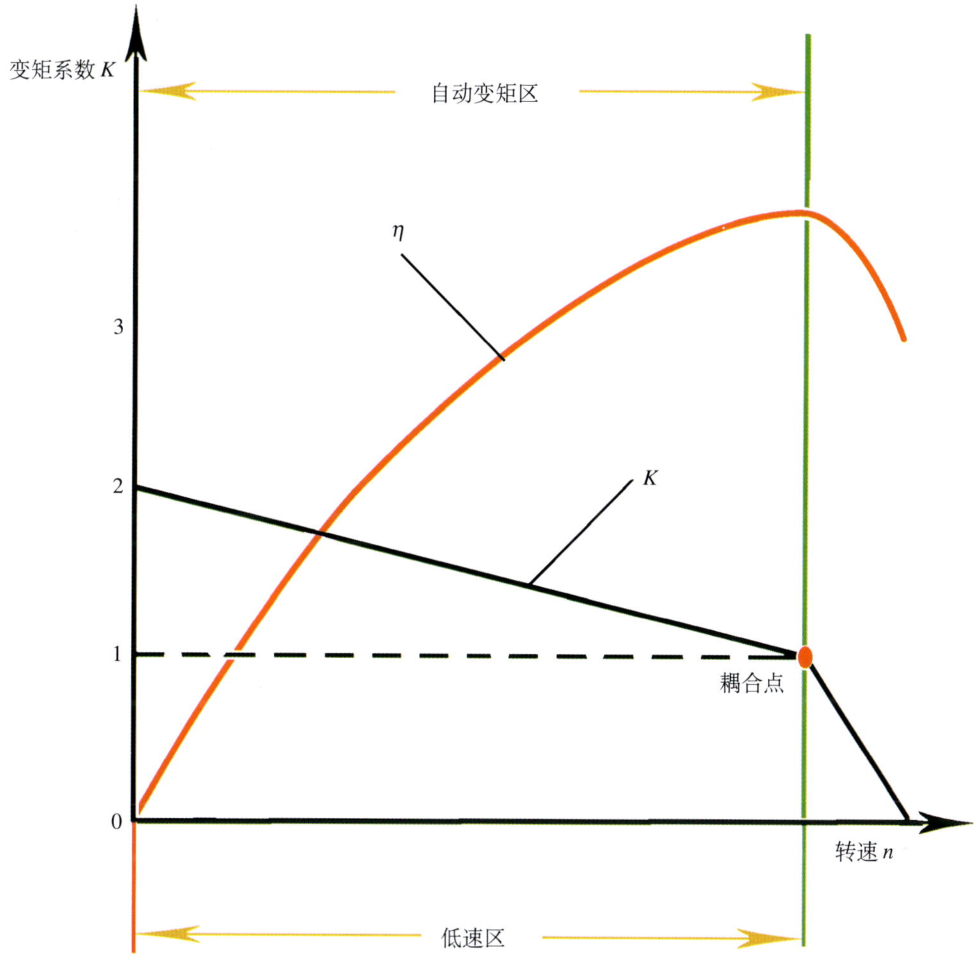

*K*为变矩系数，是涡轮输出转矩与泵轮输入转矩之比。

变矩系数*K*随着涡轮转速的减小而增大，即当行驶阻力大时，液力变矩器自动输出大转矩，这一特性对行驶阻力变化较大的汽车来说是非常适合的。

汽车起步后涡轮的转速逐渐增大，涡轮输出转矩逐渐减小，达到耦合点，即*K*=1，涡轮的转矩等于泵轮的转矩。

*η*为传动效率，是涡轮输出功率与泵轮输入功率之比。

变矩器的传动效率在低速时随涡轮转速的增大而增大，在低速区虽然传动效率低，但是变矩系数大，液力变矩器输出大转矩，耦合点后传动效率急剧下降。

行星齿轮机构的结构

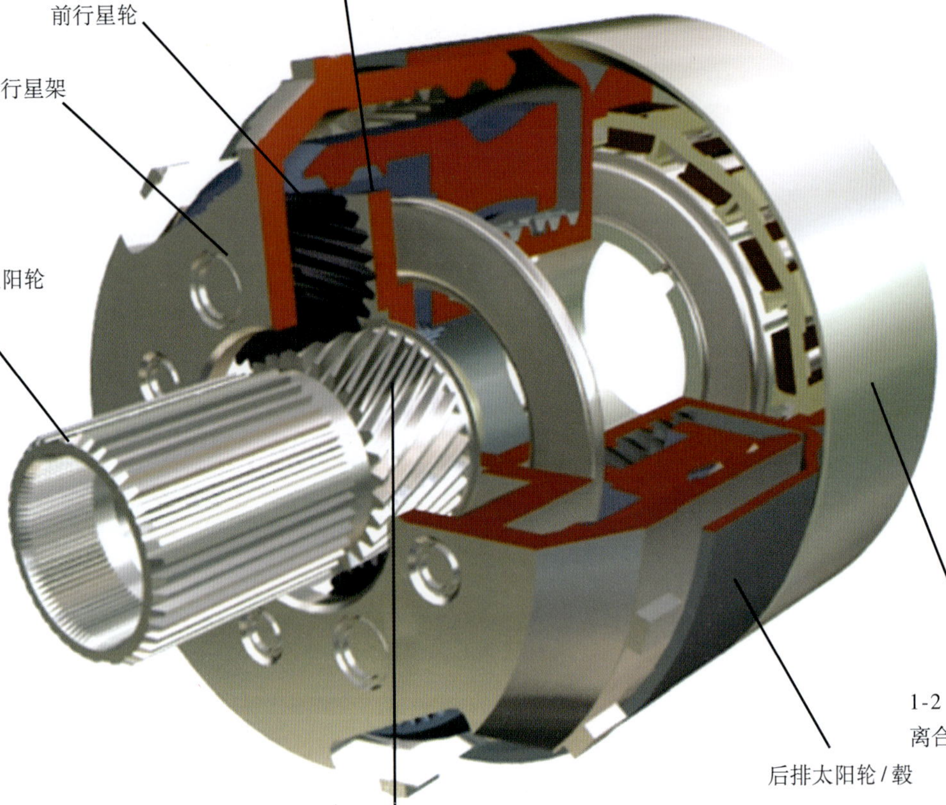

一、概述

行星齿轮变速器通常由行星齿轮机构组合而成(既有单排行星齿轮机构，也有多排行星齿轮机构)。

简单的行星齿轮机构是由太阳轮、内齿圈、行星架及行星轮组成。其中太阳轮、内齿圈、行星架都围绕同一轴线旋转，所以把它们称为组成行星齿轮机构的三元件。

二、行星齿轮机构传动比的计算

(1) 自动变速器各挡位的传动比：

$$i_{总} = K \times i$$

式中：K——液力变矩器的变矩系数；

i——行星齿轮机构的传动比。

(2) 行星齿轮机构各挡位的传动比：

i= 最初输入元件的转速 / 最后输出元件的转速

(3) 单排行星齿轮机构各挡位的传动比：

i = 被动元件的齿数 / 主动元件的齿数

(4) 行星齿轮机构的运动规律满足下列的特性方程式：

$$n_1+\alpha n_2-(1+\alpha)n_3=0$$

其中：$\alpha=z_2/z_1$

式中：n_1、z_1——太阳轮的转速和齿数；

n_2、z_2——内齿圈的转速和齿数；

n_3——行星架的转速。

经推算：行星架的齿数 $z_3=z_1+z_2$。

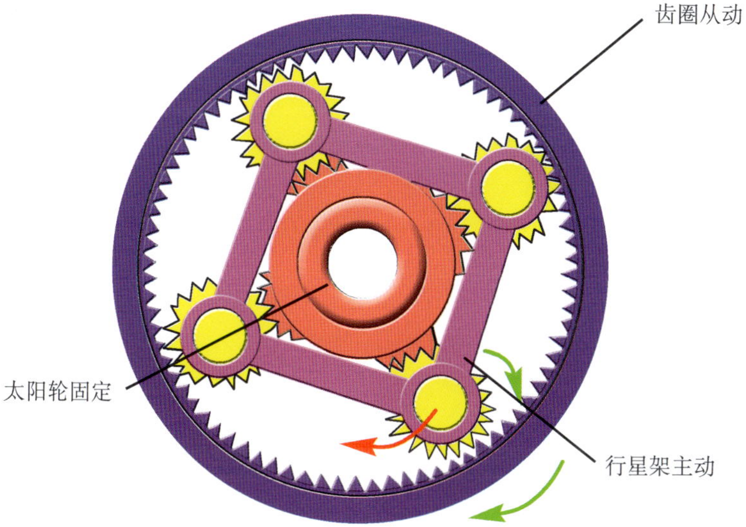

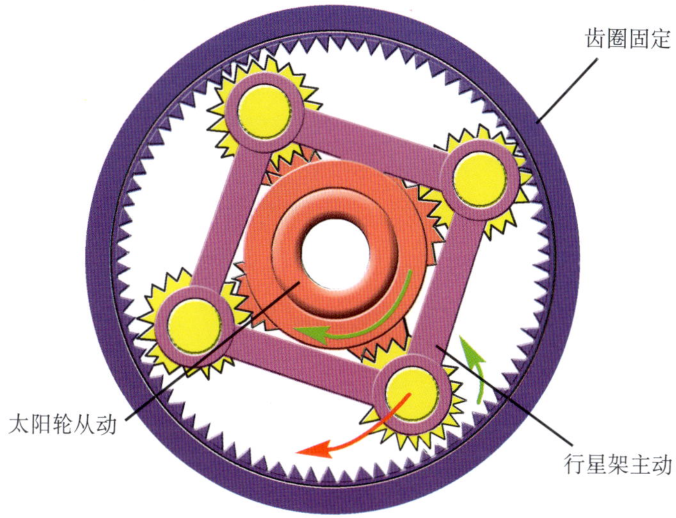

已知：太阳轮固定，行星架主动，齿圈从动。

分析：旋转方向为同向传动，传动比 $i = n_3/n_2 = z_2/z_3 = z_2/(z_2+z_1)$，超速挡。

也可用特性方程式来算：$n_1+\alpha n_2-(1+\alpha)n_3 = 0$，其中 $n_1 = 0$，所以传动比 $i = n_3/n_2 = \alpha/(1+\alpha) = z_2/(z_2+z_1)$。

已知：齿圈固定，行星架主动，太阳轮从动。

分析：旋转方向为同向传动，传动比 $i = n_3/n_1 = z_1/z_3 = z_1/(z_2+z_1)$，超速挡，实际中很少采用。

单排行星齿轮机构挡位分析（二）

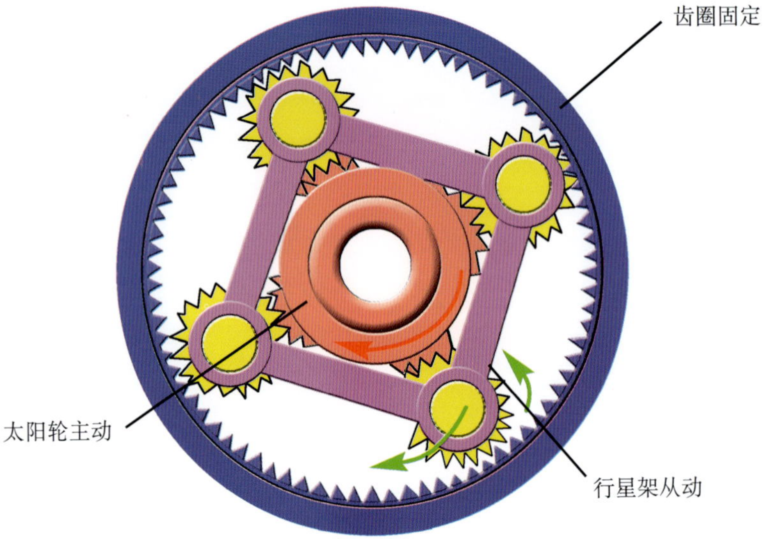

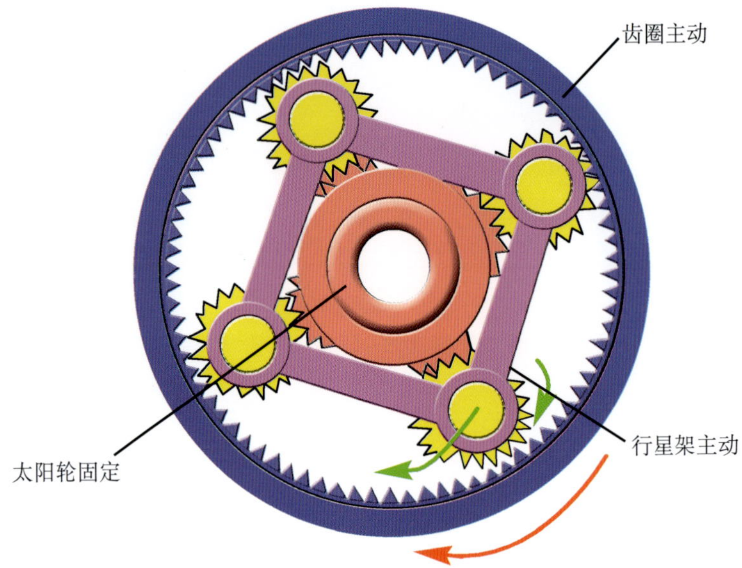

已知：齿圈固定，太阳轮主动，行星架从动。

分析：旋转方向为同向传动，传动比 $i=n_1/n_3=z_3/z_1=(z_2+z_1)/z_1$，减速增扭挡。

已知：太阳轮固定，齿圈主动，行星架从动。

分析：旋转方向为同向传动，传动比 $i=n_2/n_3=z_3/z_2=(z_2+z_1)/z_2$，减速增扭挡。

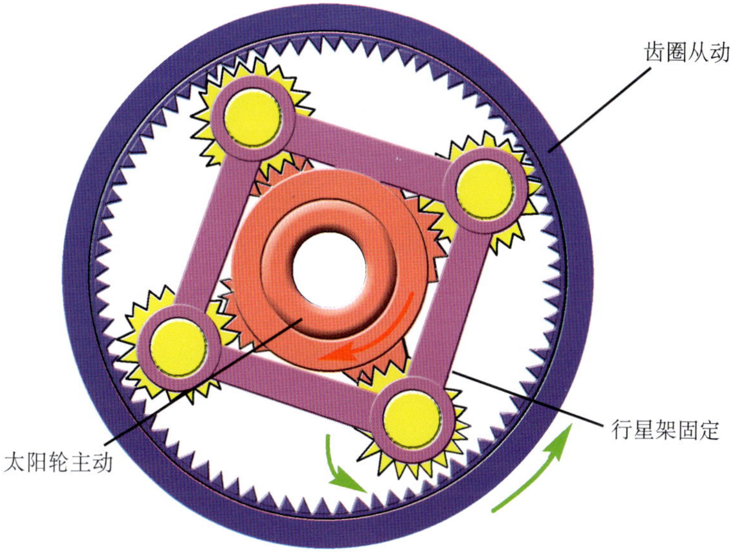

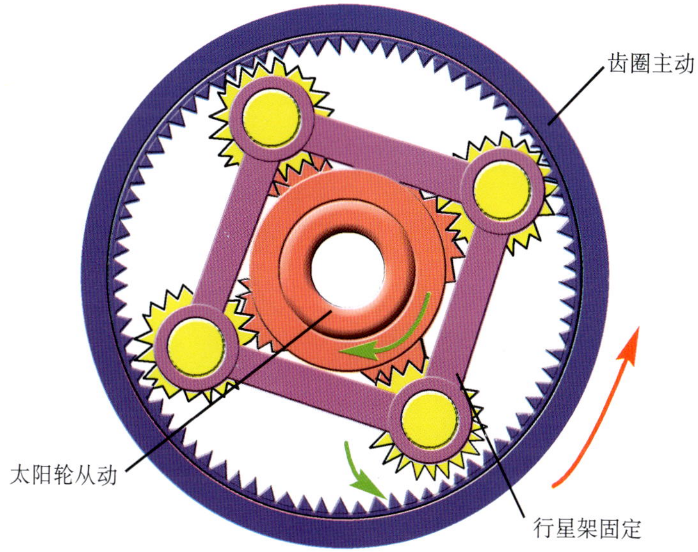

已知：行星架固定，太阳轮主动，齿圈从动。

分析：旋转方向为反向传动，传动比 $i=n_1/n_2=-z_2/z_1$，减速增扭挡、倒挡。

也可用特性方程式来算：$n_1+\alpha n_2-(1+\alpha)n_3=0$，其中 $n_3=0$，所以传动比 $i=n_1/n_2=-\alpha=-z_2/z_1$。

已知：行星架固定，齿圈主动，太阳轮从动。

分析：旋转方向为反向传动，传动比 $i=n_2/n_1=-z_1/z_2$，增速减扭挡，实际中很少采用。

单排行星齿轮机构挡位分析（四）

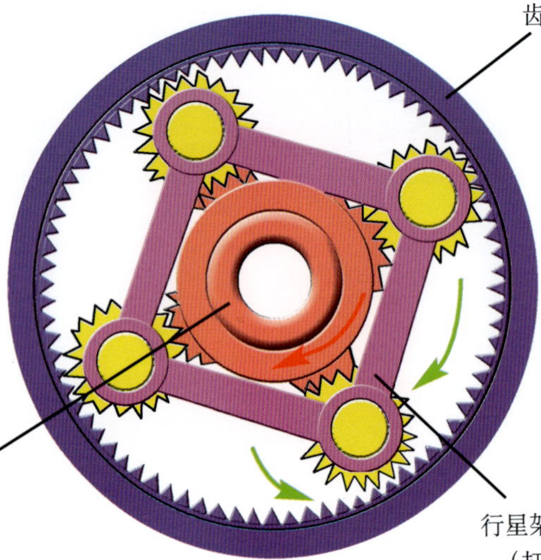

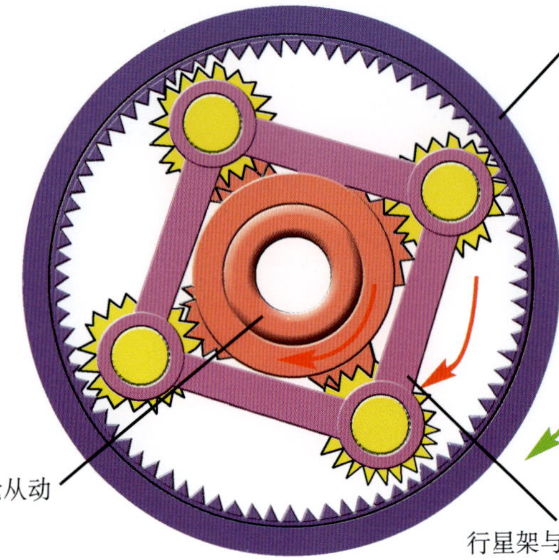

已知：无元件固定。
分析：从动元件因阻力大反而成为固定件，动力无法输出，空挡。

已知：任意连接两个元件。
分析：三个元件同速同向转动，传动比 i=1，直接挡。

单排行星齿轮机构分析表

	固定件	主动件	从动件	转速	旋转方向	转矩	对应传动挡
1	太阳轮	行星架	齿圈	上升	相同	减小	超速挡
2	齿圈	行星架	太阳轮	上升	相同	减小	实际中很少采用
3	齿圈	太阳轮	行星架	下降	相同	增大	一挡或二挡
4	太阳轮	齿圈	行星架	下降	相同	增大	二挡
5	行星架	太阳轮	齿圈	下降	相反	增大	倒挡
6	行星架	齿圈	太阳轮	上升	相同	减小	实际中很少采用
7	无	任意二	另一	相等	相同	相等	直接挡
8	所有元件不受约束						空挡

普通单排行星齿轮机构的一些规律：

（1）相邻的两个元件的传动为同向传动（如太阳轮与行星架）；

（2）相隔的两个元件的传动为反向传动（如太阳轮与齿圈）；

（3）主动轮为小元件，传动比>1，其中，$z_3>z_2>z_1$；

（4）主动轮为大元件，传动比<1；

（5）同时连接两个元件，传动比=1；

（6）要传力至少要有一个元件固定或以特定方向运转，否则为空挡；

（7）不能同时固定两个元件，否则动力无法输出；

（8）在分析行星齿轮机构的运动规律时，哪个元件固定，则可作为其他运动元件滚动的地面。

自动变速器的简化

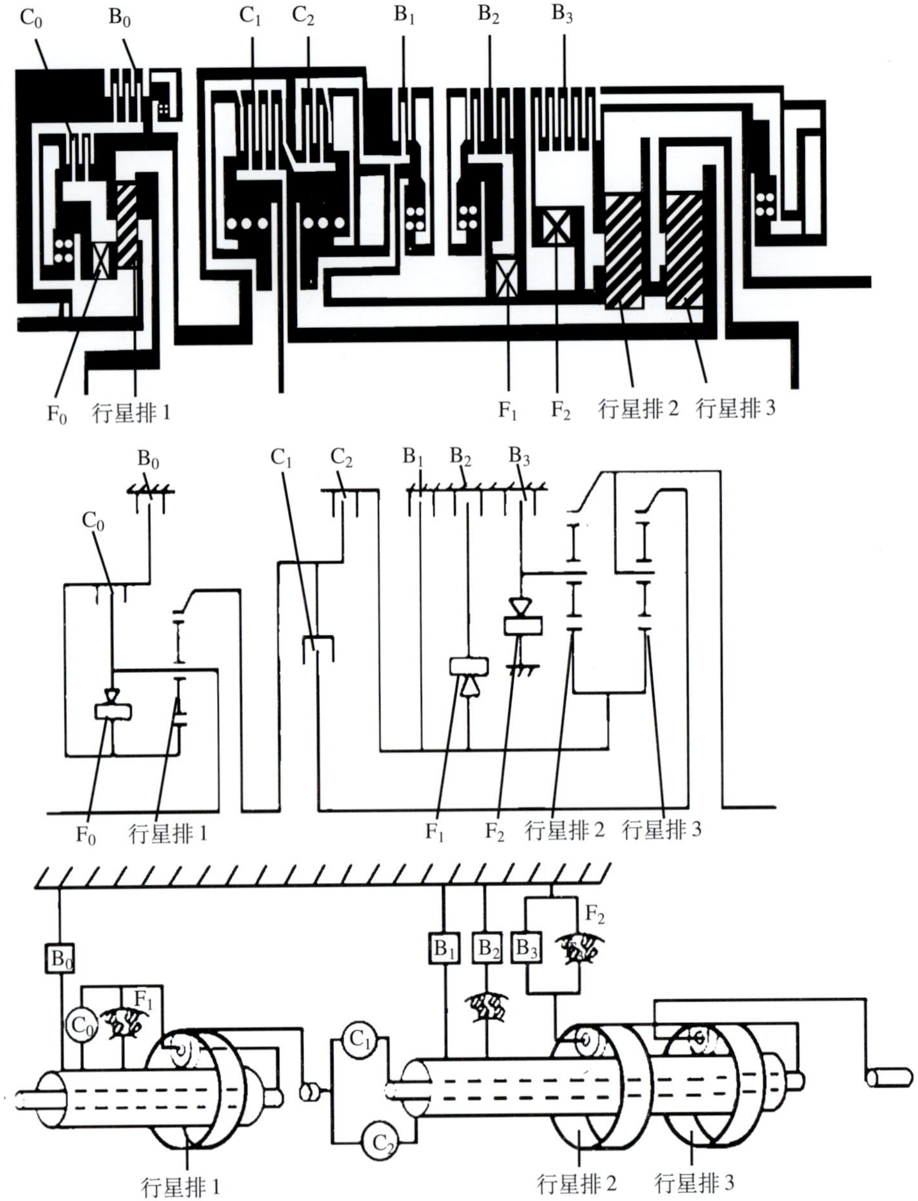

丰田 A430DE 型自动变速器的简化

在分析行星齿轮变速器的动力传递路线及计算传动比时，要把行星齿轮变速器的实物解剖图简化成原理图。

左边三张图都是自动变速器结构示意图的常用表示方法，都表示同一自动变速器。上图为实物剖面图，中图、下图都为简化原理图。B_0、B_1、B_2、B_3 分别表示制动器，C_0、C_1、C_2 分别表示离合器，F_0、F_1、F_2 分别表示单向离合器。

我们在进行两排以上的普通型的行星齿轮机构的传动比的计算时，必须用到双排行星齿轮机构的运动特性方程式：

$$n_{11}+\alpha_1 n_{12}-(1+\alpha_1)n_{13}=0$$

$$n_{21}+\alpha_2 n_{22}-(1+\alpha_2)n_{23}=0$$

式中：n_{11}、n_{12}、n_{13}——分别为第一排行星齿轮机构的太阳轮、内齿圈和行星架的转速；

n_{21}、n_{22}、n_{23}——分别为第二排行星齿轮机构的太阳轮、内齿圈和行星架的转速；

α_1 和 α_2——分别为第一、二排行星齿轮机构的内齿圈与太阳轮的齿数比。

拉维纳（双行星）式行星齿轮机构的简化

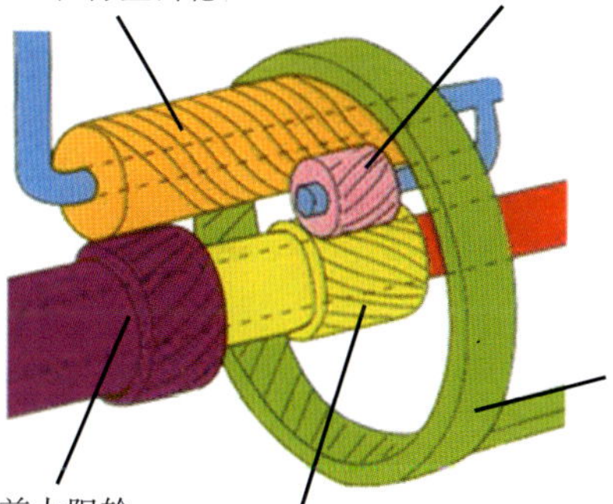

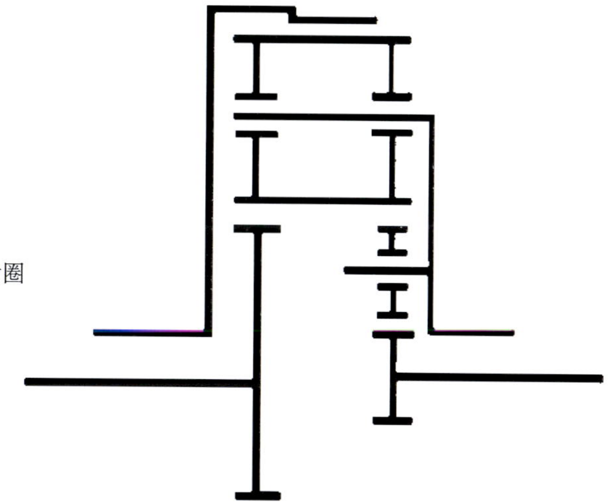

大众车系的很多自动变速器采用拉维纳(双行星)式行星齿轮机构，在分析其动力传递路线及计算传动比时，要把行星齿轮变速器的实物解剖图简化成分析原理图。如左图所示，就是同一种双行星式齿轮机构的两种简化。

我们在进行拉维纳(双行星)式行星齿轮机构的传动比的计算时必须用到双排行星齿轮机构的运动特性方程式：

$$n_{11}+\alpha_1 n_{12}-(1+\alpha_1)n_{13}=0$$

$$n_{21}-\alpha_2 n_{22}-(1-\alpha_2)n_{23}=0$$

式中：n_{11}、n_{12}、n_{13}——分别为第一排行星齿轮机构的太阳轮、内齿圈和行星架的转速；

n_{21}、n_{22}、n_{23}——分别为第二排双行星齿轮机构的太阳轮、内齿圈和行星架的转速；

α_1和α_2——分别为第一、二排行星齿轮机构的齿圈与太阳轮的齿数比。

4T65—E 自动变速器的总体构造

HYDRA-MATIC 4T65—E自动变速器（简称4T65—E）由美国通用汽车公司研制生产，主要应用于通用别克系列轿车，与横置发动机匹配。该自动变速器有一套双排行星齿轮机构，是全自动四速前轮驱动电控变速器，有4个前进挡和1个倒挡。

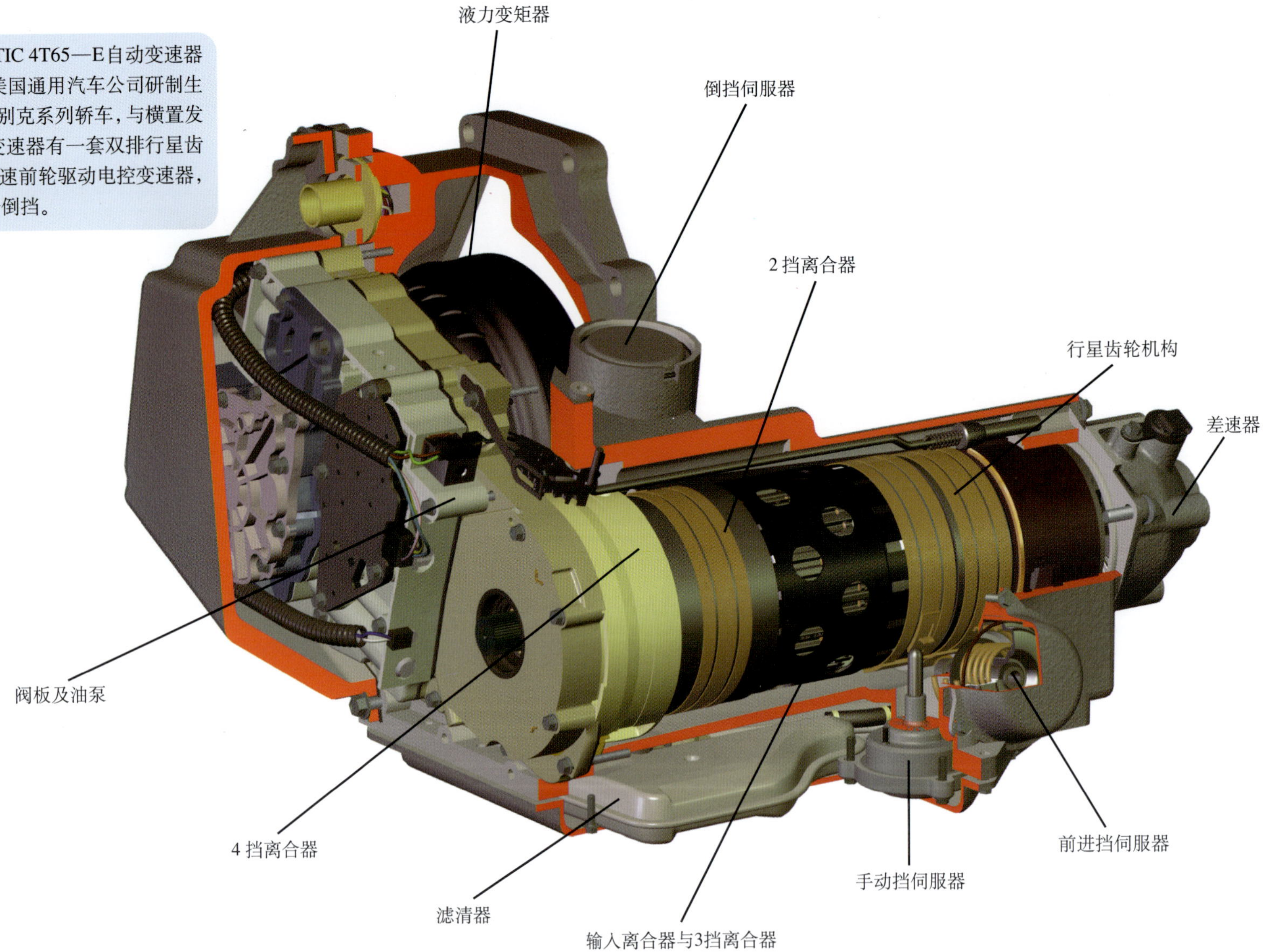

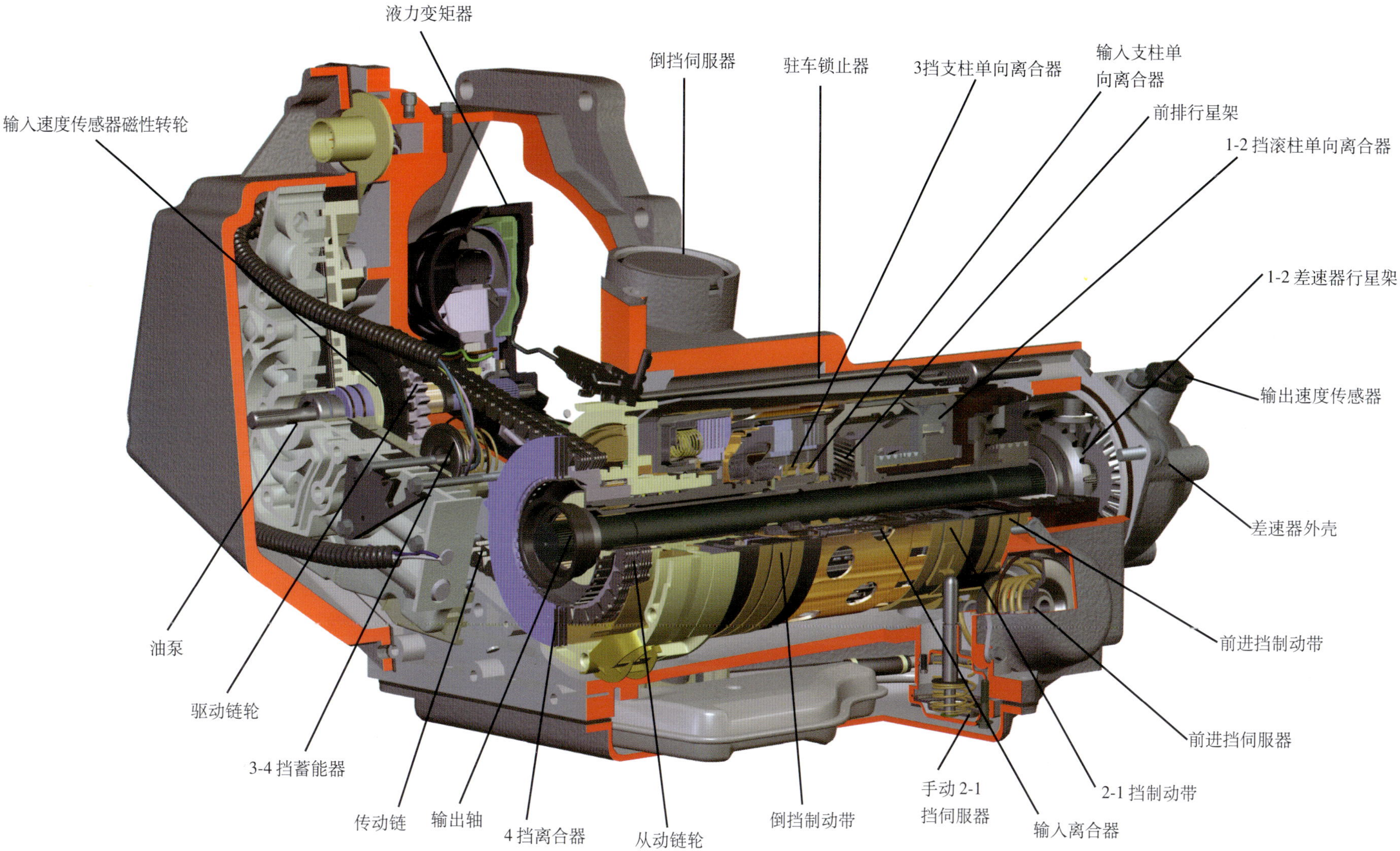
液力变矩器
倒挡伺服器
驻车锁止器
3挡支柱单向离合器
输入支柱单向离合器
前排行星架
1-2 挡滚柱单向离合器
输入速度传感器磁性转轮
1-2 差速器行星架
输出速度传感器
差速器外壳
前进挡制动带
前进挡伺服器
2-1 挡制动带
输入离合器
手动 2-1 挡伺服器
倒挡制动带
从动链轮
4 挡离合器
输出轴
传动链
3-4 挡蓄能器
驱动链轮
油泵

4T65—E 自动变速器的分解图

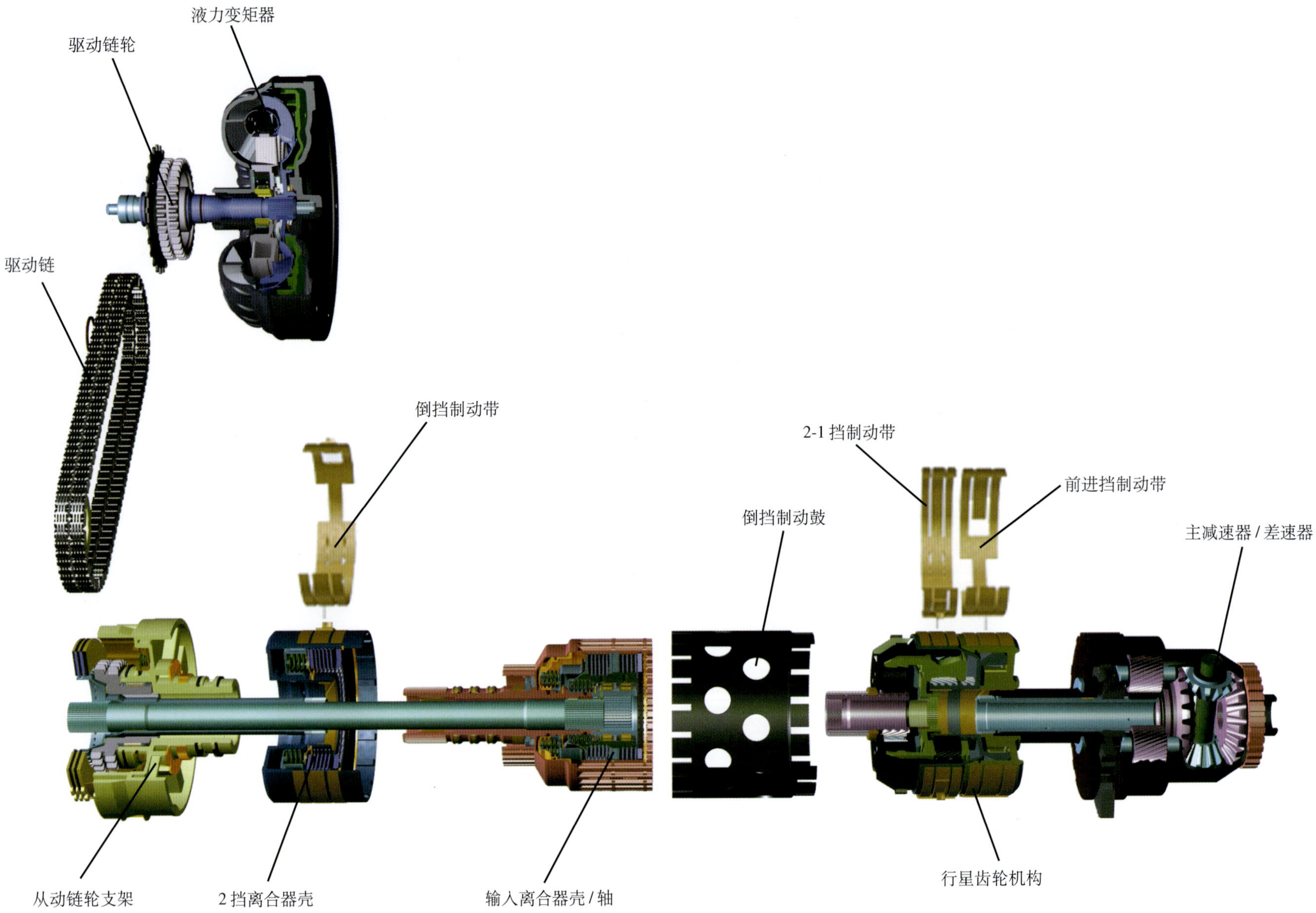

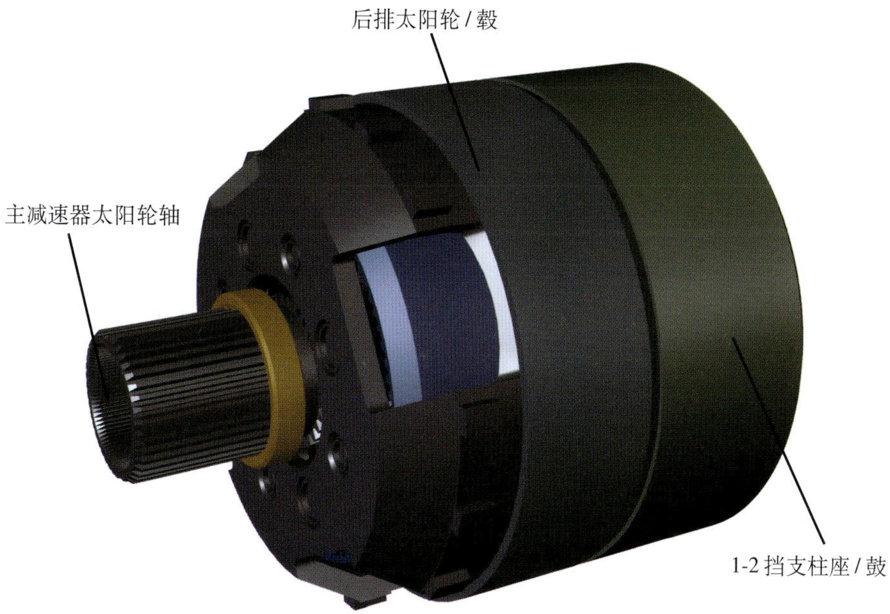

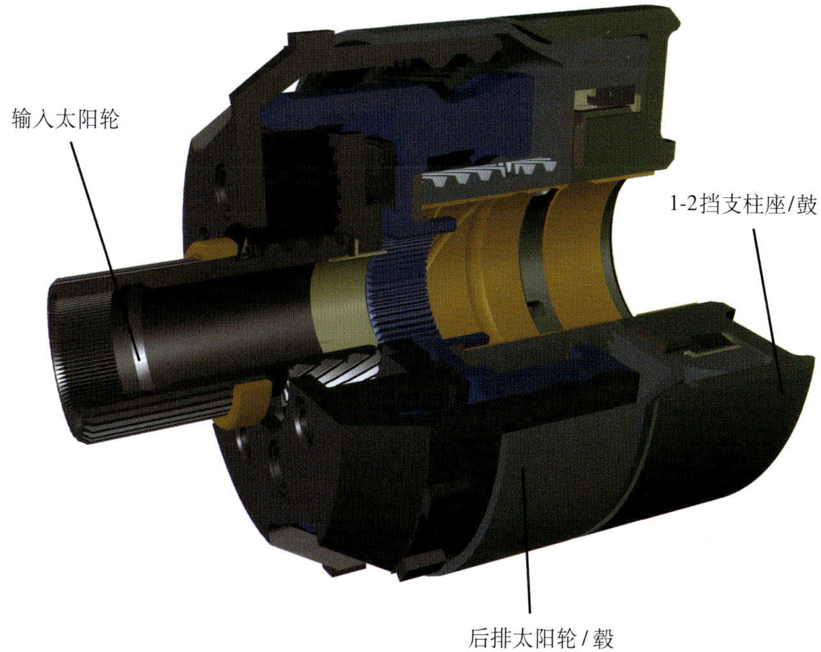

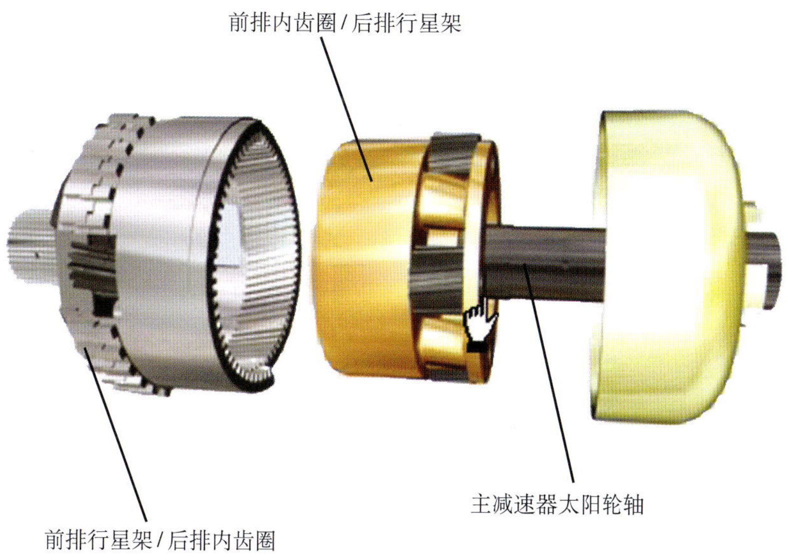

多排行星齿轮机构是由几个单排行星齿轮机构组成的。汽车自动变速器中，行星排的多少因挡位数的多少而有所不同，一般轿车通常使用由2个或3个行星排组成的多排行星齿轮机构；4T65—E自动变速器使用的是2排的行星齿轮机构。

行星齿轮变速器实现挡位的变换主要是通过液压控制系统控制各换挡执行机构（元件）的工作，对行星齿轮机构的基本元件实施运动上的约束来实现的，不同的换挡执行元件工作的组合就得到不同的挡位。

离合器原理

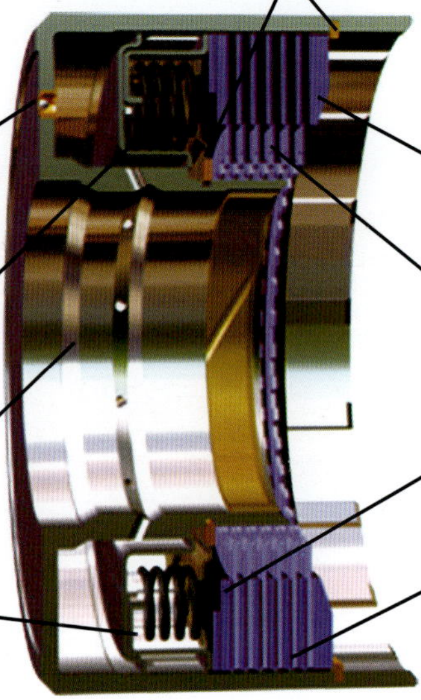

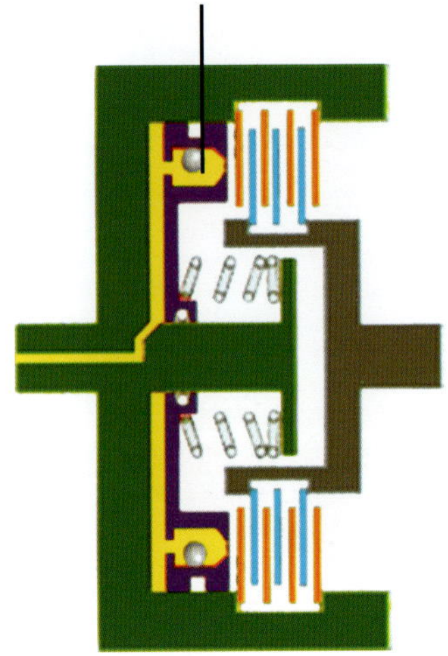

分离过程

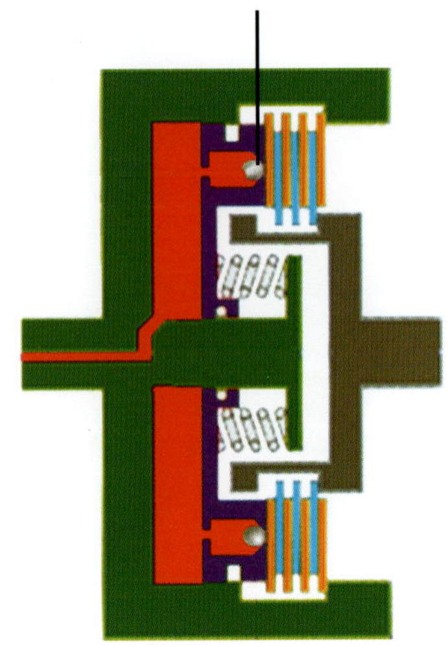

接合过程

一、作用

接合或切断两运动元件的动力传递，它是两个运动元件之间的连接装置。

二、结构

自动变速器一般使用多片湿式离合器，通常由离合器鼓、离合器活塞、复位弹簧、弹簧座、钢片、摩擦片、离合器毂及密封圈组成。

三、工作过程

离合器的工作过程分为分离过程与接合过程。

1. 分离过程

当液压控制系统将作用在离合器液压缸内的液压油的压力解除后，离合器活塞在复位弹簧的作用下压回液压缸的底部，并将液压缸内的液压油从进油孔排出。此时钢片和摩擦片相互分离，两者之间无压力，离合器鼓和离合器毂可以朝不同的方向或以不同的转速旋转，离合器处于分离状态。

（止回球阀的作用：使离合器在分离过程中，快速完全地泄油。）

2. 接合过程

当来自控制阀的液压油进入离合器液压缸时，作用在离合器活塞上液压油的压力推动活塞，使之克服复位弹簧的弹力而移动，将所有的钢片和摩擦片相互压紧在一起。钢片和摩擦片之间的摩擦力使离合器鼓和离合器毂连接为一个整体，分别与离合器鼓和离合器毂连接的输入轴或行星排的基本元件也因此被连接在一起，此时离合器处于接合状态。

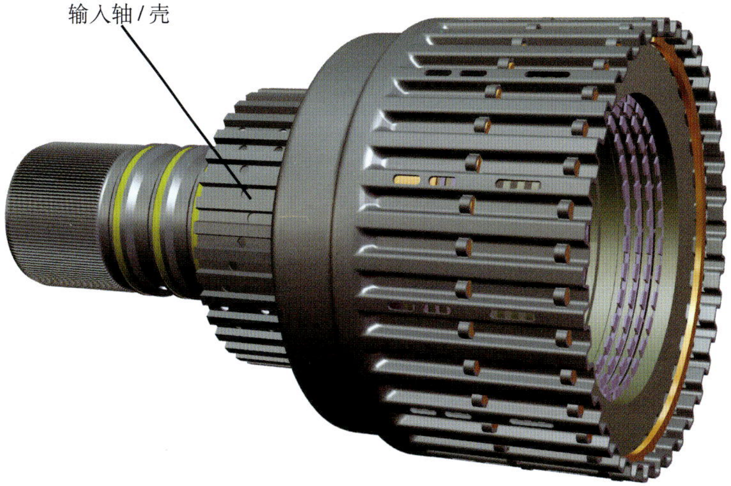
输入轴/壳

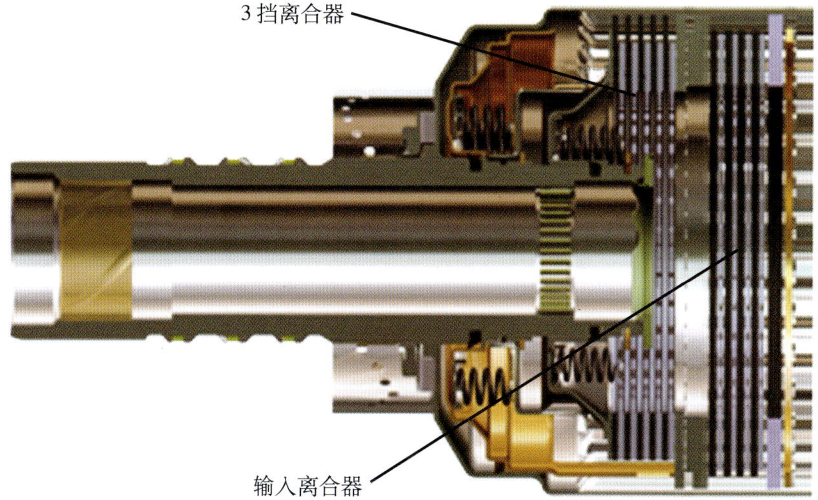
3挡离合器
输入离合器

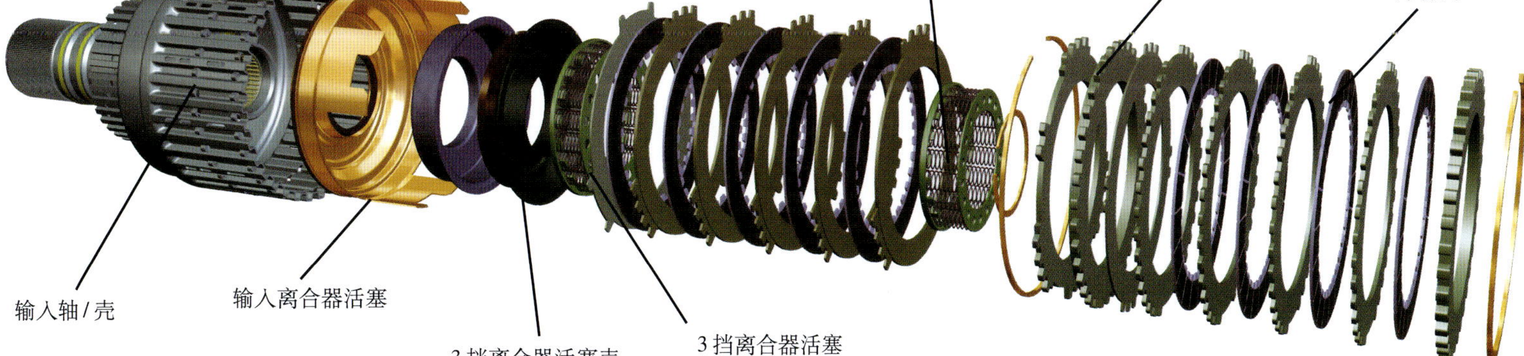
弹簧座及弹簧
钢片
摩擦片
卡环
输入轴/壳
输入离合器活塞
3挡离合器活塞壳
3挡离合器活塞

4挡离合器

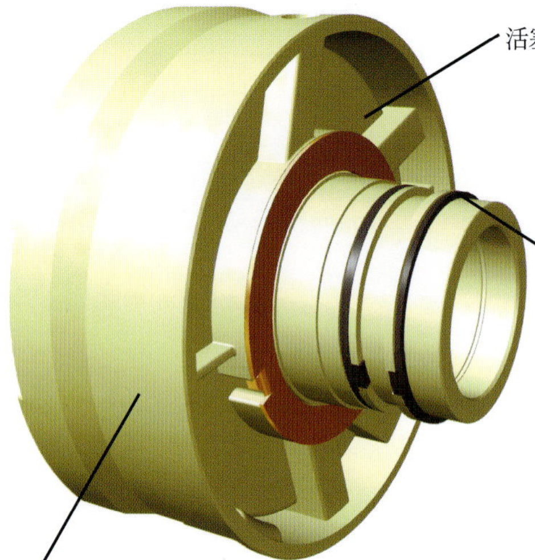
活塞
卡环
4 挡离合器

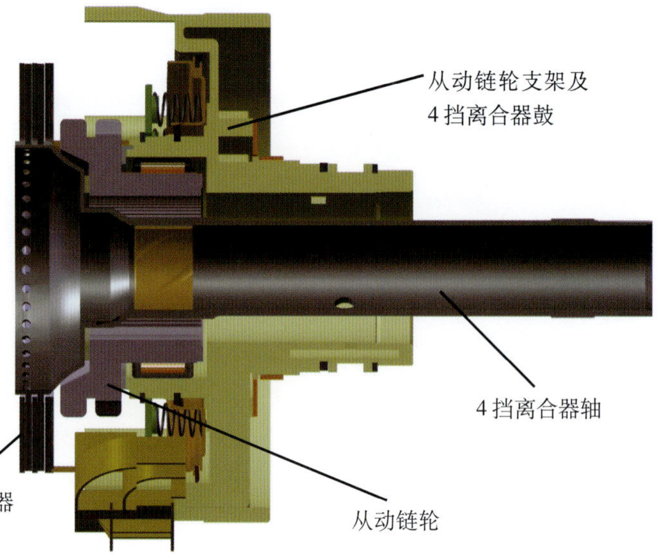
从动链轮支架及
4挡离合器鼓
4挡离合器轴
4挡离合器
从动链轮

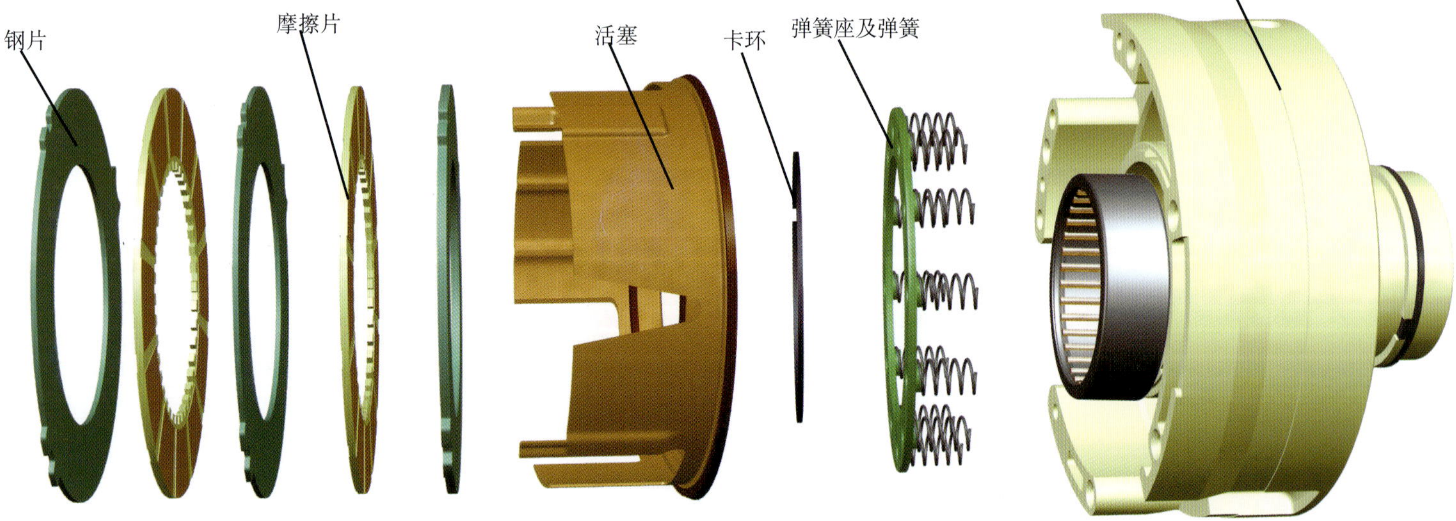
4挡离合器鼓
钢片
摩擦片
活塞
卡环
弹簧座及弹簧

卡环
复位弹簧
架及弹簧
2 挡离合器壳
2 挡离合器壳

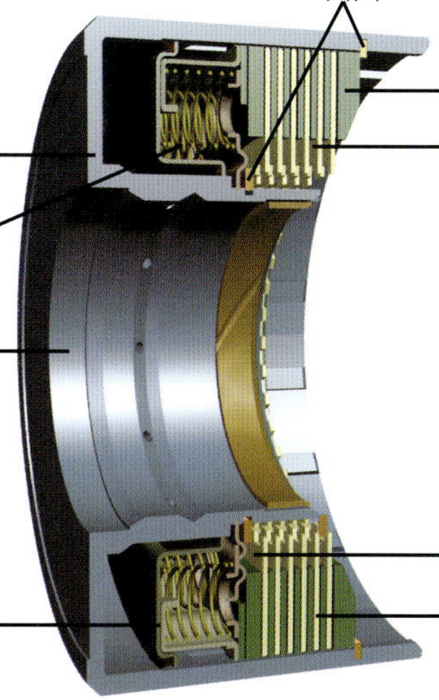
挡圈
支承盘
摩擦片
止回球阀
复位弹簧架
2 挡离合器及
倒挡制动鼓
钢片
活塞和密封圈
摩擦片

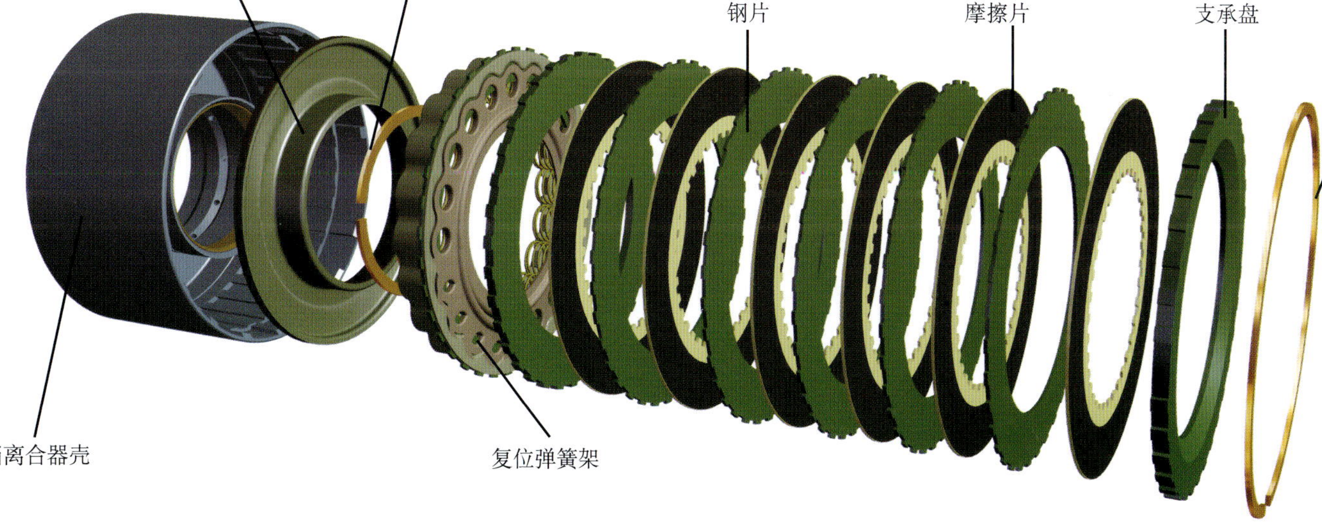
2 挡离合器活塞壳
卡环
钢片
摩擦片
支承盘
挡圈
2 挡离合器壳
复位弹簧架

片式制动器

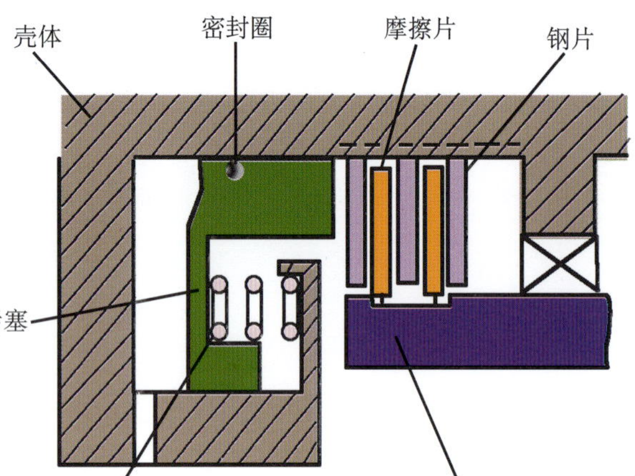

松开过程

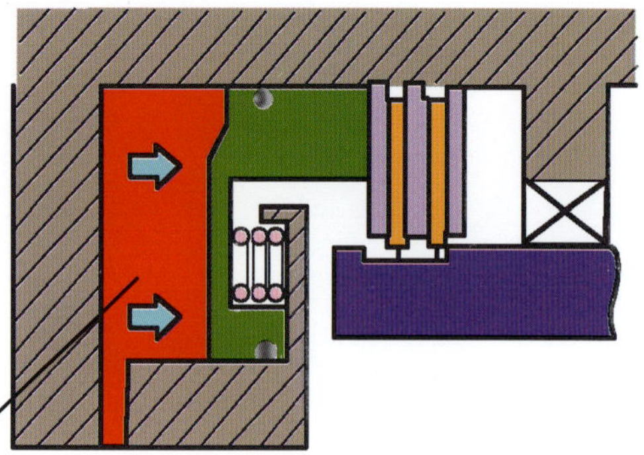

制动过程

一、作用

是运动元件与壳体之间的连接装置，起制动约束固定作用，它按需要将行星齿轮机构中的某一运动元件固定。

二、结构

通常由制动鼓、活塞、复位弹簧、弹簧座、钢片、摩擦片及密封圈组成。多片湿式制动器与离合器的结构相似，区别在于两种装置的连接对象不同，制动器是运动元件与壳体之间的连接，而离合器是运动元件与运动元件之间的连接。

三、工作过程

制动器的工作过程分为放松过程与制动过程。

（1）松开过程：当制动器不工作时，钢片和摩擦片之间没有压力，制动器毂可以自由旋转，运动件处于自由状态。

（2）制动过程：当制动器工作时，来自控制阀的液压油进入制动器毂内的液压缸中，油压作用在制动器活塞上，推动活塞将制动器摩擦片和钢片夹紧在一起，与行星排某一基本元件连接的制动器毂就被固定住而不能旋转。

带式制动器是利用围绕在制动鼓周围的制动带收缩而产生制动效果的一种制动器。

1. 放松过程

当液压缸的施压腔和释放腔内均无液压油时，带式制动器不工作，制动带与制动鼓之间有一定的间隙，制动鼓可以随着与它相连接的行星排基本元件一同旋转。

2. 制动过程

当液压油进入制动器液压缸的施压腔时，作用在活塞上的液压油推动活塞，使之克服复位弹簧的弹力而移动，活塞上推杆随之向外伸出，将制动带箍紧在制动鼓上，于是制动鼓被固定住而不能旋转，此时制动器处于制动状态。

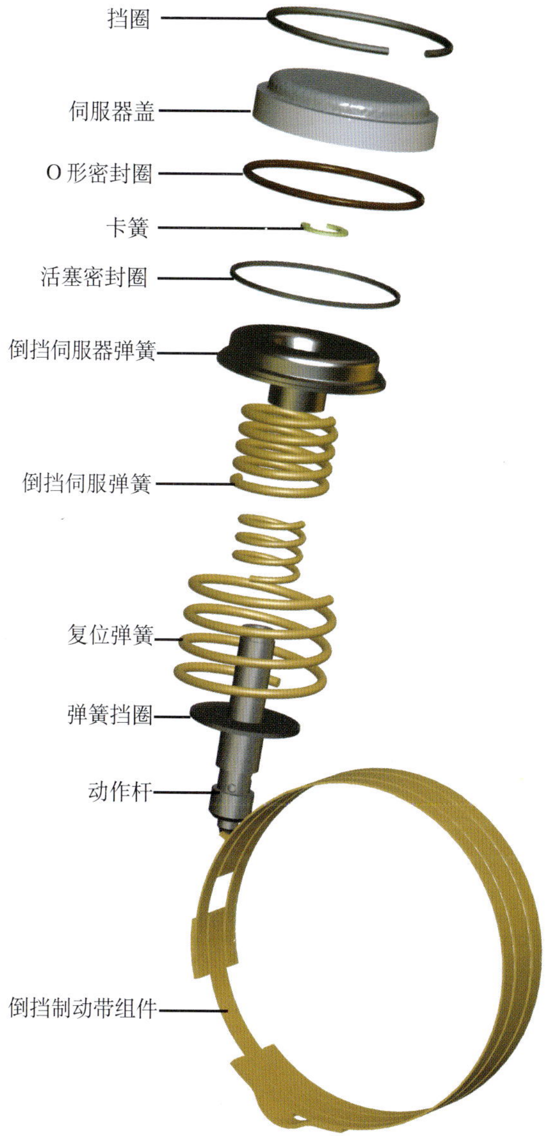

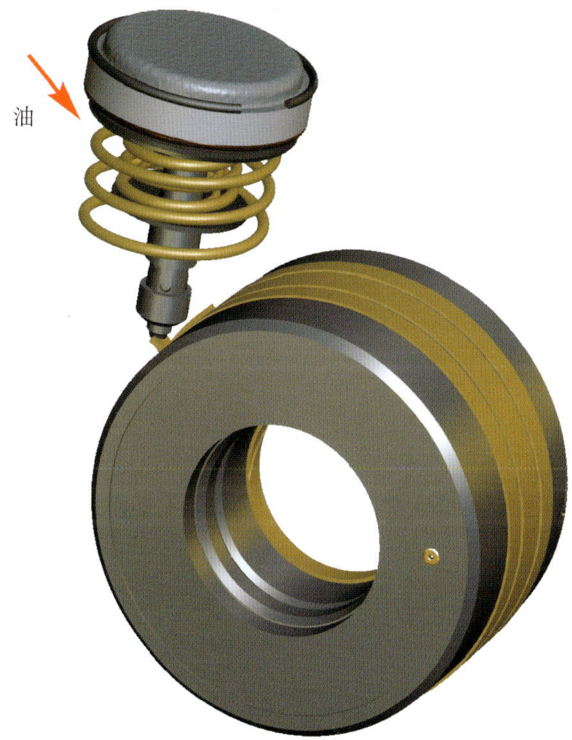

平面示意图

制动伺服器结构原理

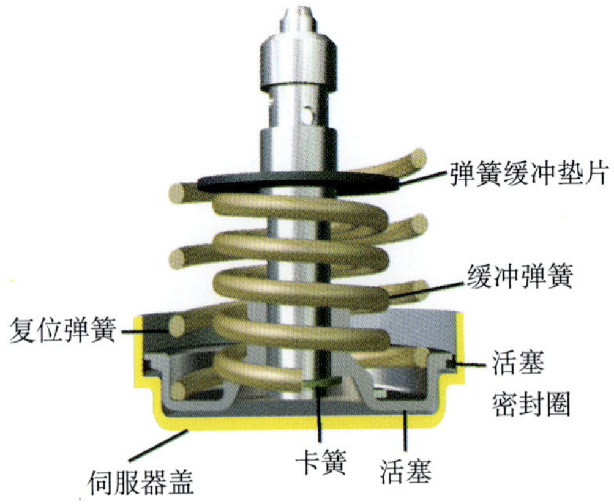

松开过程

制动过程

前进挡制动伺服器

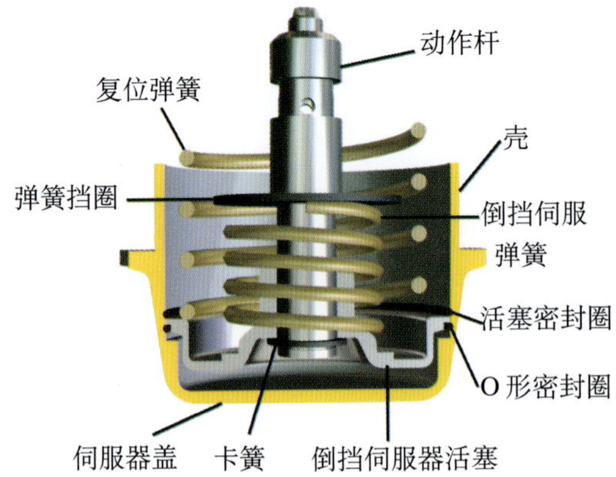

松开过程

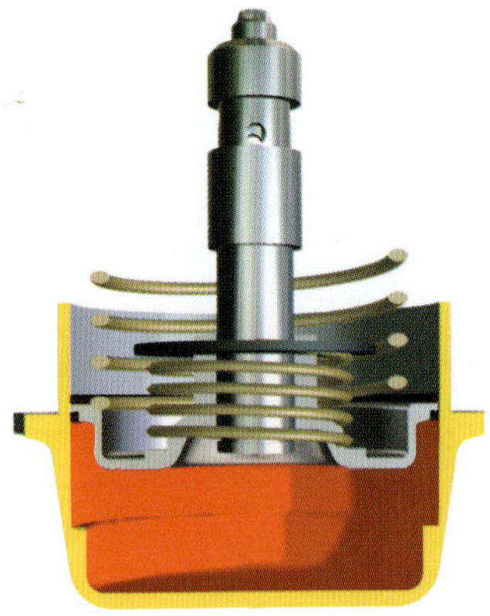

制动过程

倒挡制动伺服器

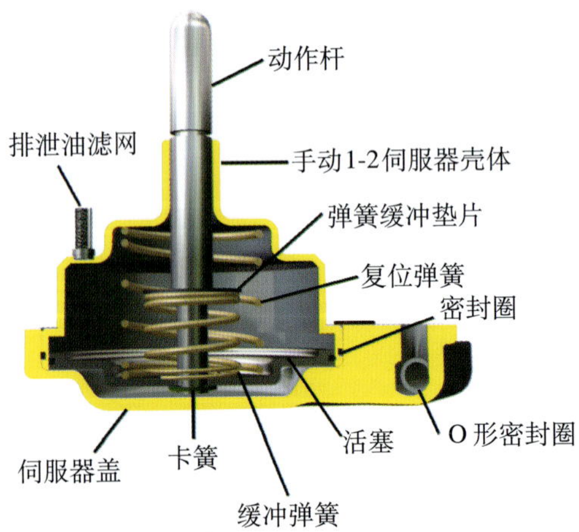

松开过程

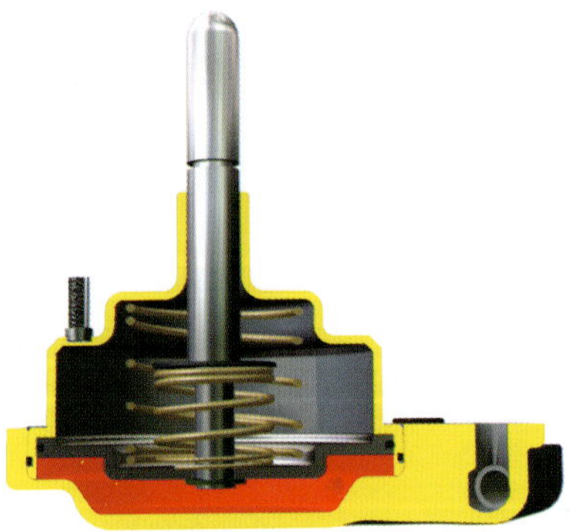

制动过程

1-2 挡制动伺服器

制动伺服器是一种液压执行元件，由缸筒（壳体）、活塞和复位弹簧等零件组成。

工作过程：

（1）松开过程：当作用在活塞上油压被切断并被泄放掉时，作用在活塞另一侧的弹簧弹力推动活塞下移，使活塞回到原先的位置，制动器放松。

（2）制动过程：当油压作用在活塞上，活塞所受的推力克服弹簧的弹力向上运动，并推动动作杆使制动带夹紧制动鼓。

滚柱斜槽式单向离合器原理

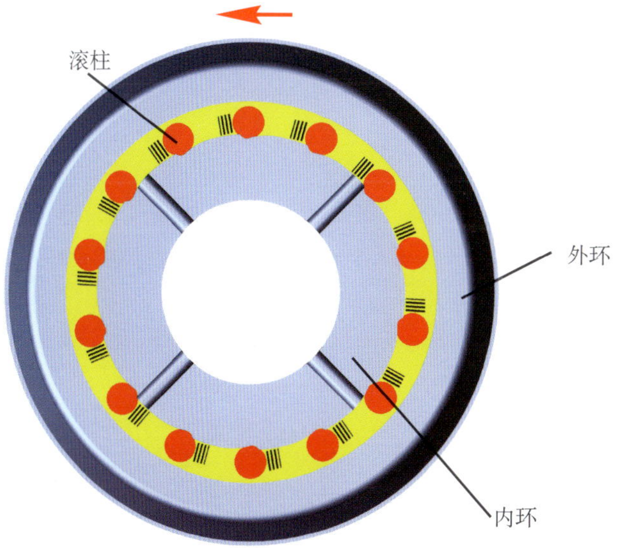

锁止过程

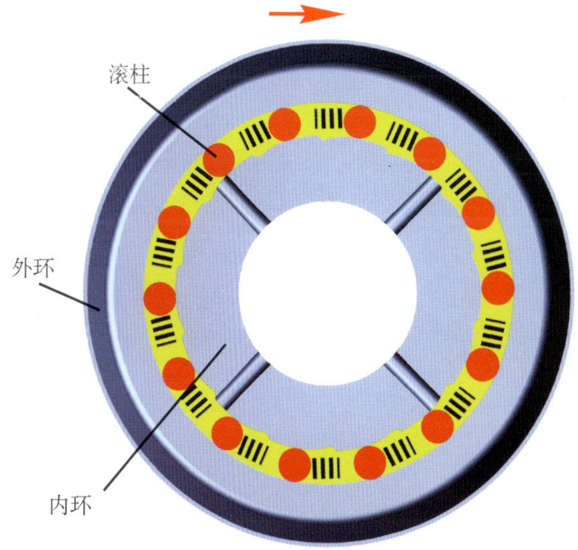

超越过程

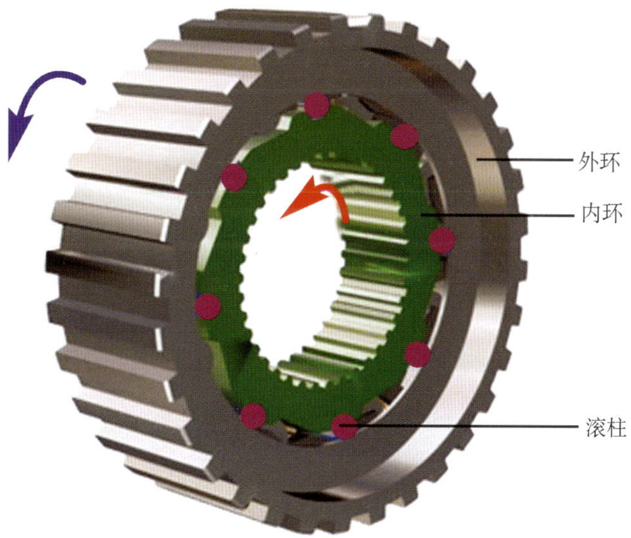

一、作用

单向锁止与之相连的元件。

二、工作原理

1. 锁止过程

当外环相对于内环朝逆时针方向转动时，在刚刚开始转动的瞬间，滚柱便在摩擦力和弹簧弹力的作用下被卡死在楔形较窄的一端，于是内外环互相连接成一个整体，不能相对转动，此时单向超越离合器处于锁止状态，与外环连接的基本元件被固定住或者和与内环相连接的元件连成一整体。

2. 超越过程（打滑）

当外环相对于内环朝顺时针方向转动时，滚柱在摩擦力的作用下，克服弹簧的弹力，滚向楔形槽较宽的一端，出现打滑现象，外环相对于内环可以作自由滑转，此时单向超越离合器脱离锁止而处于自由状态。

楔块式单向离合器原理

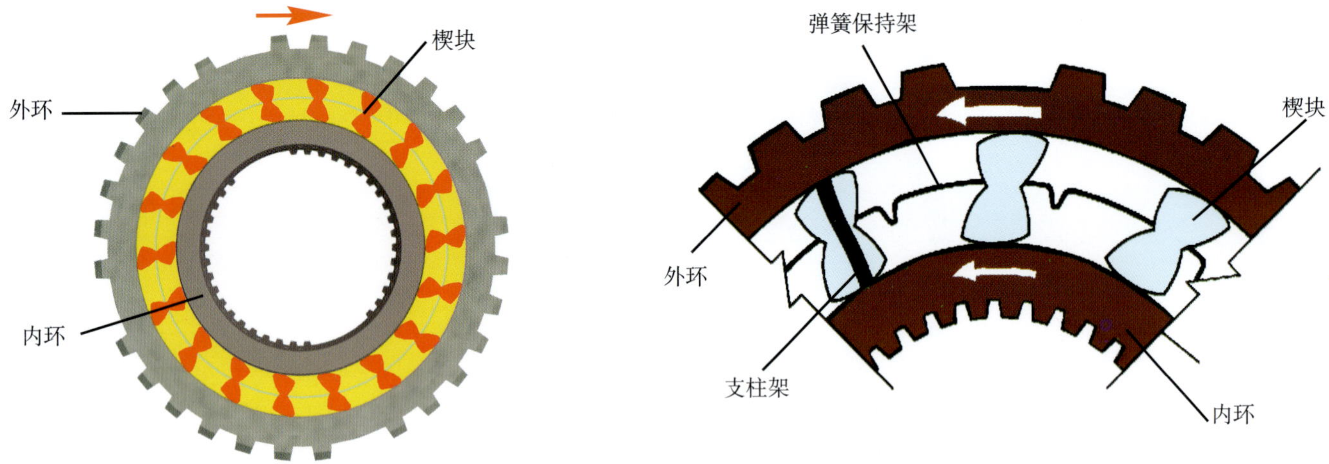

锁止过程

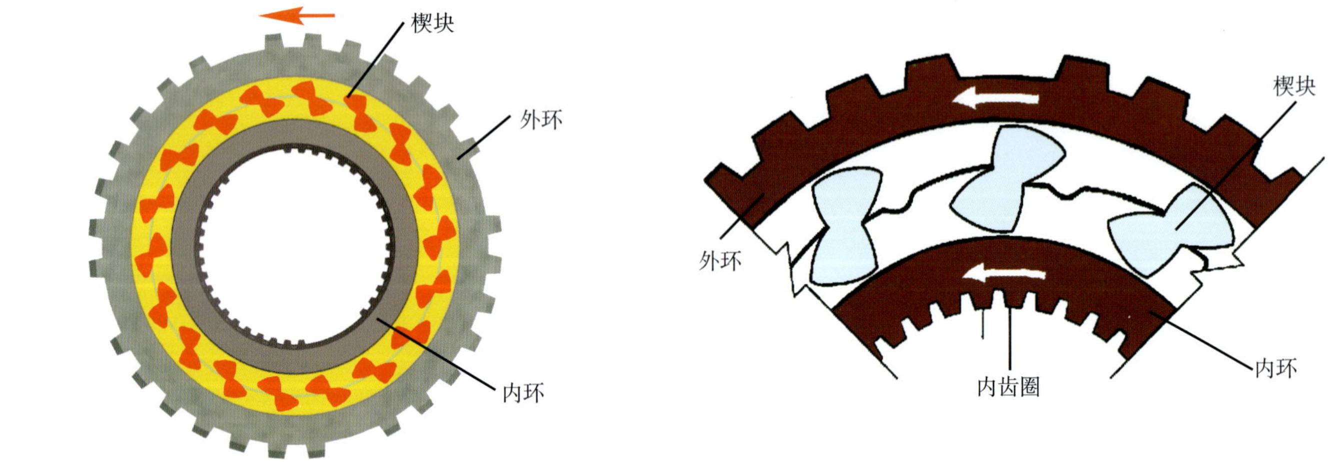

超越过程

一、作用

单向锁止与之相连的元件。

二、工作原理

1. 锁止过程

当外环相对于内环朝顺时针方向转动时，楔块在摩擦力的作用下立起，因自锁作用而被卡死在内外环之间，使内环与外环无法相对滑转，此时单向离合器处于锁止状态。

2. 超越过程

当外环相对于内环朝逆时针方向旋转时，楔块在摩擦力的作用下倾斜，脱离自锁状态，内环与外环可以相对滑动，此时单向离合器处于超越状态。

挡位	挡	1-2,3-4换挡电磁阀	2-3换挡电磁阀	4挡离合器	倒挡制动带	2挡离合器	3挡离合器	3挡支柱单向离合器	输入离合器	输入支柱单向离合器	2-1挡制动带	1-2挡滚柱单向离合器	前进挡制动带
P		ON	ON						*	*			
R	R	ON	ON		箍紧				接合	接合			
N		ON	ON						*	*			
D	1挡	ON	ON						接合	接合		锁止	箍紧
	2挡	OFF	ON			接合			接合	接合		锁止	箍紧
	3挡	OFF	OFF			接合	接合	接合				超越	箍紧
	4挡	ON	OFF	接合		接合	接合	接合				超越	*
3	3挡	OFF	OFF			接合	接合	接合	接合	接合		超越	*
	2挡	OFF	ON			接合			*	*		锁止	箍紧
	1挡	ON	ON						接合	接合		锁止	箍紧
2	2挡	OFF	ON			接合			*	*	箍紧	锁止	箍紧
	1挡	ON	ON						接合	接合	箍紧	锁止	箍紧
1	1挡	ON	ON				接合	接合	接合	接合	箍紧	锁止	箍紧

* －接合但不传递动力；ON －电磁阀通电；OFF －电磁阀断电

4T65—E自动变速器的简化

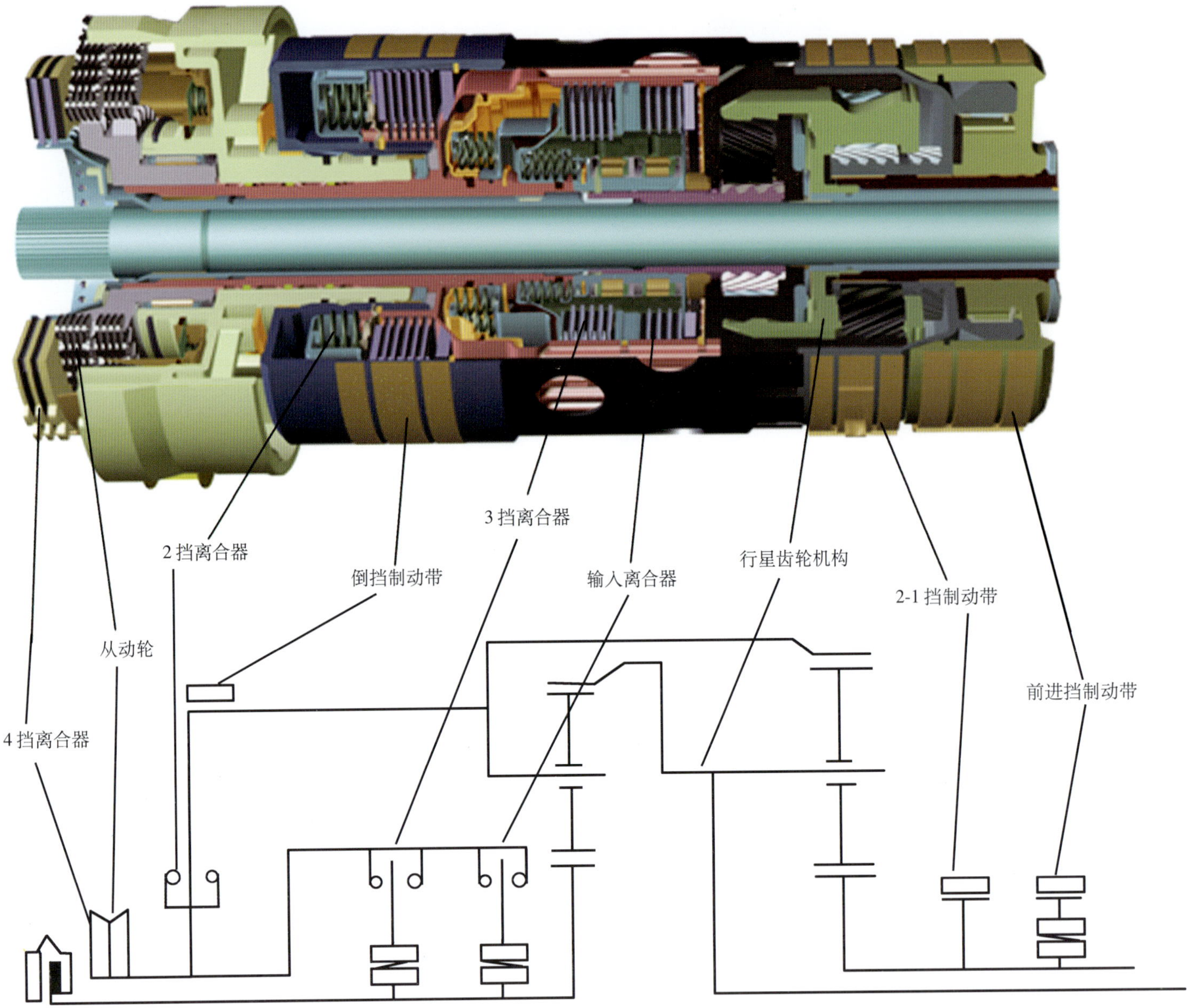

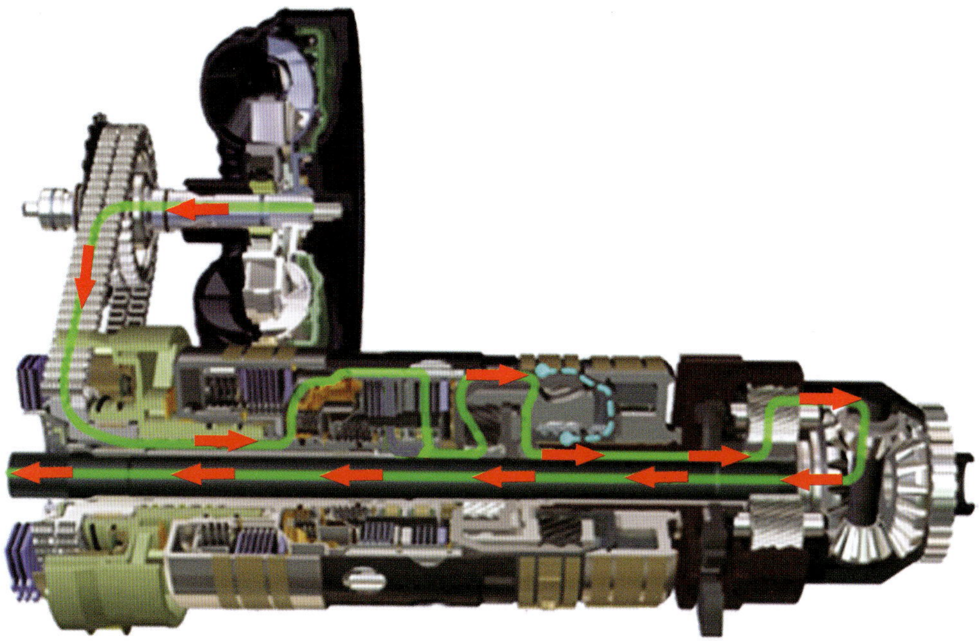

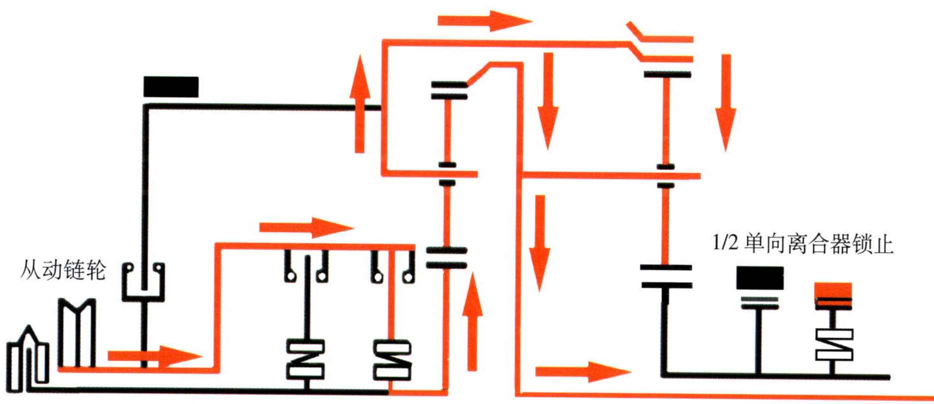

一、动力传递路线

从动链轮→输入轴→输入离合器→输入单向离合器→前太阳轮→前行星齿轮→前行星架→前齿圈与后齿圈→后行星齿轮→后行星架→输出轴→主减速器太阳轮→主减速器行星架→差速器→左、右半轴→车轮。

二、传动比的计算

已知：最初输入元件n_{11}（n为转速，下角中第一个数字1为行星排的序号，第二个1数字为元件代号），最后输出元件n_{12}；其中，$n_{13}=n_{22}$，$n_{12}=n_{23}$，$n_{21}=0$；前、后行星排齿圈和太阳轮的齿数比分别为α_1、α_2。

求1挡传动比i_1。

$n_{11}+\alpha_1 n_{12}-(1+\alpha_1)n_{13}=0$

$n_{21}+\alpha_2 n_{22}-(1+\alpha_2)n_{23}=0$

解得：$i_1=n_{11}/n_{12}=(1+\alpha_1+\alpha_2)/\alpha_2$

根据相关资料查出α_1、α_2的值，经计算1挡的传动比为2.921。

4T65—E自动变速器的D2挡传动分析

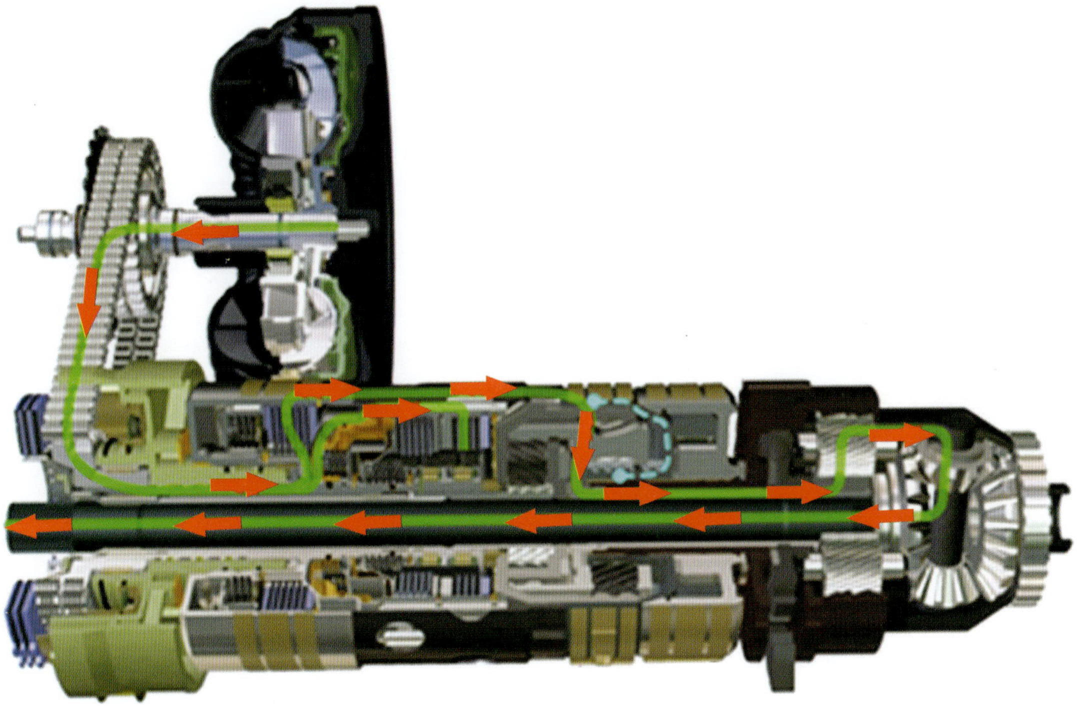

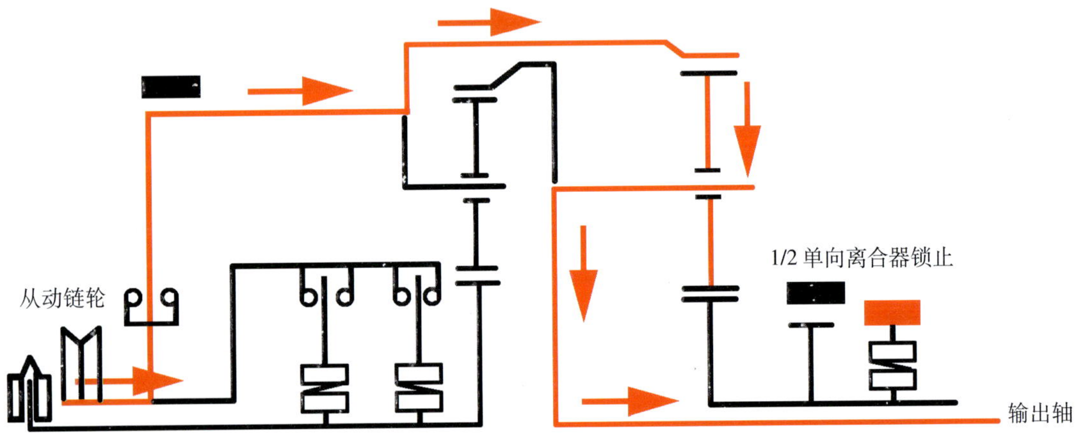

一、动力传递路线

从动链轮→输入轴→2挡离合器→制动鼓→后齿圈→后行星齿轮→后行星架→输出轴→主减速器太阳轮→主减速器行星架→差速器→左、右半轴→车轮。

二、传动比的计算

已知：输入元件n_{22}，输出元件n_{23}；其中，$n_{13}=n_{22}$，$n_{12}=n_{23}$，$n_{21}=0$。

求2挡传动比i_2。

$n_{21}+\alpha_2 n_{22}-(1+\alpha_2)n_{23}=0$

$n_{21}=0$

解得：$i_2=n_{22}/n_{23}=(1+\alpha_2)/\alpha_2$，根据相关资料查出$\alpha_2$的值，经计算2挡的传动比为1.568。

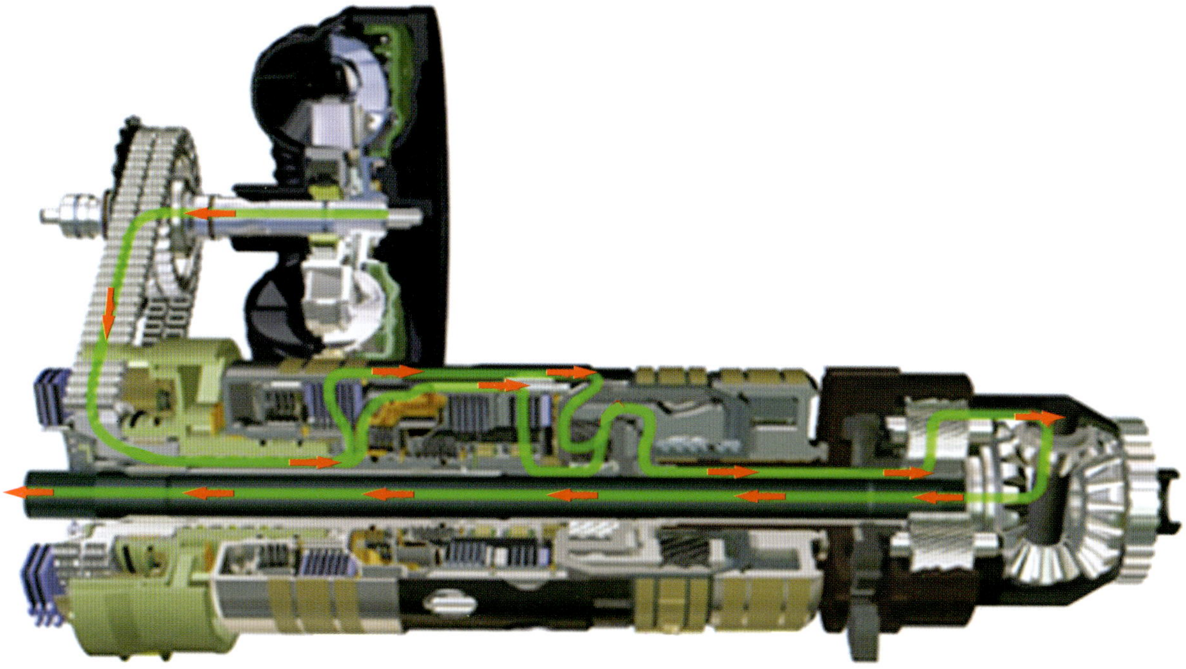

一、动力传递路线

从动链轮→输入轴→2挡离合器与3挡离合器→前太阳轮与前行星架→前齿圈→后行星架→输出轴→主减速器太阳轮→主减速器行星架→差速器→左、右半轴→车轮。

二、传动比的计算

已知：输入元件 n_{13}，输出元件 n_{12}；其中，$n_{13}=n_{22}$，$n_{12}=n_{23}$，$n_{11}=n_{13}$。

求 3 挡传动比 i_3。

$$n_{11}+\alpha_1 n_{12}-(1+\alpha_1)n_{13}=0$$

$$n_{11}=n_{13}$$

解得：$i_3=n_{13}/n_{12}=1$，故 3 挡的传动比为 1。

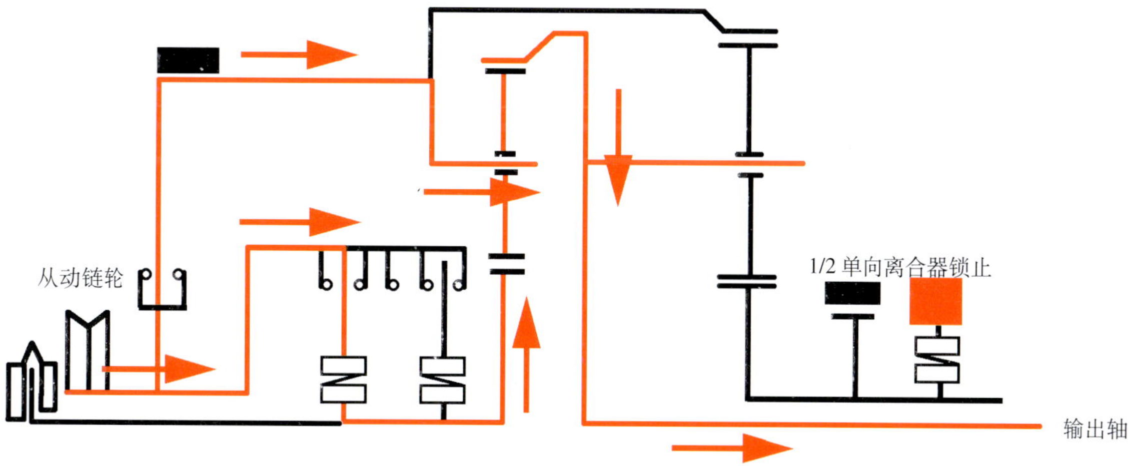

4T65—E 自动变速器的 D4 挡传动分析

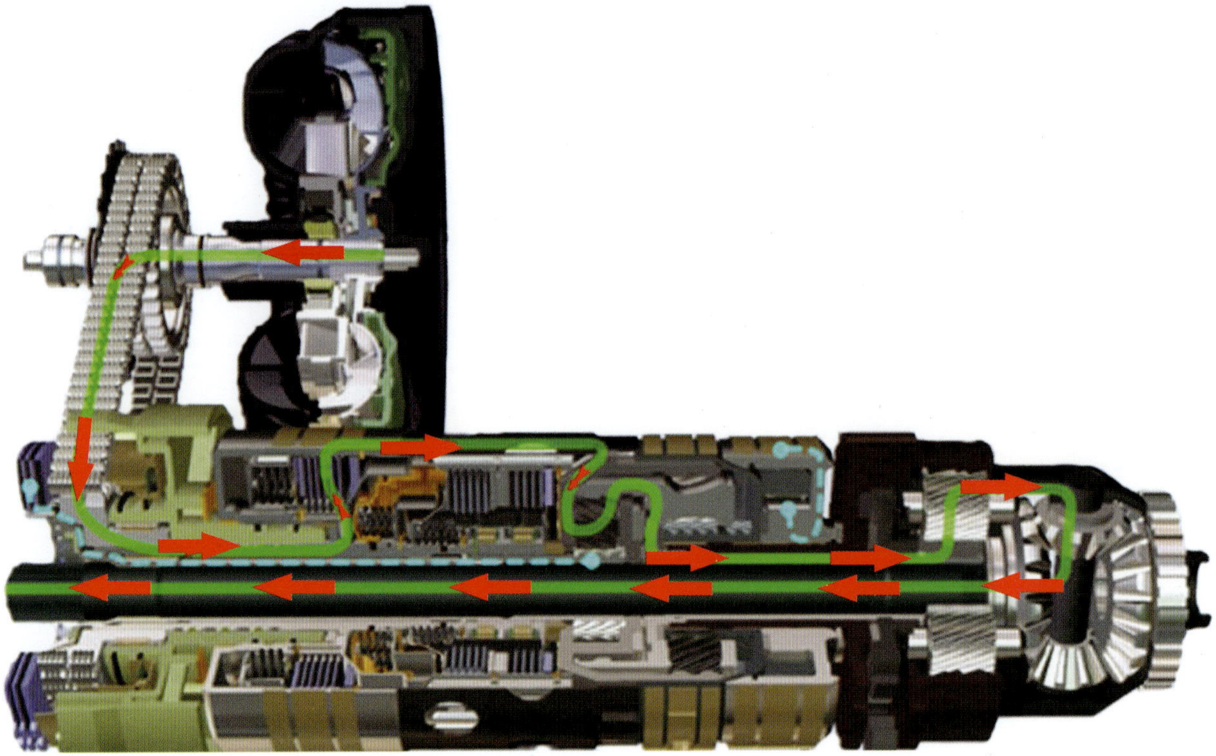

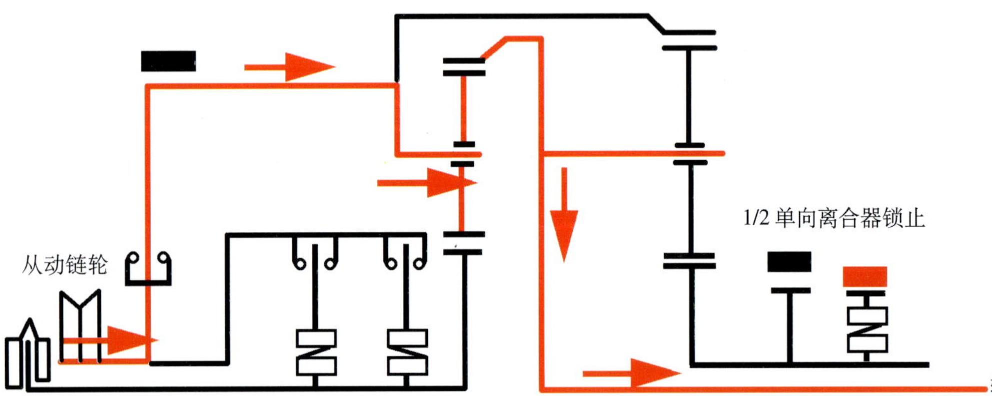

一、动力传递路线

从动链轮 →输入轴→ 2 挡离合器→前行星架→前行星轮→前齿圈→输出轴→主减速器太阳轮→主减速器行星架→差速器→左、右半轴→车轮

二、传动比的计算

已知：输入元件 n_{13}，输出元件 n_{12}；其中，$n_{13}=n_{22}$，$n_{12}=n_{23}$，$n_{11}=0$。

求 4 挡传动比 i_4。

$n_{11}+\alpha_1 n_{12}-(1+\alpha_1)n_{13}=0$

$n_{11}=0$

解得：$i_4=n_{13}/n_{12}=\alpha_1/(1+\alpha_1)$，根据相关资料查出 α_1 的值，经计算 4 挡的传动比为 0.705。

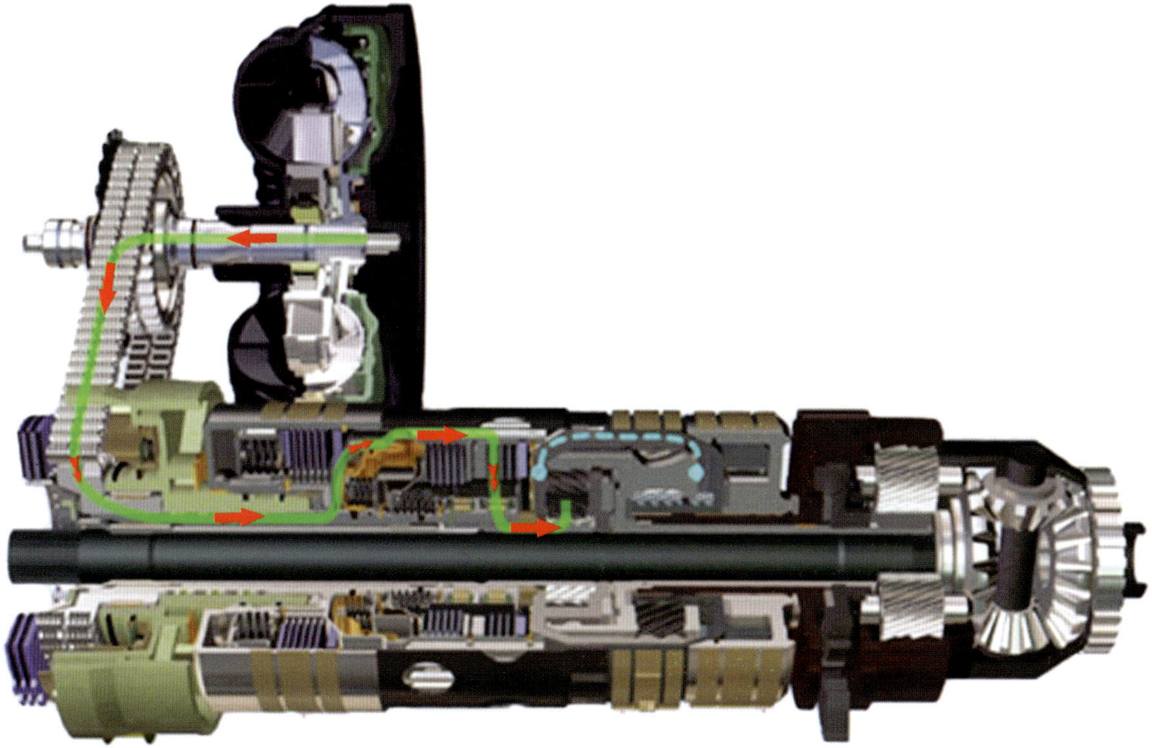

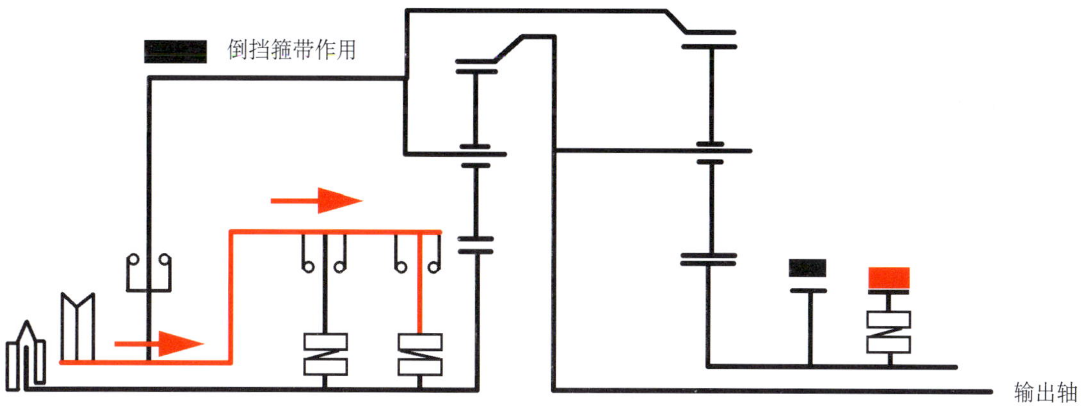

N 挡切断动力传递，用于起动发动机与停车。

4T65—E 自动变速器的 P 挡传动分析

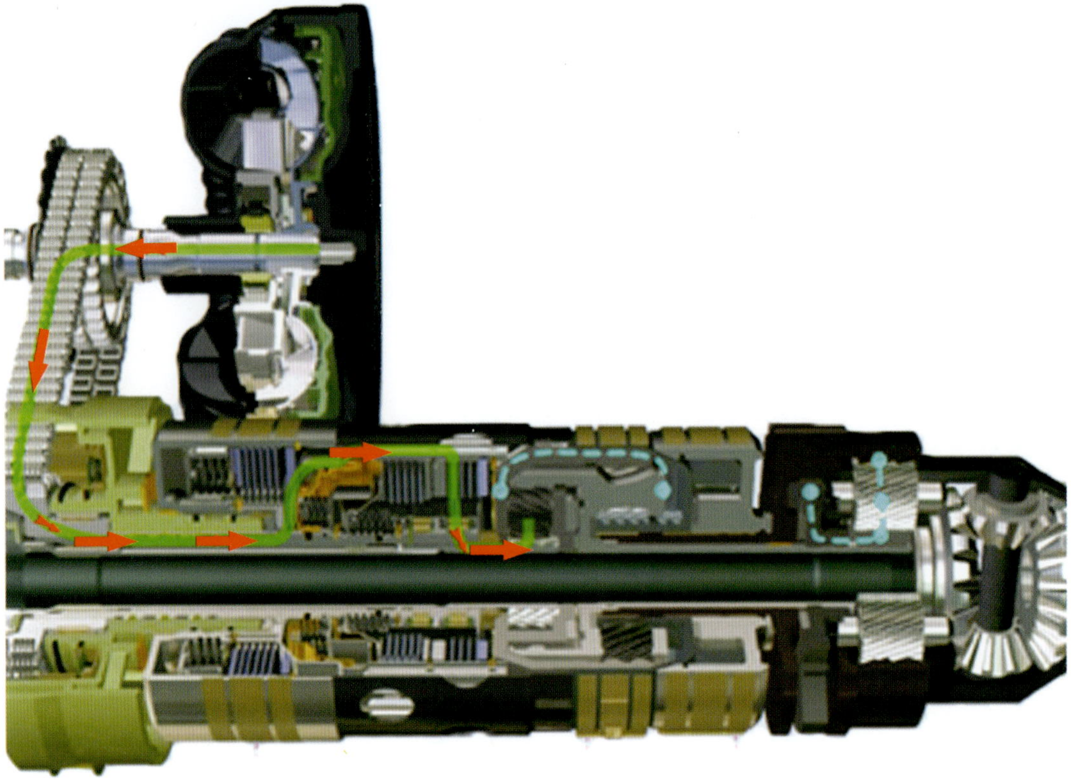

P挡切断动力传递，用于起动发动机与停车。

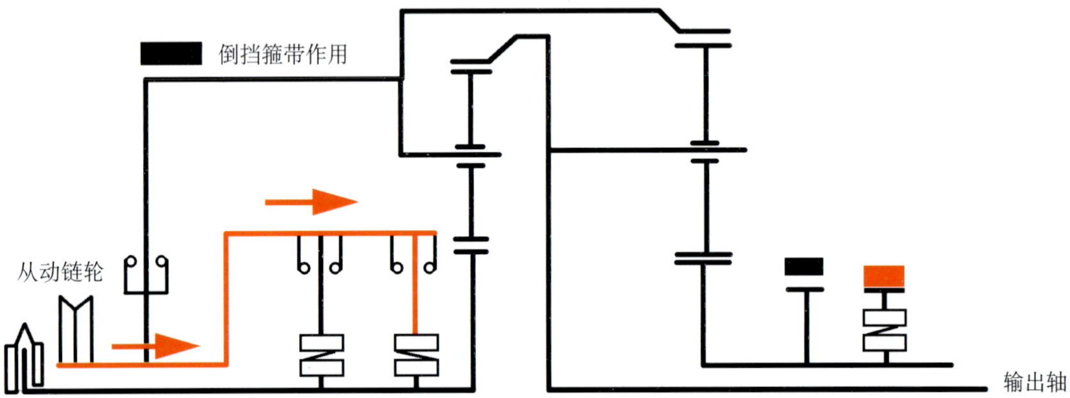

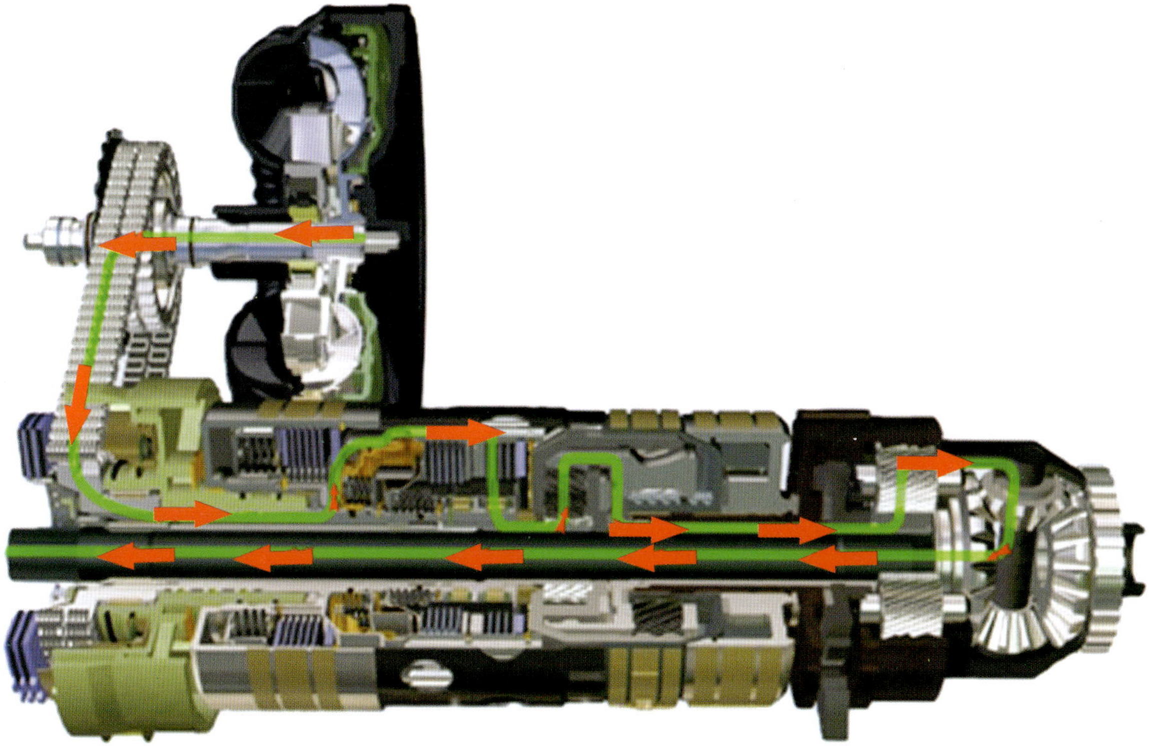

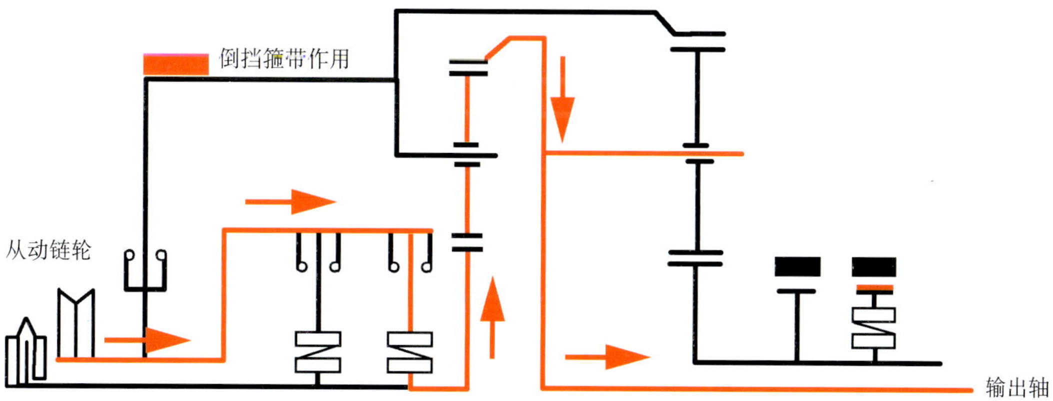

一、动力传递路线

从动链轮→输入轴→输入离合器→输入单向离合器→前太阳轮→前行星齿轮→前齿圈→输出轴→主减速器太阳轮→主减速器行星架→差速器→左、右半轴→车轮。

二、传动比的计算

已知：输入元件n_{11}，输出元件n_{12}；其中，$n_{13}=n_{22}$，$n_{12}=n_{23}$，$n_{13}=0$。

求倒挡传动比i_R。

$n_{11}+\alpha_1 n_{12}-(1+\alpha_1)n_{13}=0$

$n_{13}=0$

解得：$i_R=n_{11}/n_{12}=-\alpha_1$，根据相关资料查出$\alpha_1$的值，经计算倒挡的传动比为$-2.385$。

4T65—E 自动变速器的主减速器与差速器

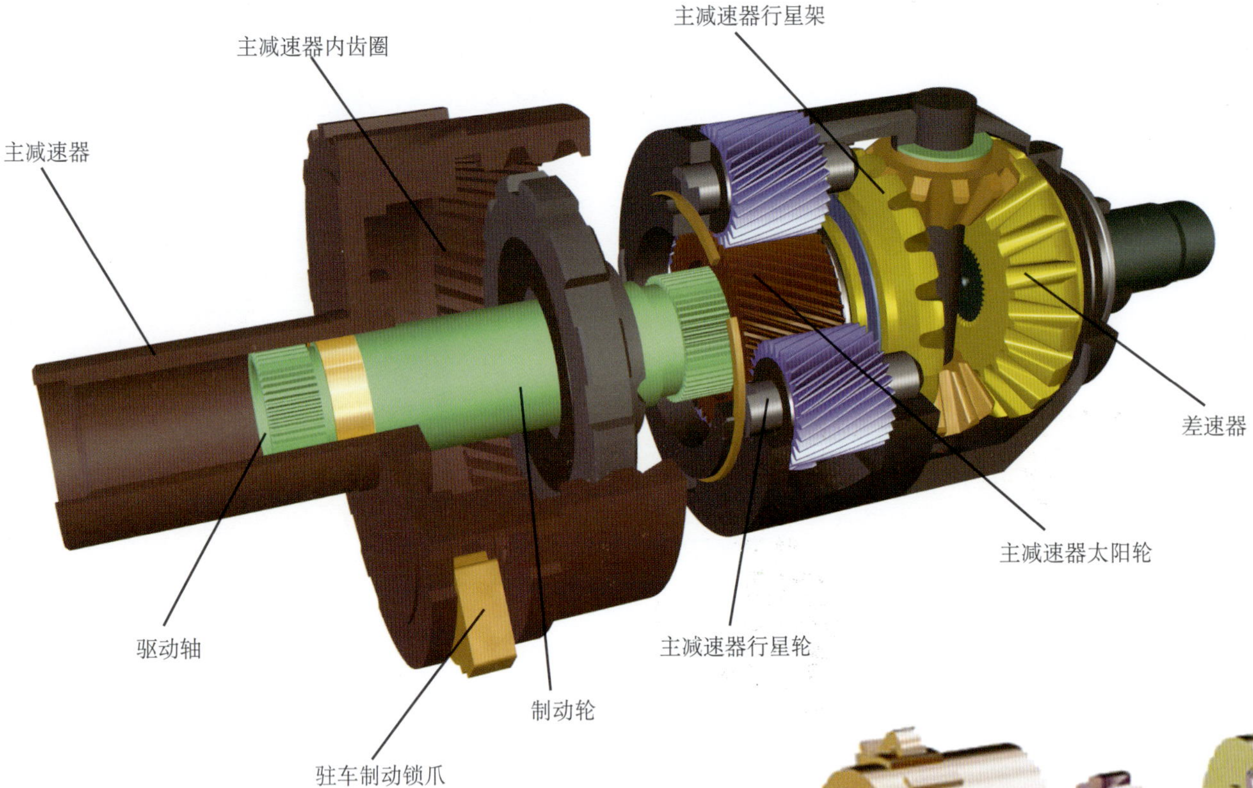

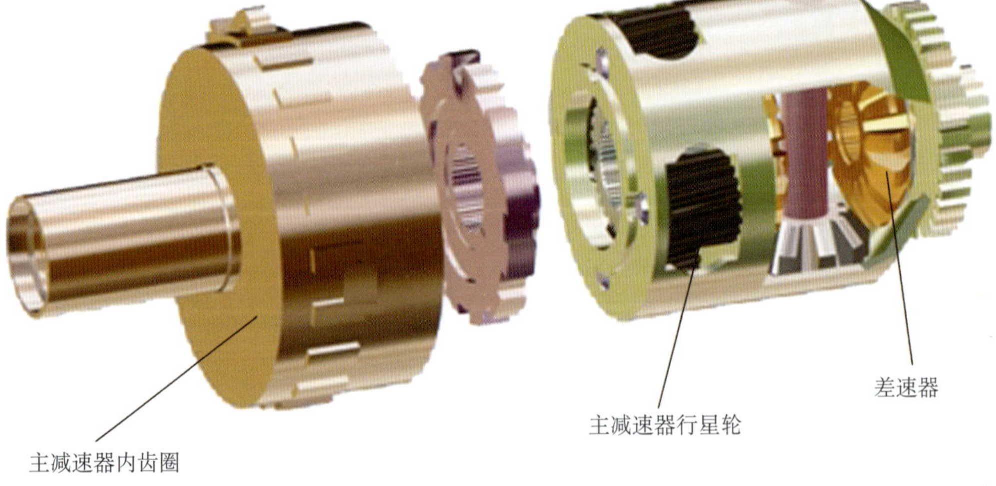

4T65—E自动变速器的主减速器是行星齿轮式的，其齿圈固定，主动轮是太阳轮，从动轮是行星架，其传动比是太阳轮与齿圈齿数之和除以太阳轮的齿数。

差速器的结构与工作原理与其他车型的完全一样。

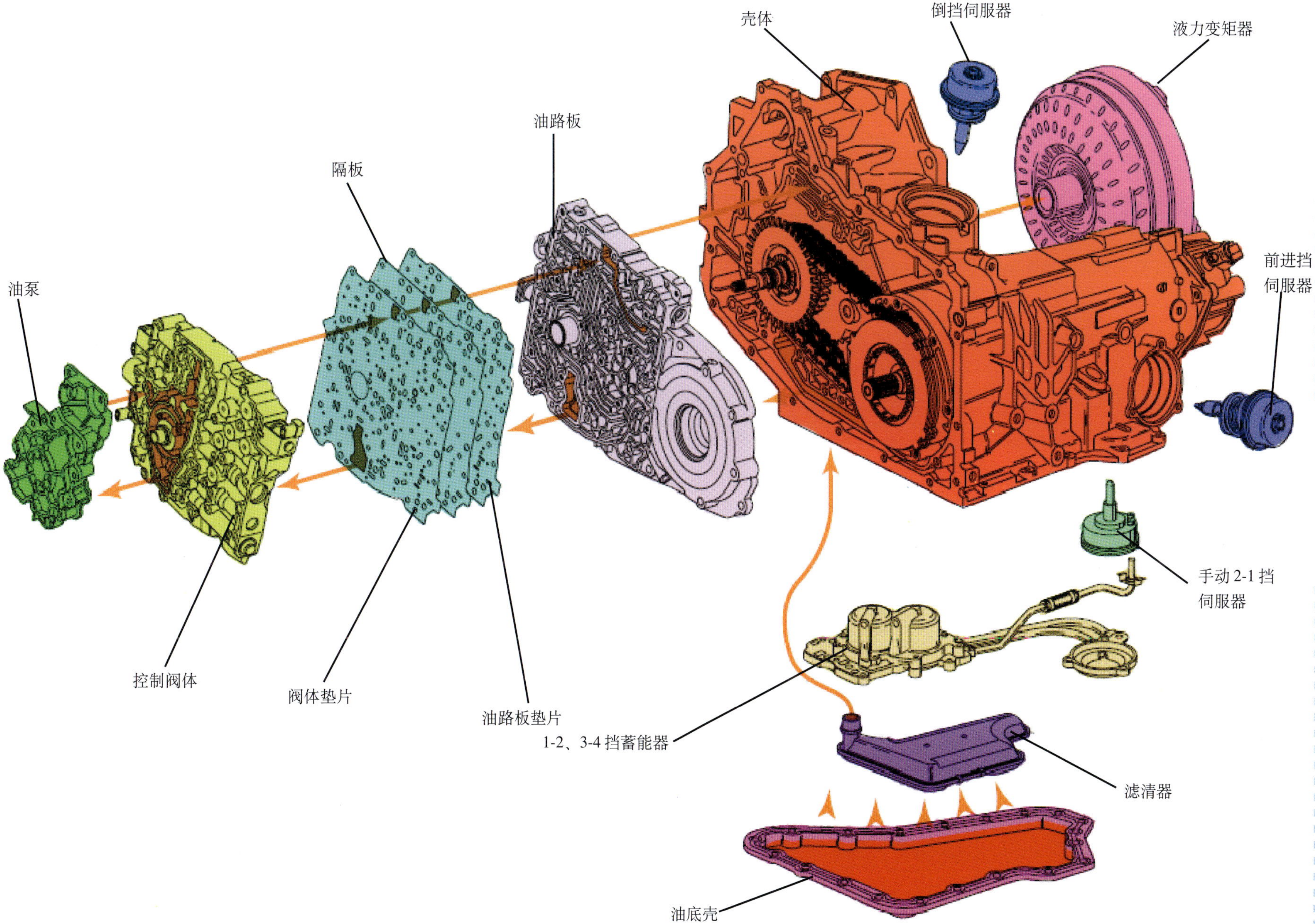

壳体
倒挡伺服器
液力变矩器
油路板
隔板
油泵
前进挡
伺服器
控制阀体
阀体垫片
油路板垫片
手动 2-1 挡
伺服器
1-2、3-4 挡蓄能器
滤清器
油底壳

4T65—E 自动变速器电子控制系统

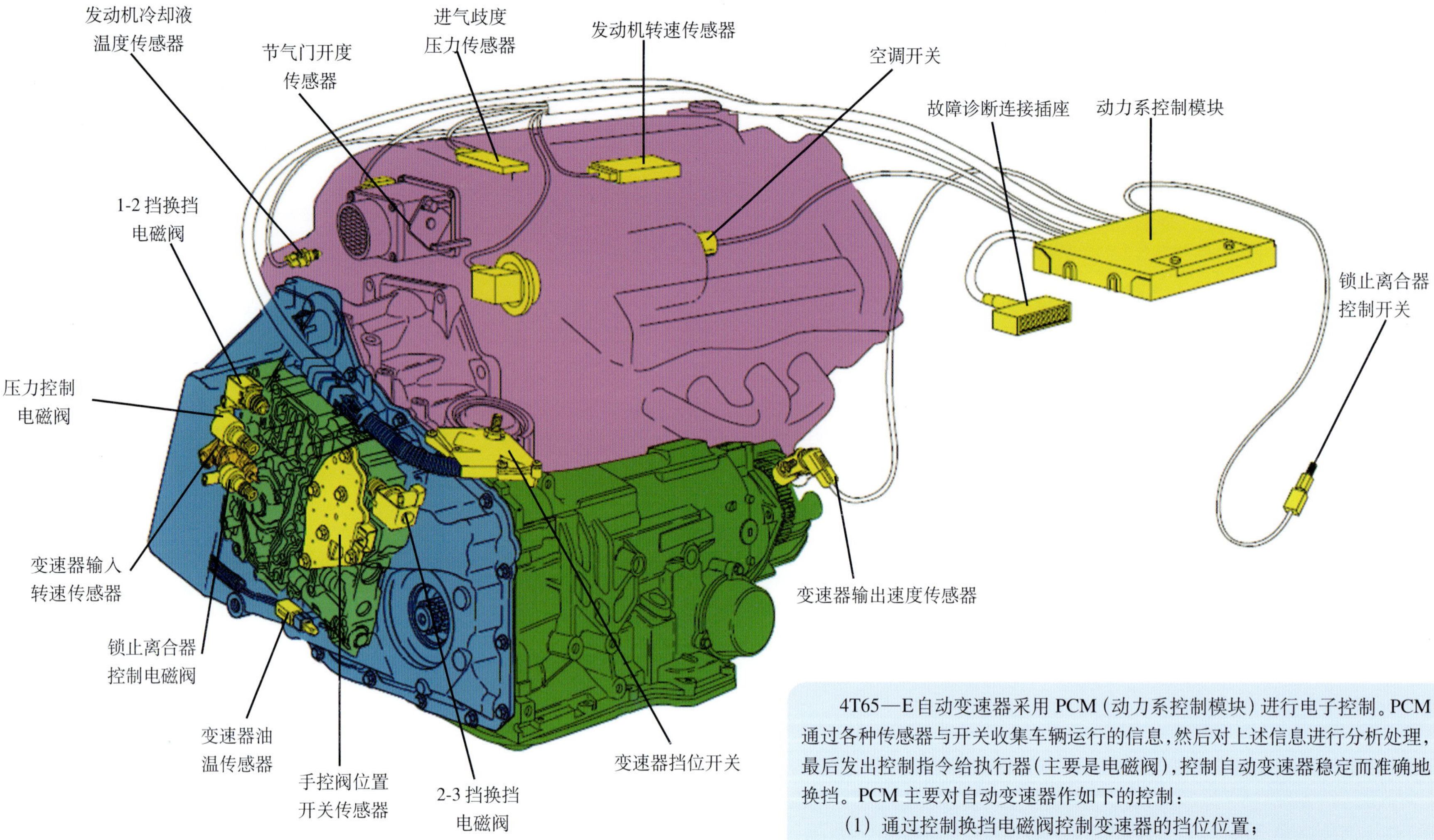

4T65—E 自动变速器采用 PCM（动力系控制模块）进行电子控制。PCM 通过各种传感器与开关收集车辆运行的信息，然后对上述信息进行分析处理，最后发出控制指令给执行器（主要是电磁阀），控制自动变速器稳定而准确地换挡。PCM 主要对自动变速器作如下的控制：

（1）通过控制换挡电磁阀控制变速器的挡位位置；

（2）通过压力控制电磁阀调节主油路压力，控制变速器的换挡进程；

（3）控制锁止离合器的接合与脱开。

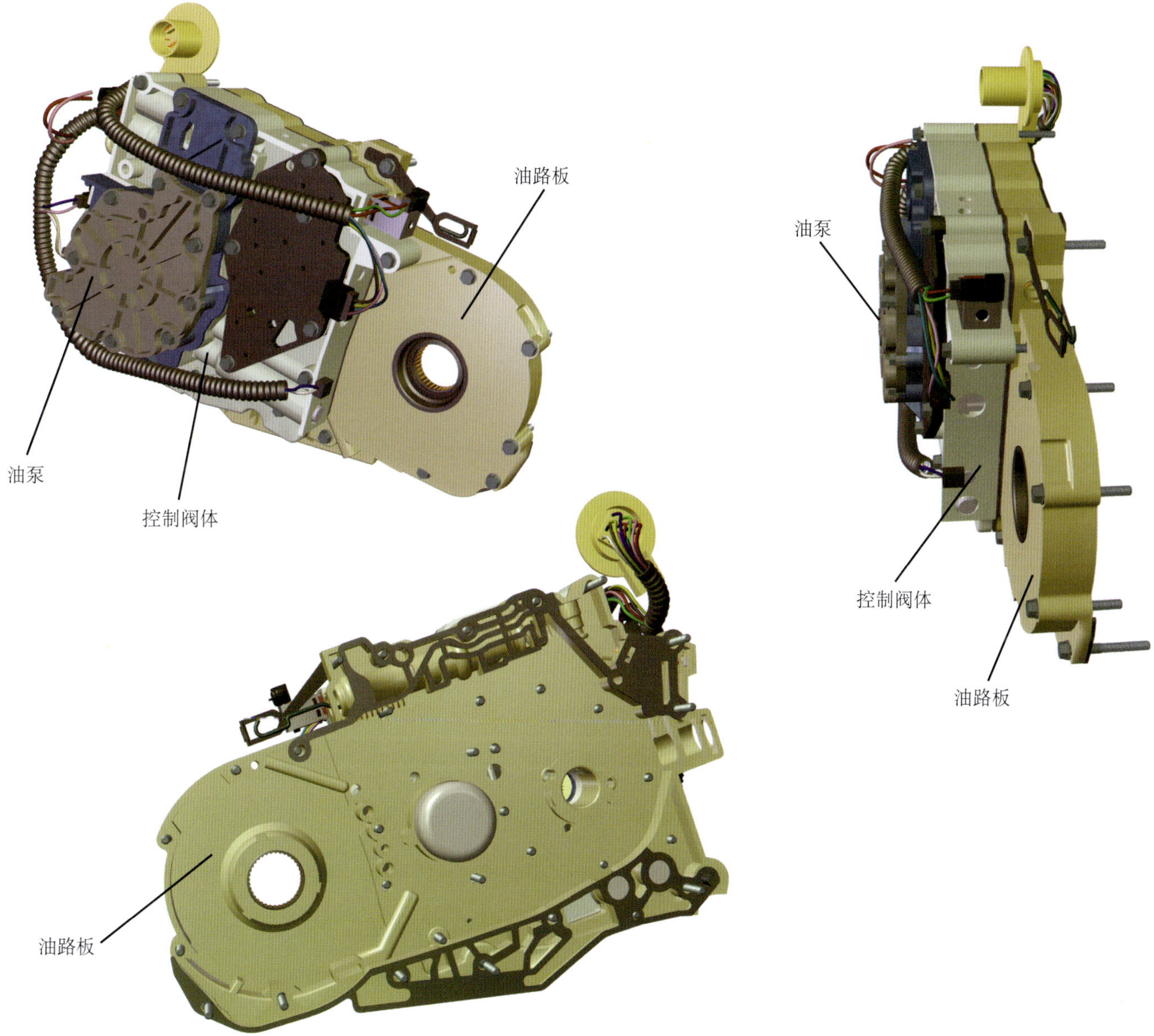
油路板
油泵
控制阀体
油泵
控制阀体
油路板
油路板

油路阀板的组成

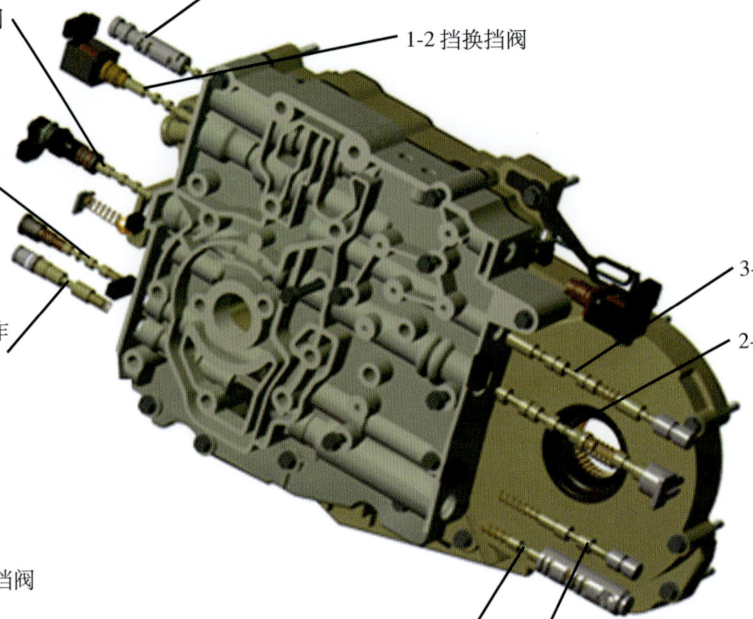
主调压阀
转矩信号调节阀
1-2 挡换挡阀
锁止离合器控制阀
锁止离合器工作
压力调节阀
3-4 挡换挡阀
2-3 挡换挡阀
2-3、3-4挡蓄能器阀
1-2 挡蓄能器阀

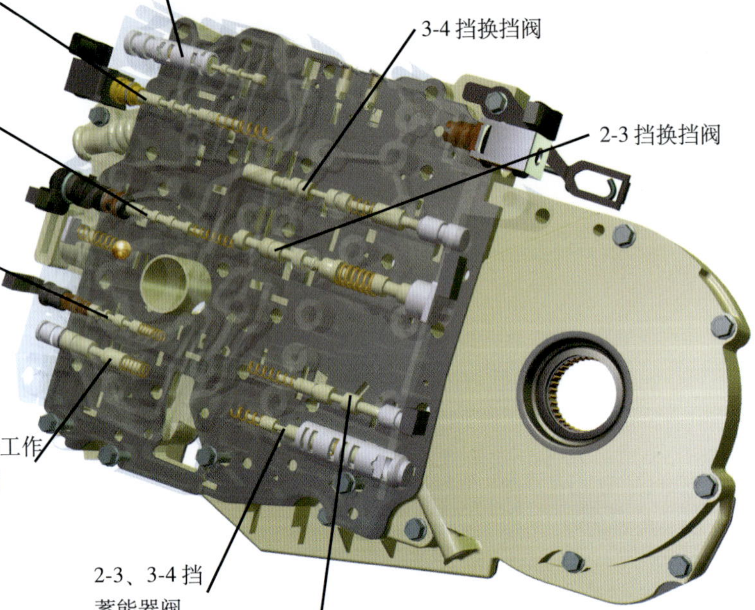
主调压阀
1-2 挡换挡阀
3-4 挡换挡阀
转矩信号调节阀
2-3 挡换挡阀
锁止离合器
控制阀
锁止离合器工作
压力调节阀
2-3、3-4 挡
蓄能器阀
1-2 挡蓄能器阀

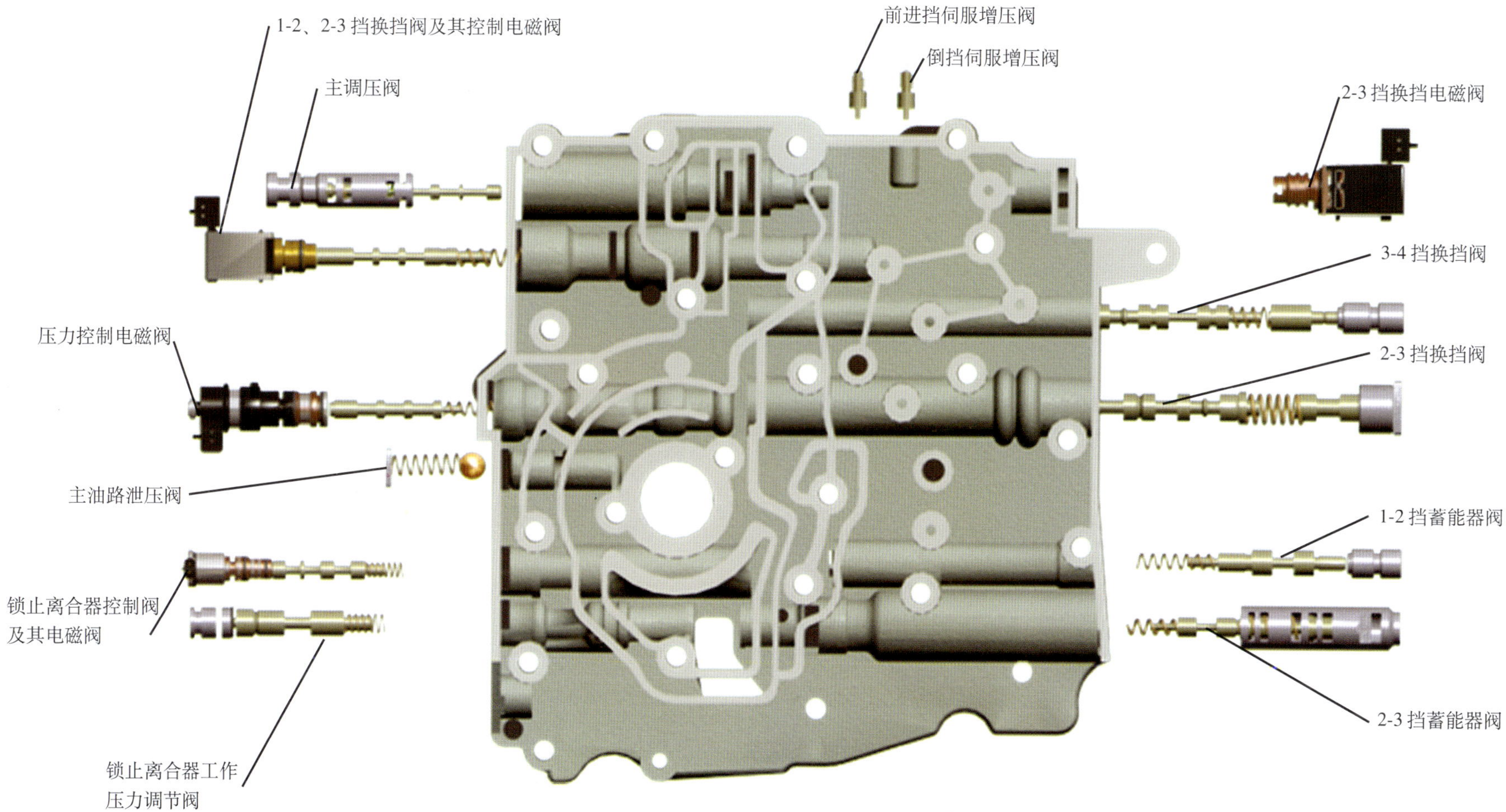
1-2、2-3 挡换挡阀及其控制电磁阀
主调压阀
前进挡伺服增压阀
倒挡伺服增压阀
2-3 挡换挡电磁阀
3-4 挡换挡阀
压力控制电磁阀
2-3 挡换挡阀
主油路泄压阀
1-2 挡蓄能器阀
锁止离合器控制阀
及其电磁阀
2-3 挡蓄能器阀
锁止离合器工作
压力调节阀

油路阀板的结构

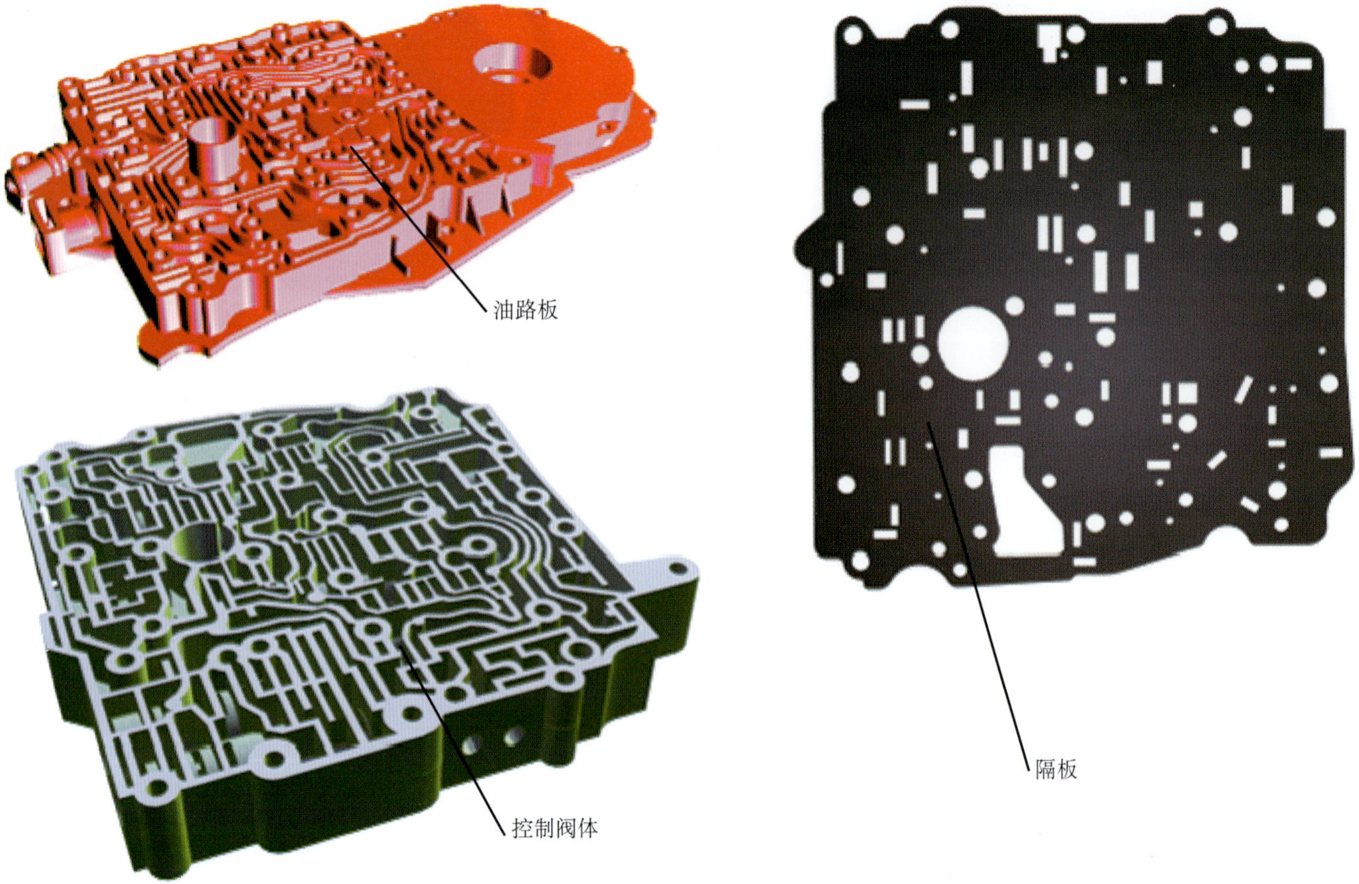

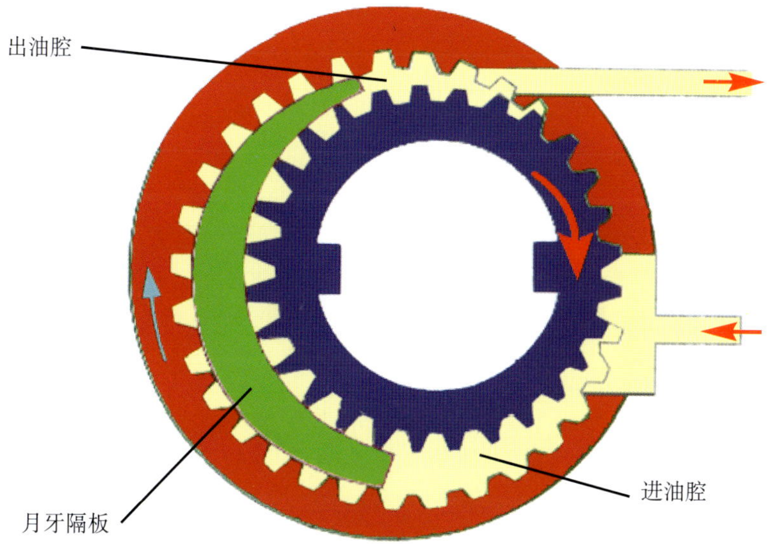

内啮合齿轮泵

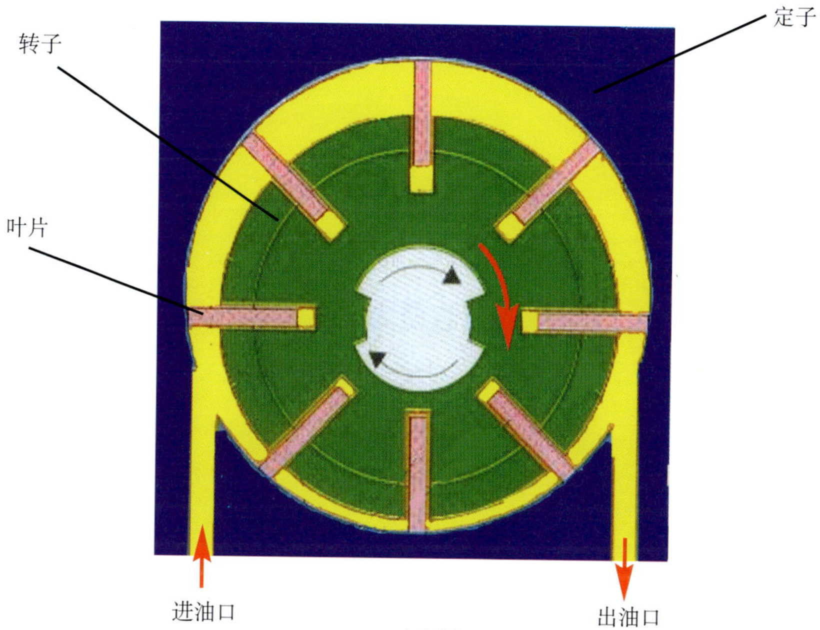

叶片泵

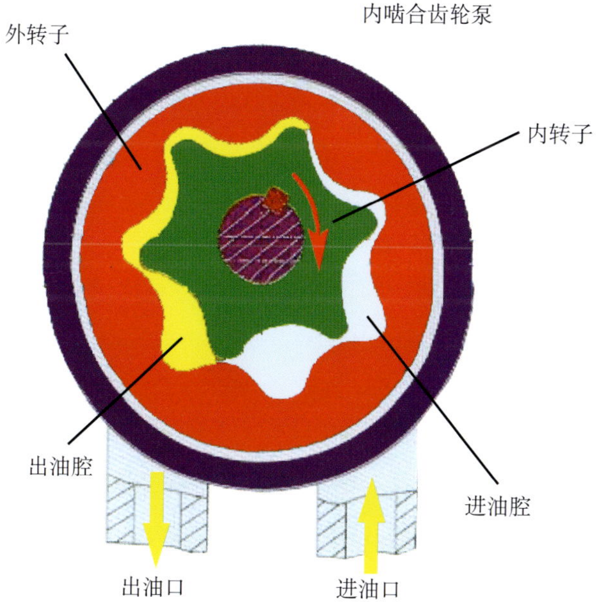

摆线转子泵

一、作用

为液压系统提供压力油。

二、类型

常用的液压油泵有内啮合齿轮泵、摆线转子泵和叶片泵三种。

三、工作原理

1. 内啮合齿轮泵

油泵内有一对偏心安置并内啮合的齿轮，两齿轮之间有一个固定不动的月牙板，将进油腔和出油腔隔开。通过齿轮的啮合与分离，进油腔容积由小变大将油吸入，出油腔容积由大变小，将油排出。

2. 摆线转子泵

当内转子驱动外转子旋转时，进油腔容积由小变大，将油吸入，出油腔容积由大变小，将油排出。

3. 叶片泵

转子与定子有一偏心距。转子旋转时，进油腔容积由小变大将油吸入，出油腔容积由大变小，将油排出。

可变流量叶片泵

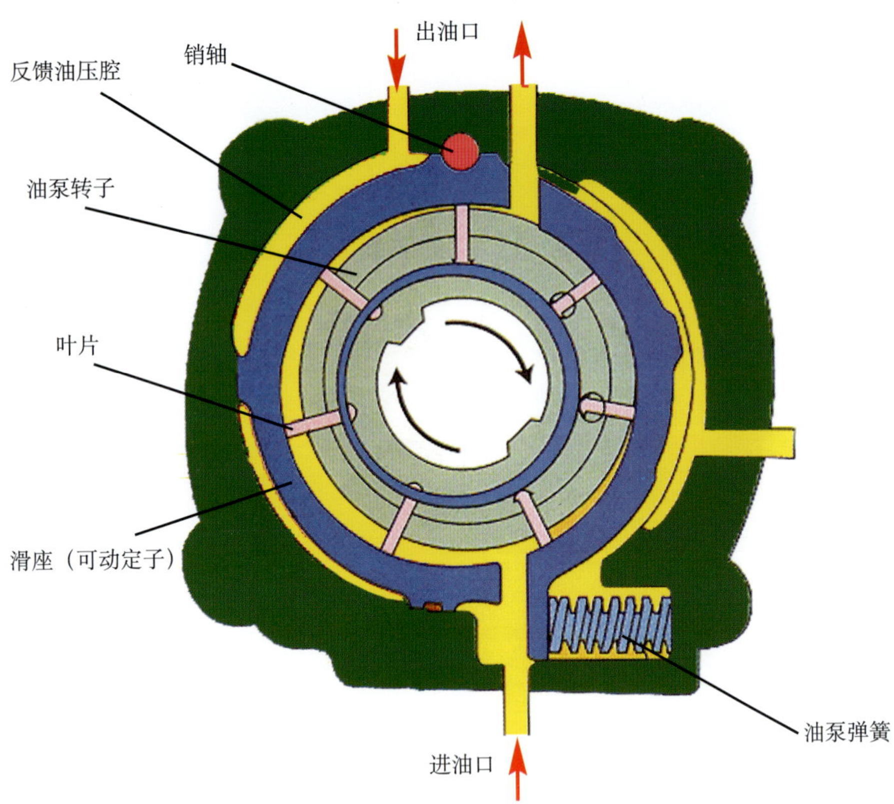

主油路油压低时

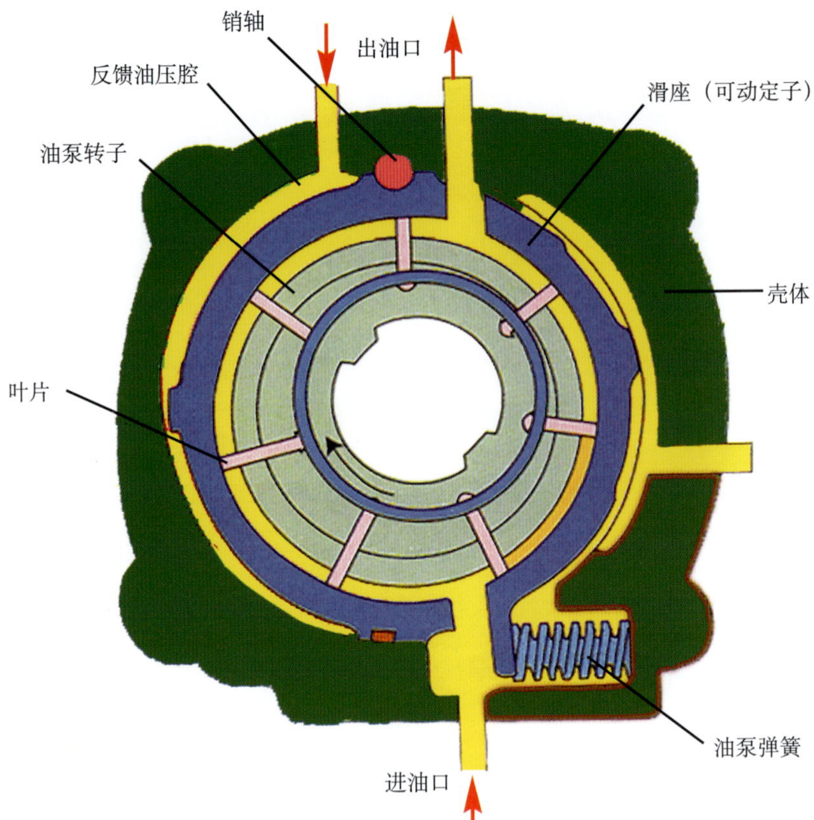

主油路油压高时

这种叶片泵的定子不是固定在泵壳上，而是可以绕一个销轴作一定的摆动，以改变定子与转子的偏心距，从而改变油泵的流量。在油泵运转时，定子的位置由定子侧面反馈油压腔内来自油压调节阀的反馈油压来控制。

当油泵转速较低时，泵油量较小，油压调节阀将反馈油路关小，使反馈压力下降。定子在复位弹簧的作用下绕销轴向顺时针方向摆动一个角度，加大了定子与转子的偏心距，油泵的流量随之增大。当油泵转速升高时，泵油量增大，出油压力随之上升，推动油压调节阀将反馈油路开大，使控制腔内的反馈油压上升。定子在反馈油压的推动下绕销轴朝逆时针方向摆动，定子与转子的偏心距减小，油泵的流量也随之减小，从而降低了油泵的泵油量，直到出油压力降至原来的数值。4T65—E自动变速器也是采用这种油泵。

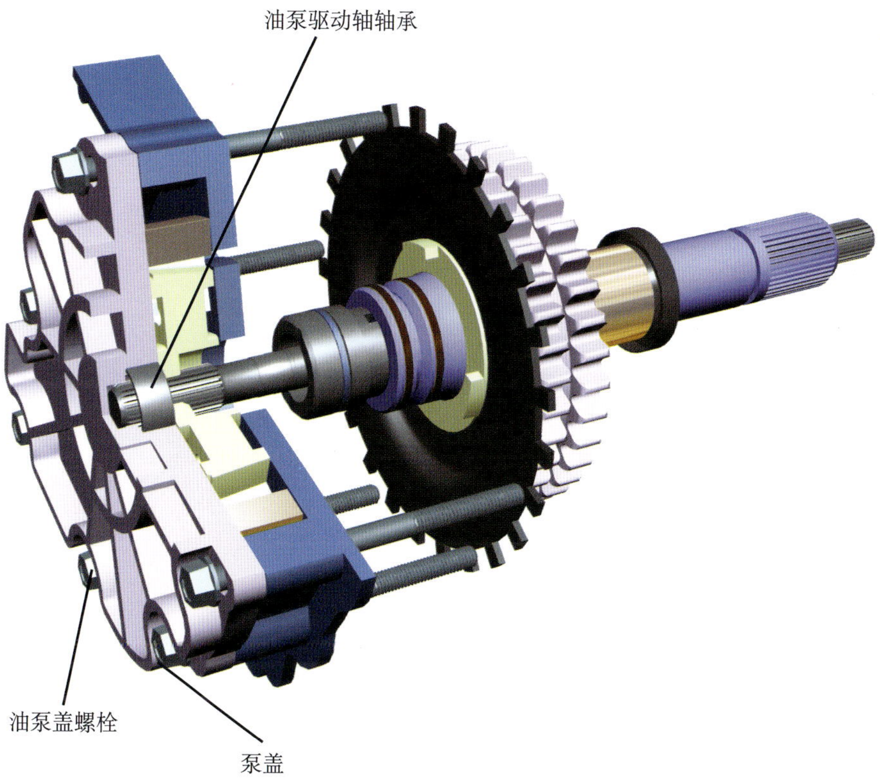
油泵驱动轴轴承
油泵盖螺栓
泵盖

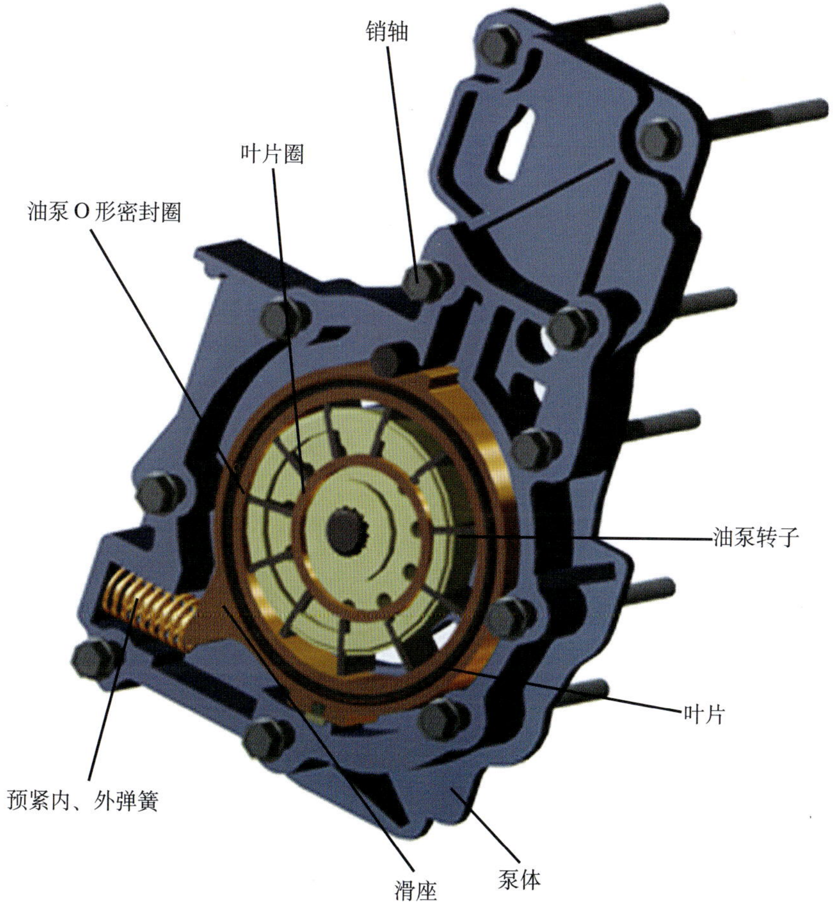
销轴
叶片圈
油泵O形密封圈
油泵转子
叶片
预紧内、外弹簧
滑座
泵体

4T65—E自动变速器油泵分解图

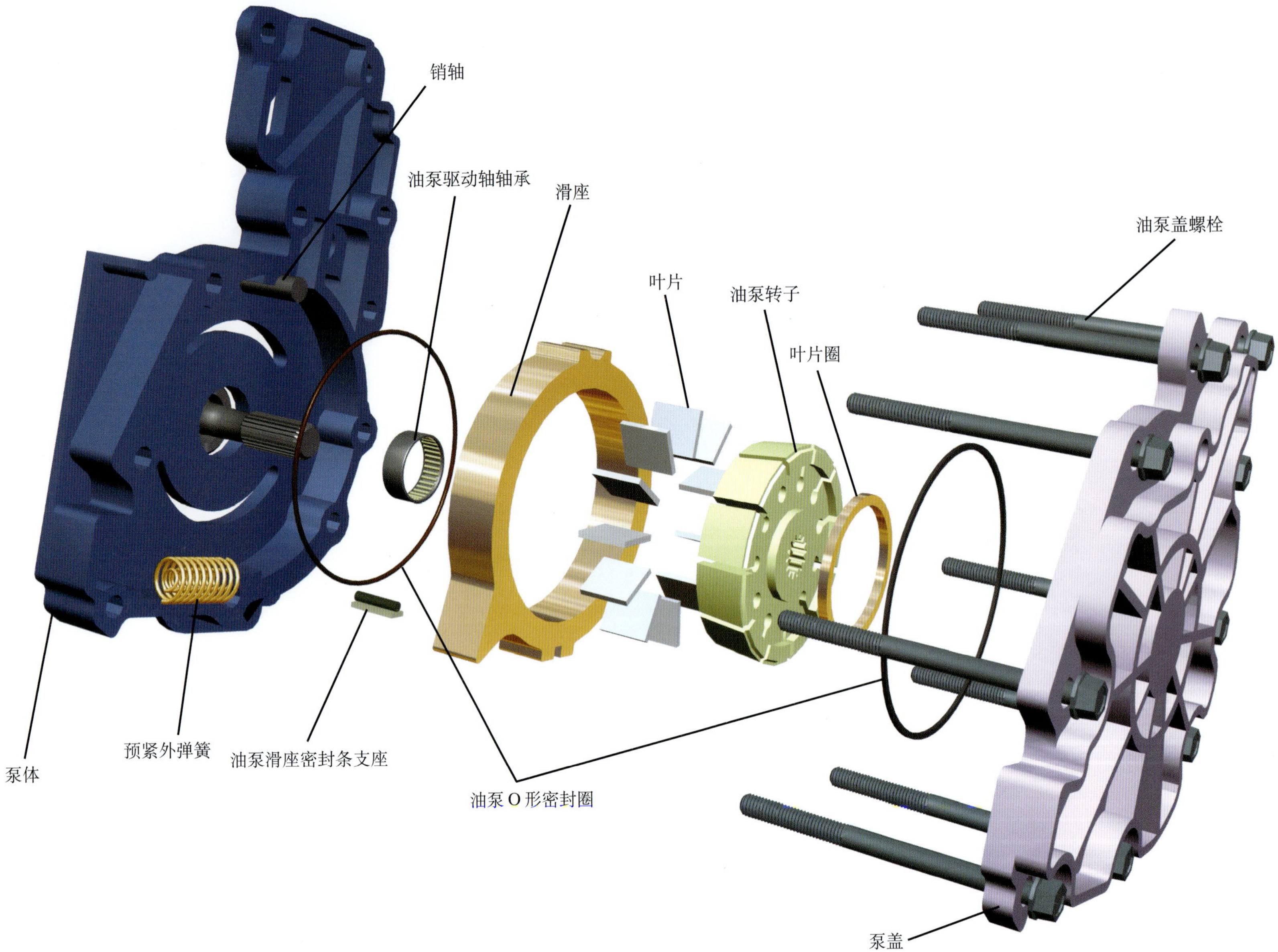

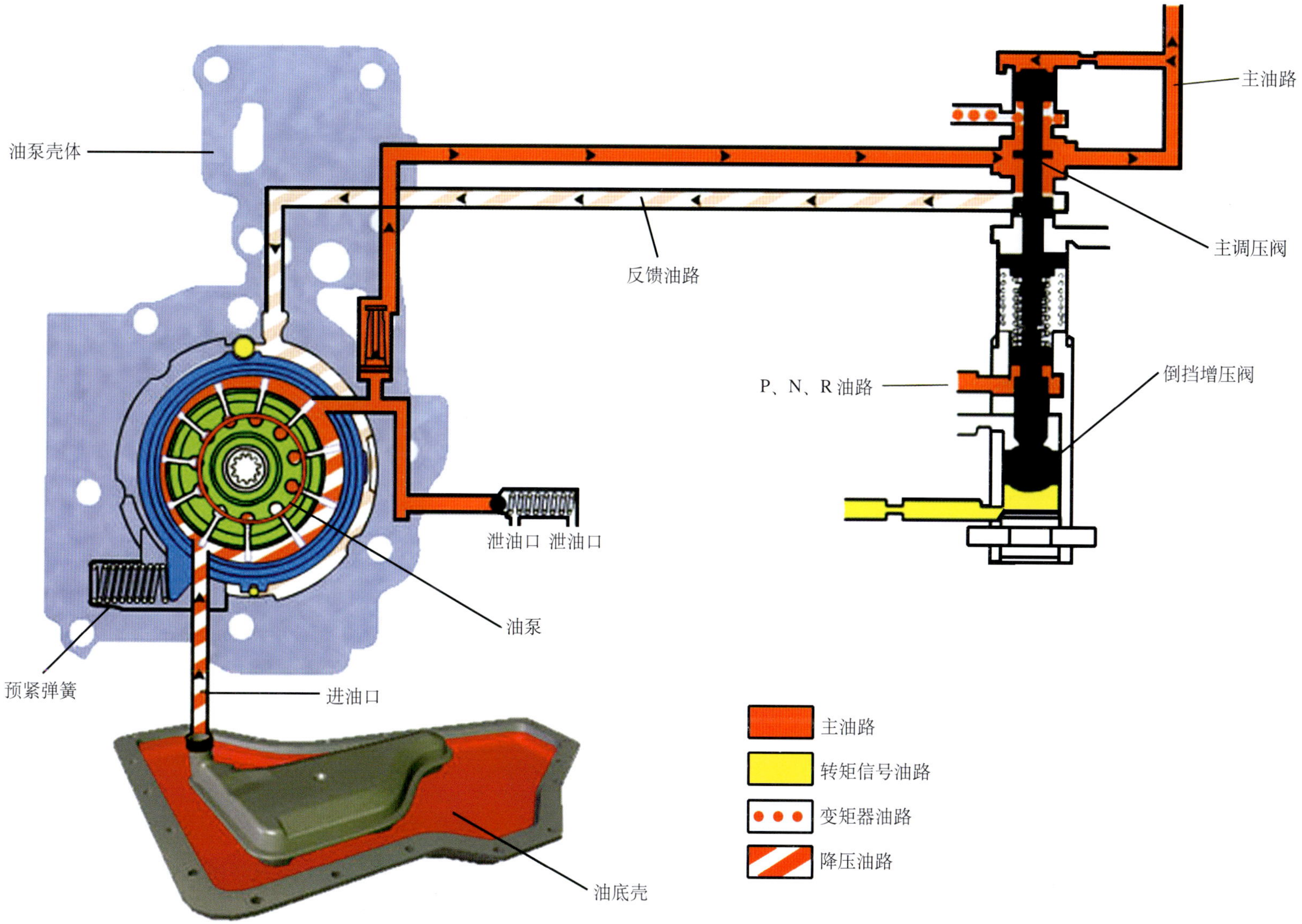
油泵壳体
主油路
主调压阀
反馈油路
P、N、R 油路
倒挡增压阀
泄油口 泄油口
油泵
预紧弹簧
进油口
油底壳
主油路
转矩信号油路
变矩器油路
降压油路

主调压阀

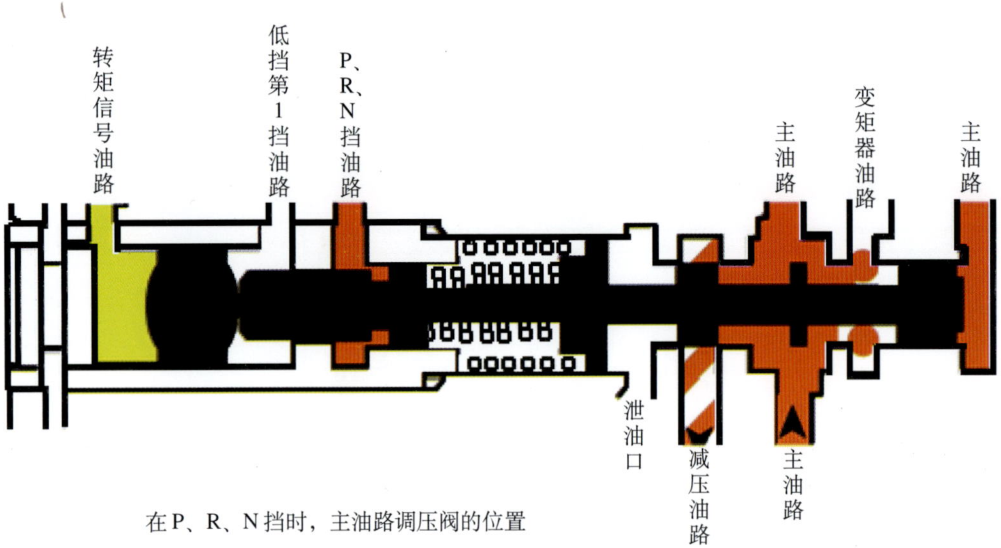

在P、R、N挡时，主油路调压阀的位置

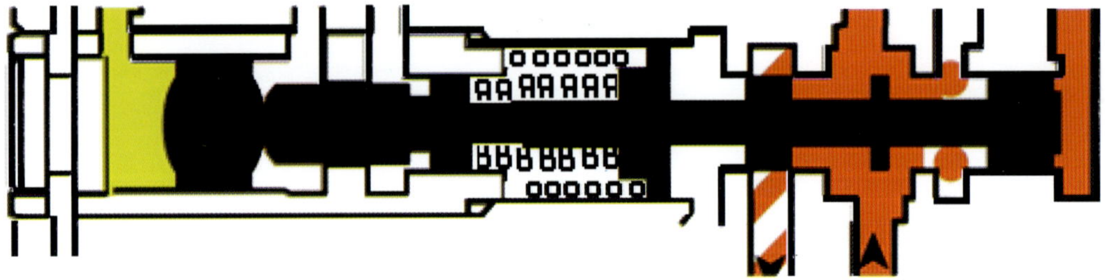

在D挡时，主油路调压阀的位置

一、作用

根据车速和节气门开度等信息的变化自动调节主油路油压，保证各液压系统工作稳定。

二、工作原理

主调压阀主要是根据调压阀泄油口开度以及油泵转子与滑座间偏心距的大小来调节主油路中油的压力的。

当油泵的输出量过大时，来自油泵的油压克服弹簧力向左移动调压滑阀，这样主油路油迅速充满变矩器进油管路并开始泄压。泄油压力作用在油泵的滑动座上，它克服弹簧力以移动滑动座，从而减小了油泵转子与定子的偏心距，降低了油泵的输出油压力。

主调压阀的位置变化取决于节气门开度及发动机的转矩。压力控制电磁阀和转矩信号调节阀输出油压作用在主调压阀滑阀的左端面，可根据PCM的命令调节主油路压力。

来自手动阀的P、R、N挡油流和低挡油流作用主调压阀滑阀左端面上，压缩了该阀弹簧并移动了该阀，在停车、倒车和空挡时增大了主油路压力。

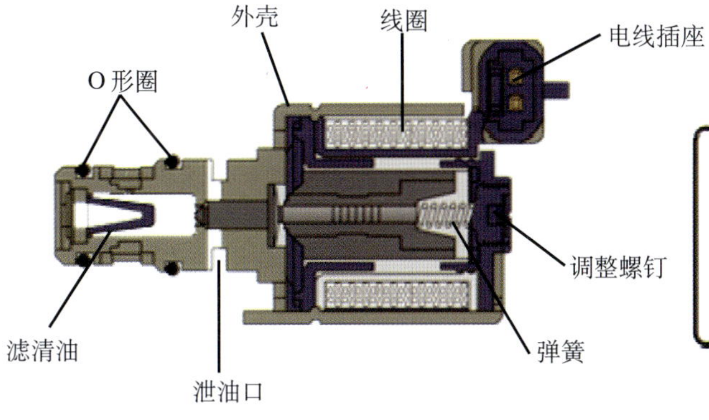

压力控制电磁阀断电（电流减小时）

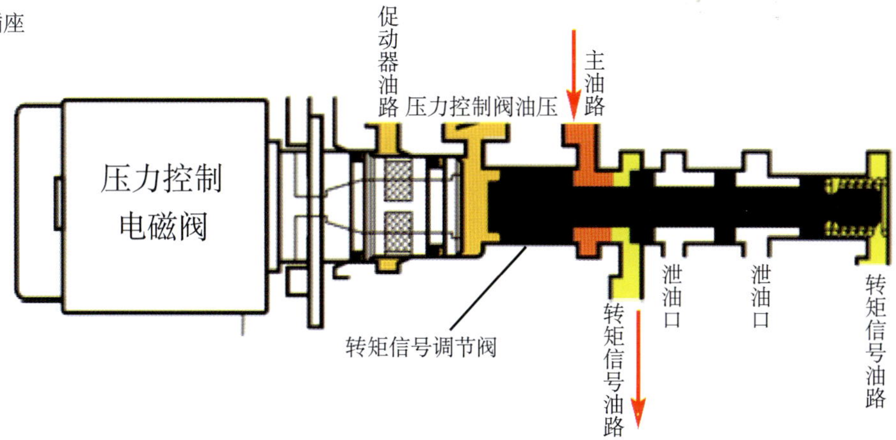

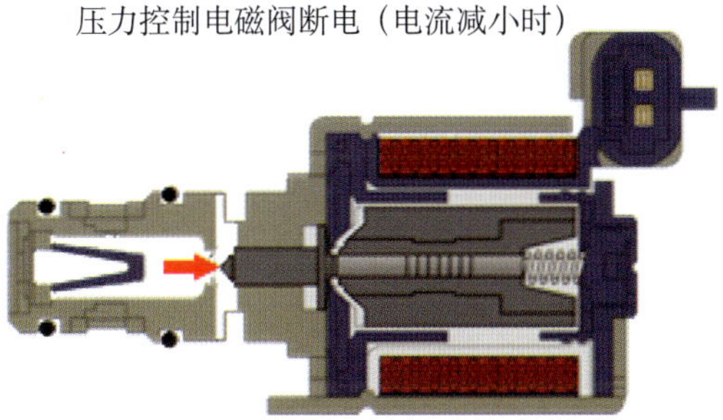

压力控制电磁阀通电（电流增加时）

转矩信号调节阀输出转矩信号油压，转矩信号油压越大则主油路油压也越大，该阀由压力控制电磁阀控制。该电磁阀是一精确的电子油压力调节器，它根据流过其电磁线圈上的电流控制变速器主油路的压力。当电流断电或减小时，电磁阀芯在弹簧力的作用下关小泄油口，使转矩信号调节阀左端的油压增大，提高转矩信号油压，从而提高主油路压力。当电流增加时，由线圈产生的磁场使电磁阀芯开大泄油口，降低了转矩信号油压 降低了主油路压力。PCM 主要根据节气门位置、油温、空气流量传感器和挡位开关等的输出信号控制压力控制电磁阀。

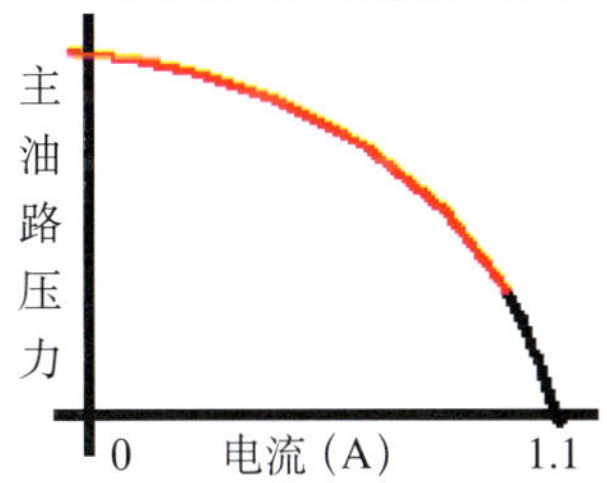

主油路压力随电磁阀电流的变化曲线

压力控制电磁阀的电阻值：3.5~4.6Ω

占空比	电流	主油路
− 5%	0.02A	最大
+40%	1.1A	最小

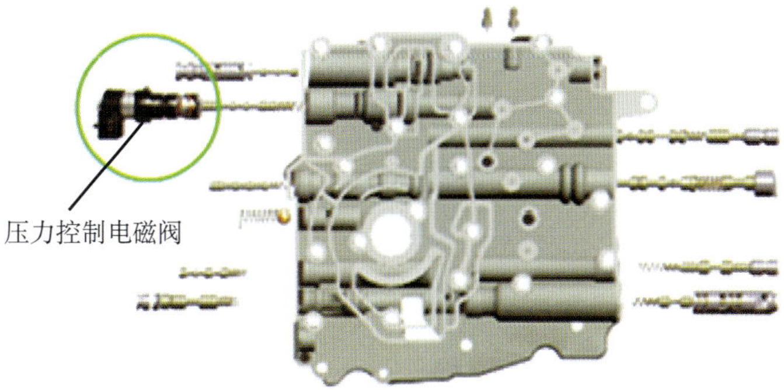

主油路压力调节

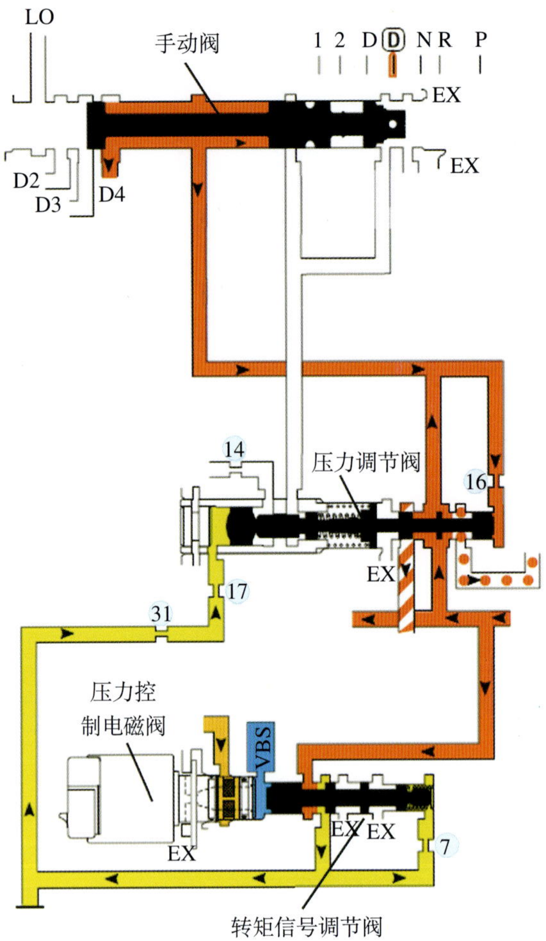

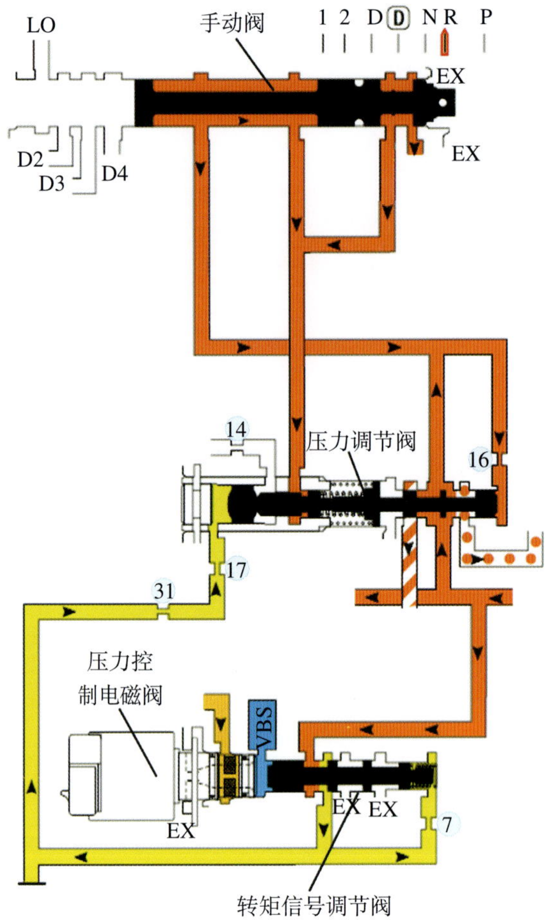

转矩信号调节阀的输出油压力作用在压力调节阀的左端。当其输出油压高时，则该油压推动压力调节阀向右移动，使泄油口（EX）关小，这样输出的主油路压力大；当其输出油压低时，则压力调节阀在右端主油路油压作用下向左移动，使泄油口开大，这样输出的主油路压力变小。

手动阀的位置不同，则压力调节阀输出的油压也不同。

当手动阀在 R 挡位置时，有额外的液压油作用在压力调节阀的左端对其有个向右的推力，使泄油口关得更小，这样输出的主油路压力更大。

当手动阀在 D 挡位置时，由于没有额外的液压油作用在压力调节阀的左端，所以其输出油压低于 R 挡位置时的油压。

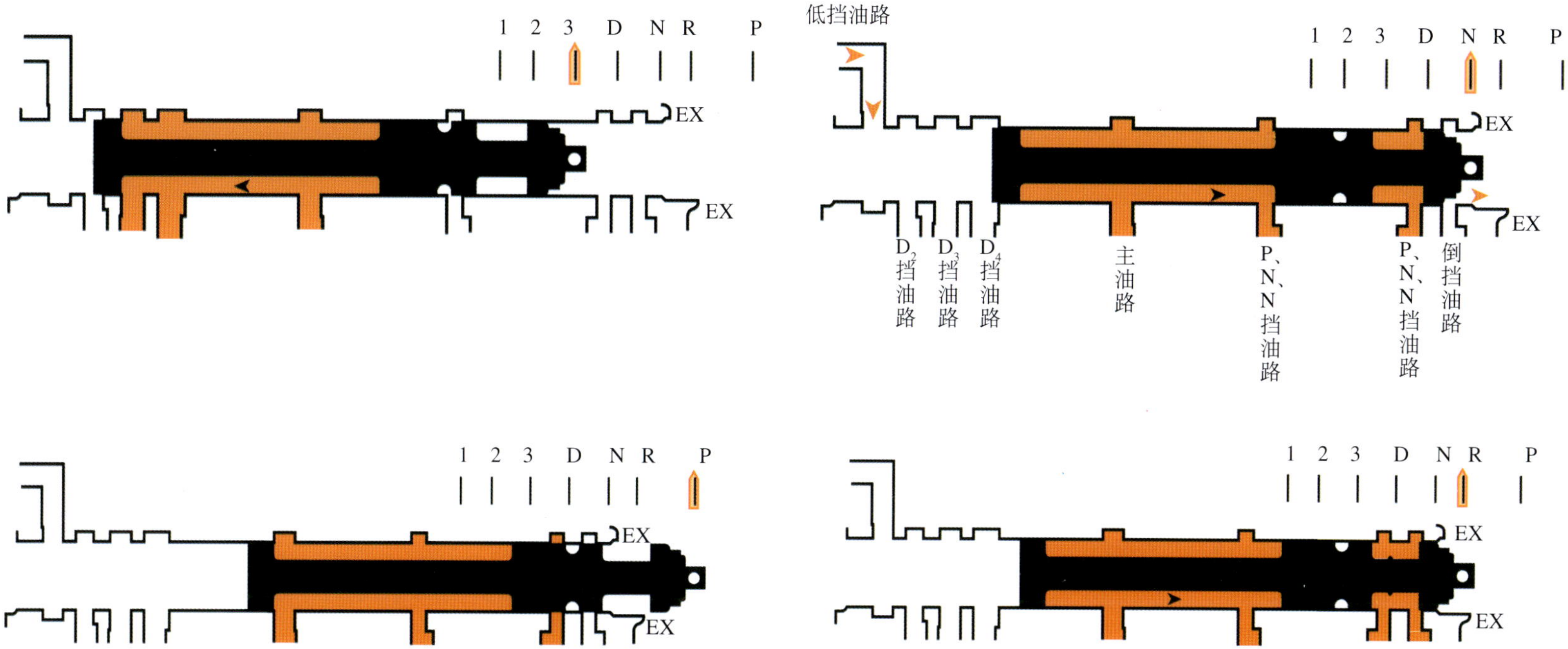

一、作用

手动阀实际上是一个手动换向阀（或油路开关），驾驶员根据自己的意愿，通过选挡杆把控制阀（滑阀）拉动至P、R、N、D、3、2、1等挡位，滑阀位置的改变会将主油路油压导入相应管路，从而实现油路转换，实现自动变速器不同的挡位。同时它还提供手动选挡杆的位置信号，并根据这个信号控制液压系统的油路开关。

二、工作原理

当手动阀在选挡杆的带动下移至相应的位置时，主油路就会与相应的控制油路或执行元件连通，并使不工作的油路与泄油口（EX）接通，从而使自动变速器处于相应的挡位。

换挡电磁阀对换挡阀的控制（一）

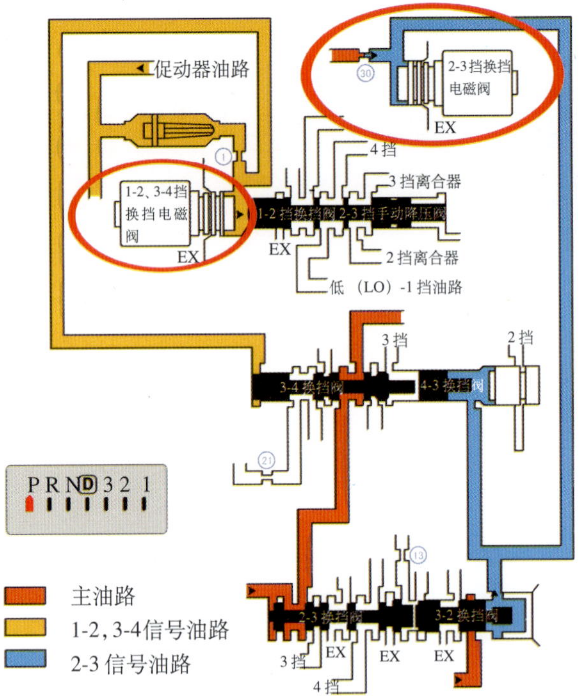

挡位	1-2、3-4挡换挡电磁阀	2-3挡换挡电磁阀
P/R/N	ON	ON
1	ON	ON
2	OFF	ON
3	OFF	OFF
4	ON	OFF

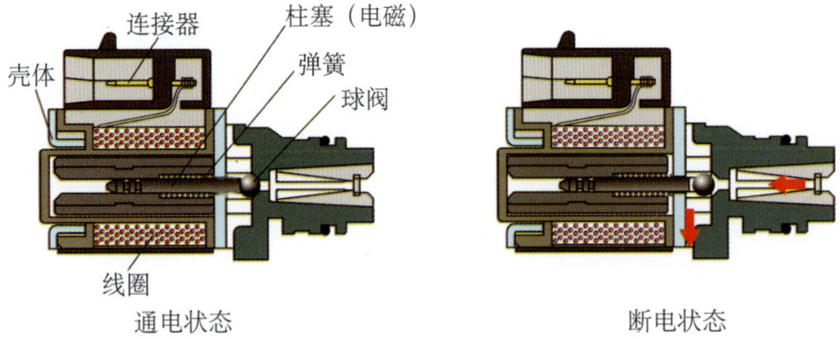

4T65—E自动变速器采用电液控制系统，换挡阀的工作由换挡电磁阀来控制。

换挡电磁阀是一个执行器，其根据来自电脑的信号打开或关闭油路的泄油口（EX）以操纵换挡阀动作。该液压控制系统使用两个相同的电磁阀控制3个换挡阀的升挡和降挡。电磁阀工作时以不同的“ON(通)”或“OFF（断)”组合形式控制流经各个换挡电磁阀的油路。换挡电磁阀执行简单的开关动作。当电磁阀通电时，泄油口（EX）关闭，导控油压作用在换挡阀上。当电磁阀断电时，泄油口（EX）打开，换挡阀上无油压作用。

变速器在换挡时，其挡位是逐级变换的，每次挡位变换只有一个换挡阀动作，也改变该换挡阀上的油路，只有在前进挡与手动挡的位置时，换挡阀才动作。在P、N、R挡位时，各换挡阀都处于该阀的低挡位置。

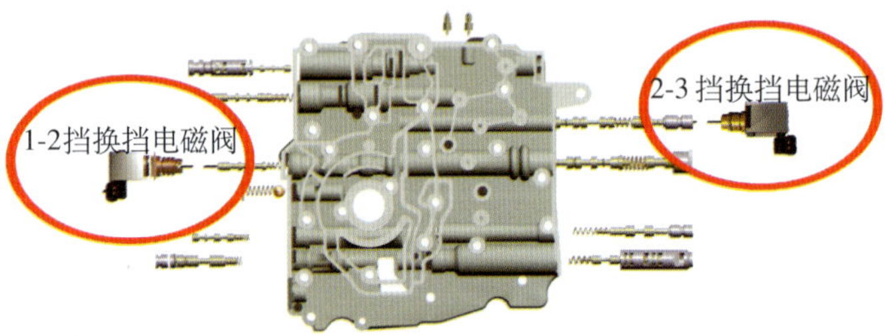

电磁阀位置

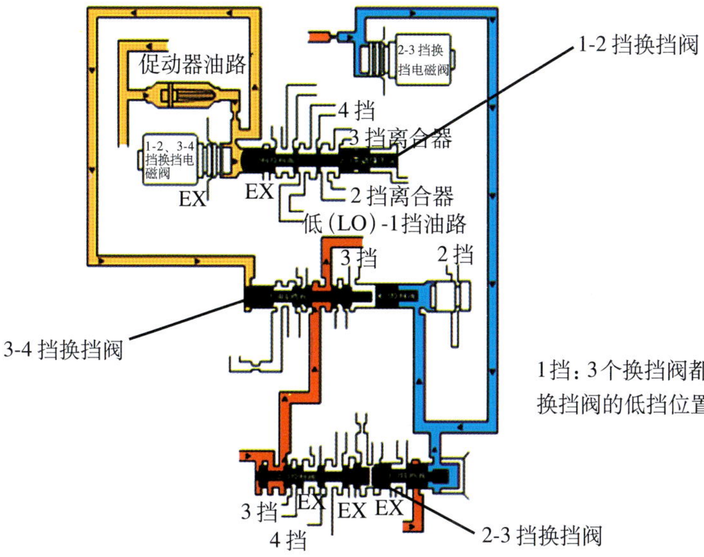

1 挡

1挡：3个换挡阀都处于该换挡阀的低挡位置。

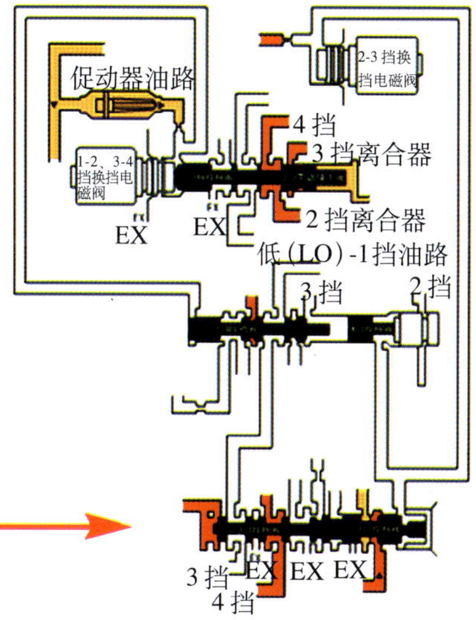

3 挡

3挡：2-3挡换挡阀从2挡向3挡移动，其他2个换挡阀不动。

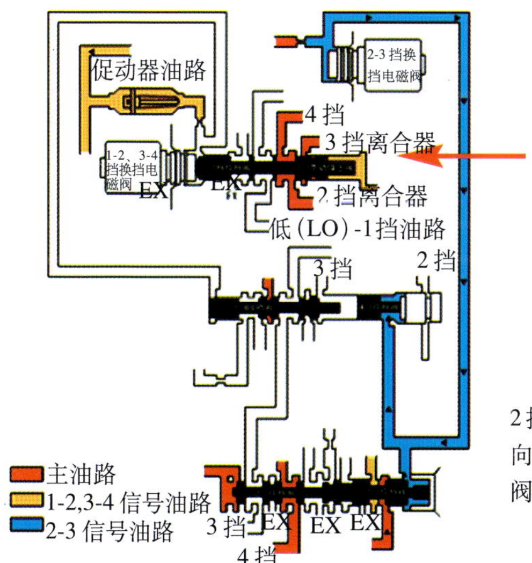

2 挡

2挡：1-2挡换挡阀从1挡向2挡移动，其他2个换挡阀不动。

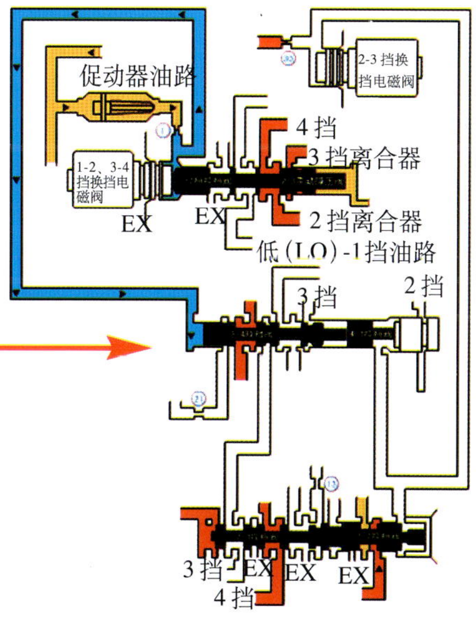

4 挡

4挡：3-4挡换挡阀从3挡向4挡移动，其他2个换挡阀不动。

自动变速器在前进挡的挡位组合：

D 挡：手动阀的位置为 D 位。

1 挡：

1-2 挡换挡阀的位置为 1 挡；

2-3 挡换挡阀的位置为 2 挡；

3-4 挡换挡阀的位置为 3 挡。

2 挡：

1-2 挡换挡阀的位置为 2 挡；

2-3 挡换挡阀的位置为 2 挡；

3-4 挡换挡阀的位置为 3 挡。

3 挡：

1-2 挡换挡阀的位置为 2 挡；

2-3 挡换挡阀的位置为 3 挡；

3-4 挡换挡阀的位置为 3 挡。

4 挡：

1-2 挡换挡阀的位置为 2 挡；

2-3 挡换挡阀的位置为 3 挡；

3-4 挡换挡阀的位置为 4 挡。

在 P、N、R 挡时：

1-2 挡换挡阀、2-3 挡换挡阀、3 4 挡换挡阀都处于该挡的低挡位置。

常用的电控换挡阀的控制原理图

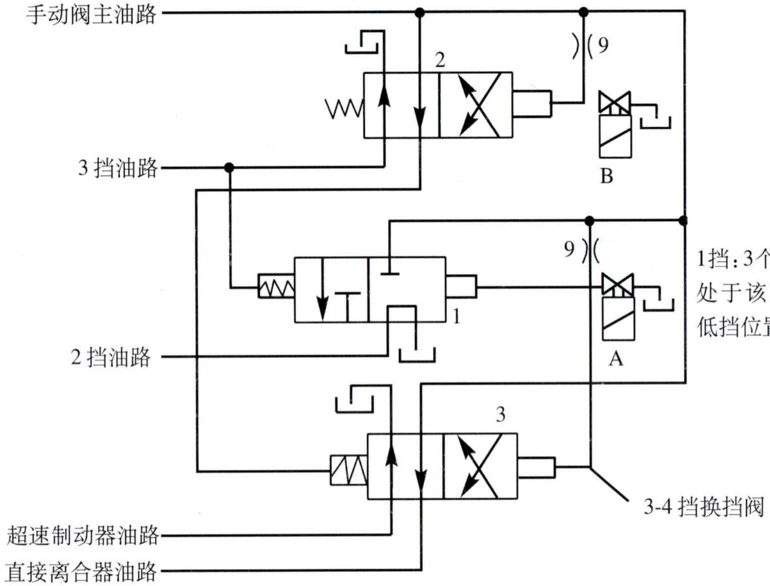

1挡：3个换挡阀都处于该换挡阀的低挡位置。

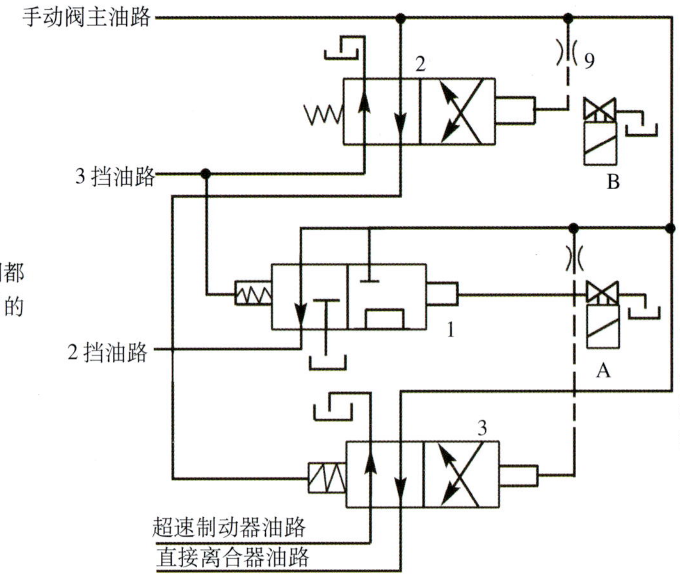

3挡：2-3挡换挡阀从2挡向3挡移动，其他2个换挡阀不动。

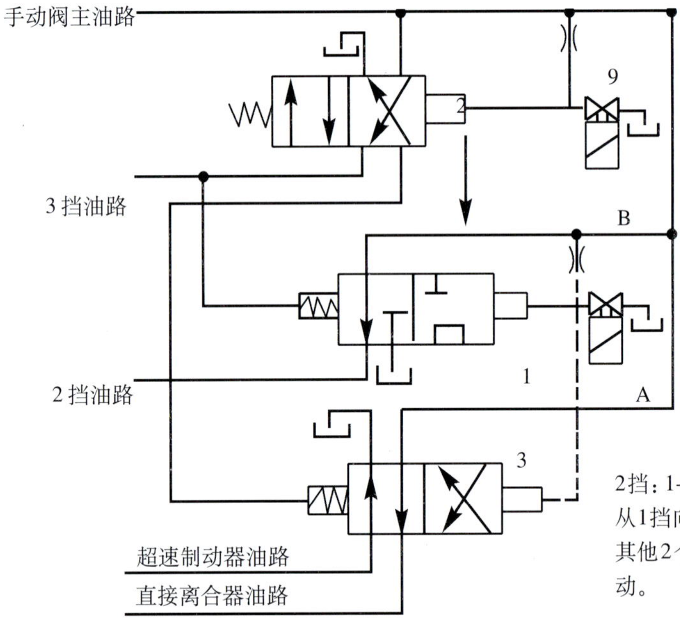

2挡：1-2挡换挡阀从1挡向2挡移动，其他2个换挡阀不动。

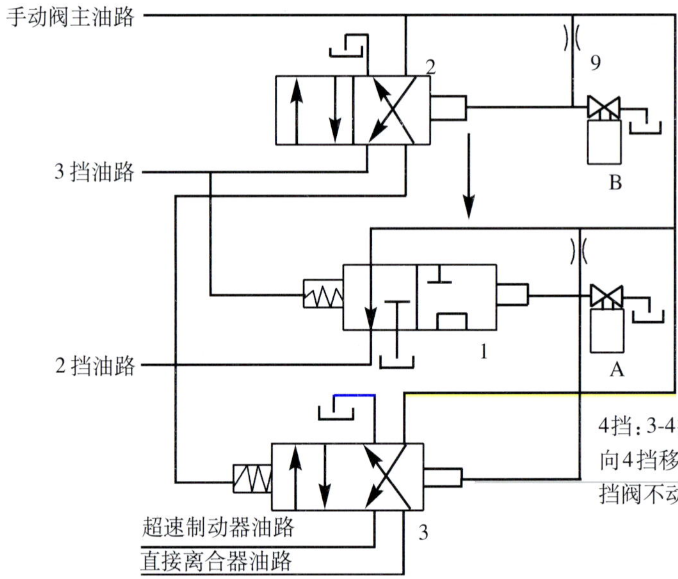

4挡：3-4挡换挡阀从3挡向4挡移动，其他2个换挡阀不动。

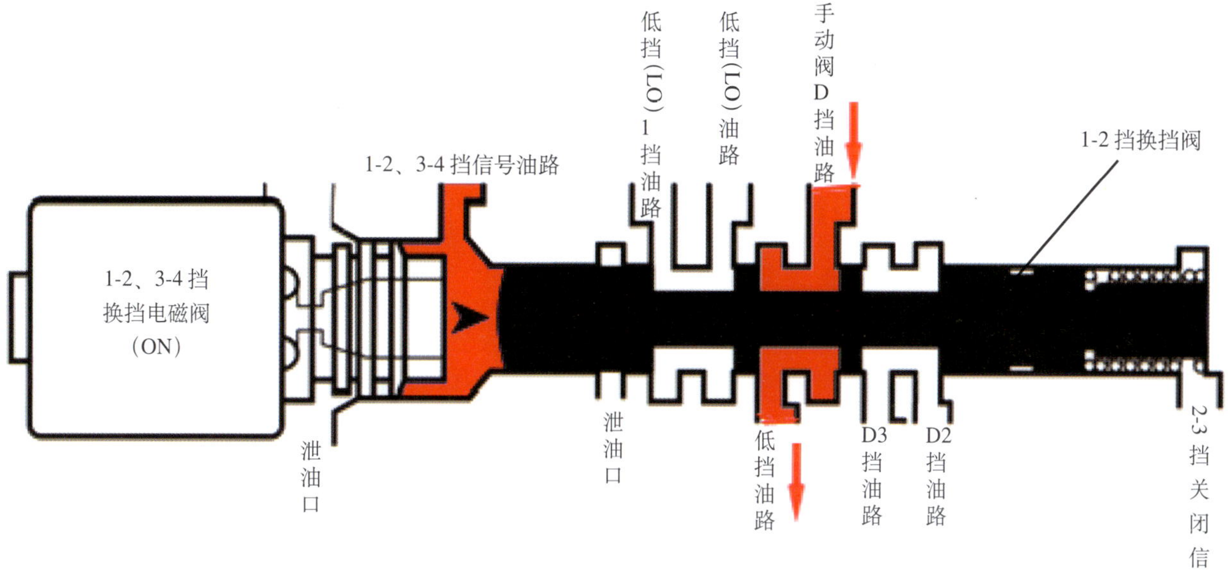

1-2挡换挡阀在1挡的位置

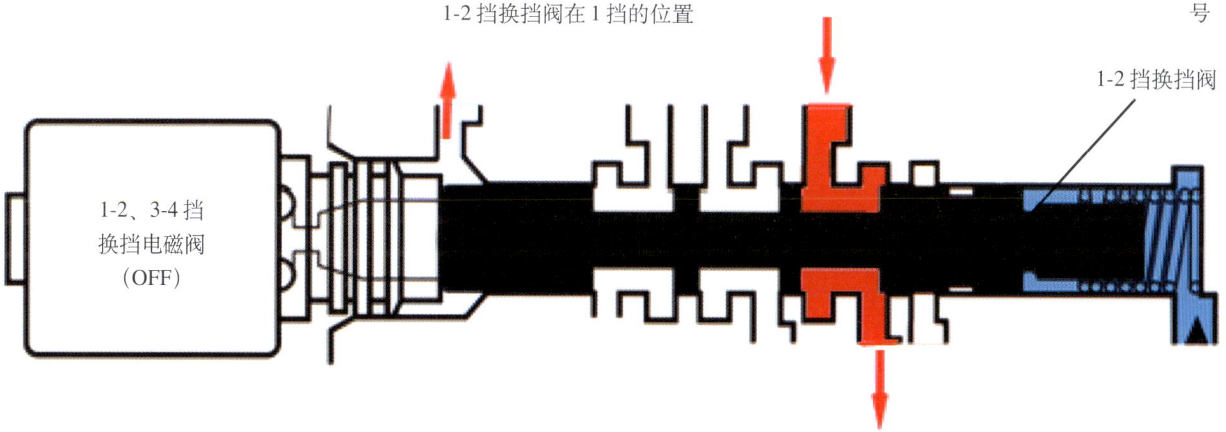

1-2挡换挡阀在2、3、4挡的位置

一、作用

液压系统中的换挡控制由换挡阀来完成，换挡阀实质上是一个由换挡控制信号操纵的换向阀。它负责将换挡执行元件（离合器、制动器）加压或泄压，以实现齿轮变速机构的挡位切换。

二、工作原理

1-2换挡阀与3-4换挡阀的动作由一个换挡电磁阀控制。当换挡电磁阀通电，1-2挡换挡阀左端的泄油口关闭并作用于主油路油压时，1-2挡换挡阀克服弹簧力移向右端。反之，1-2挡换挡阀移向左端。

2–3 挡换挡阀

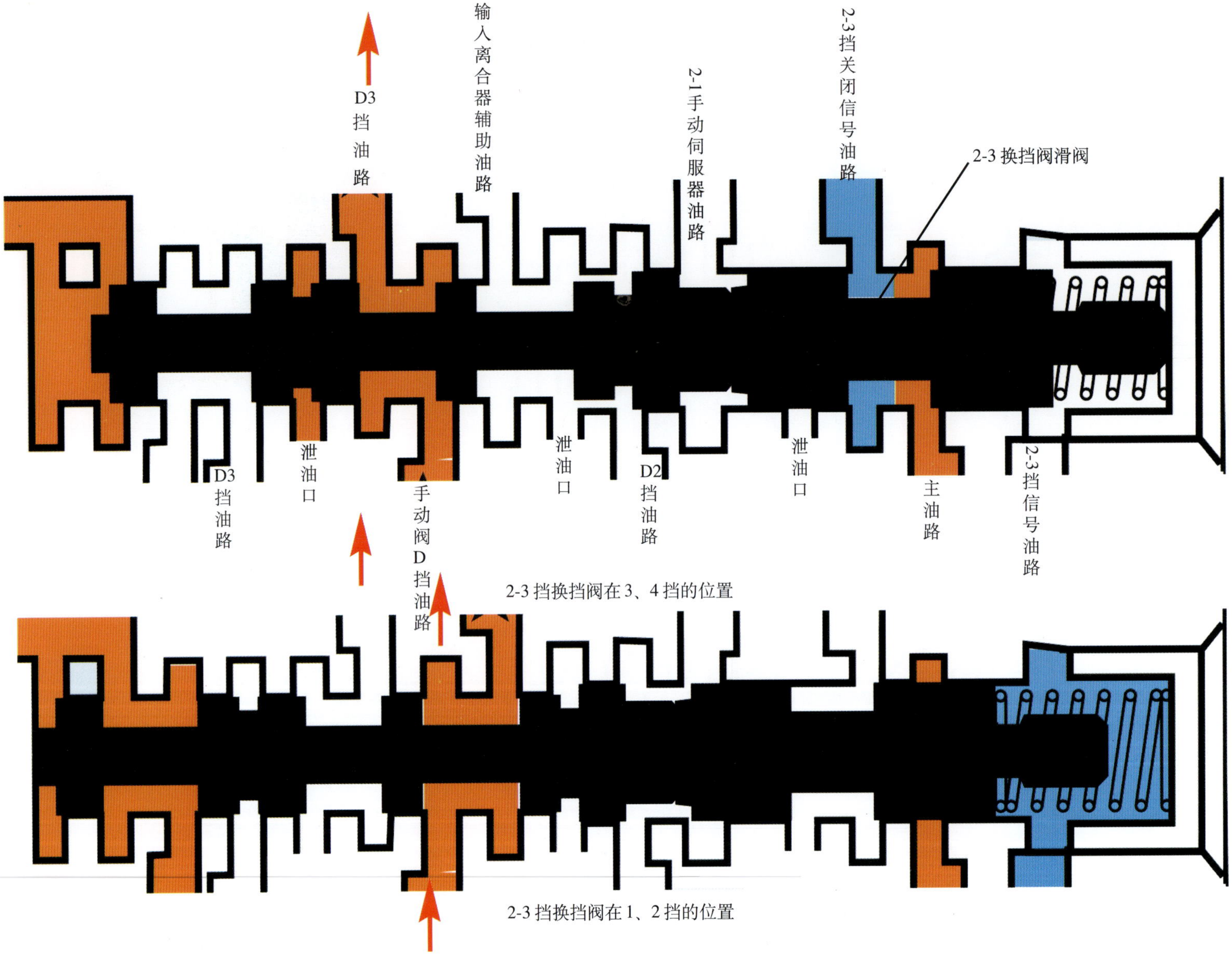

2-3 挡换挡阀在 3、4 挡的位置

2-3 挡换挡阀在 1、2 挡的位置

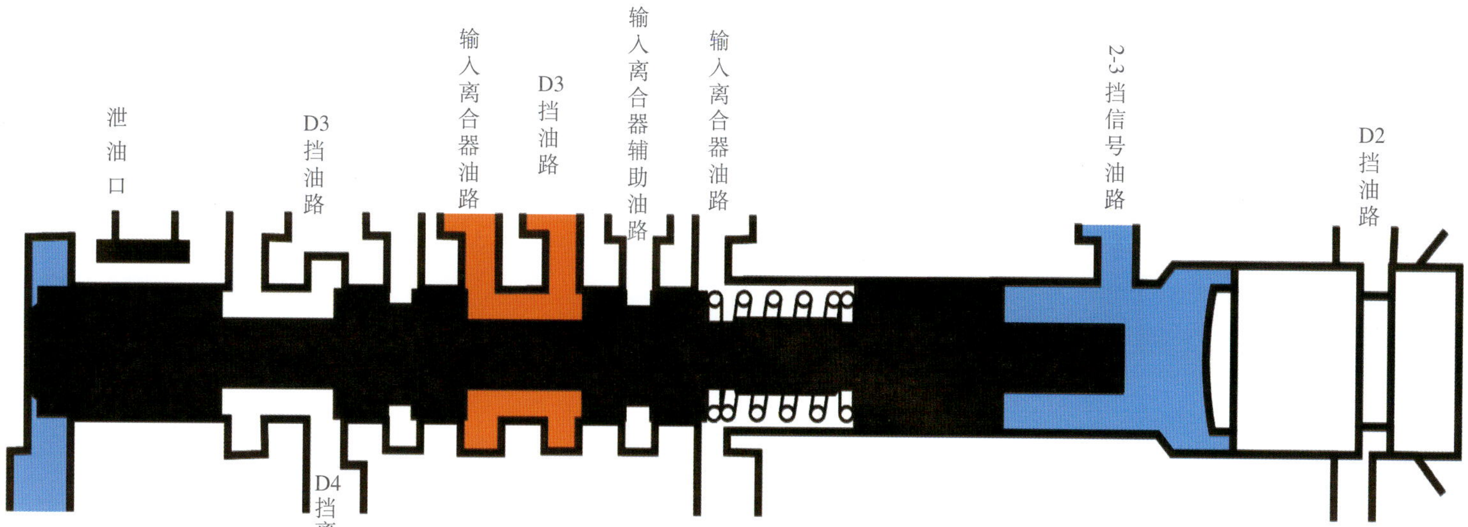

3-4 挡换挡阀在 1、2、3 挡的位置

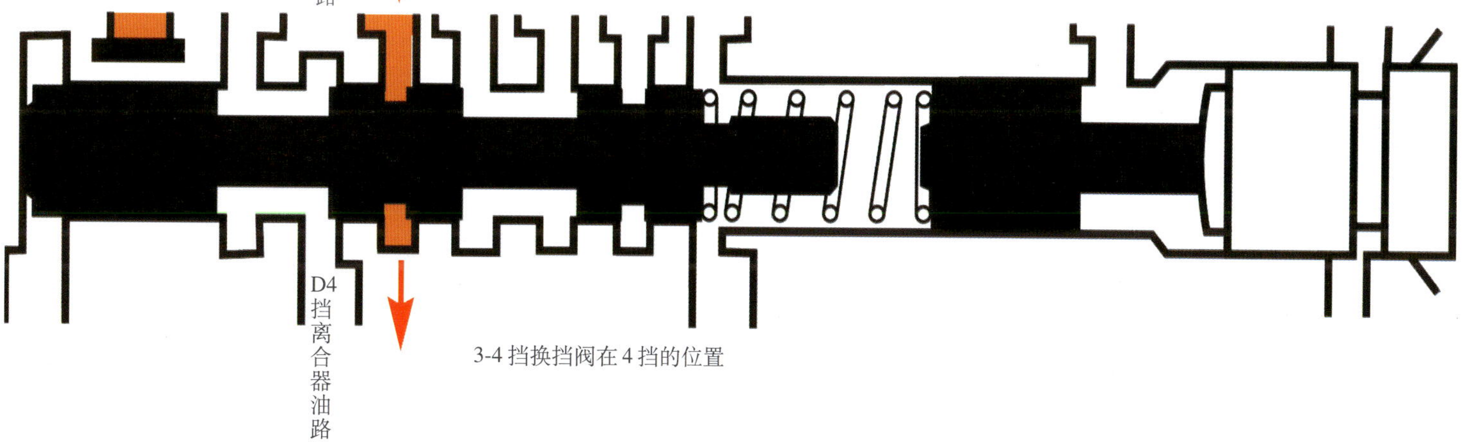

3-4 挡换挡阀在 4 挡的位置

锁止离合器控制阀（TCC 阀）及其电磁阀（PWM 阀）

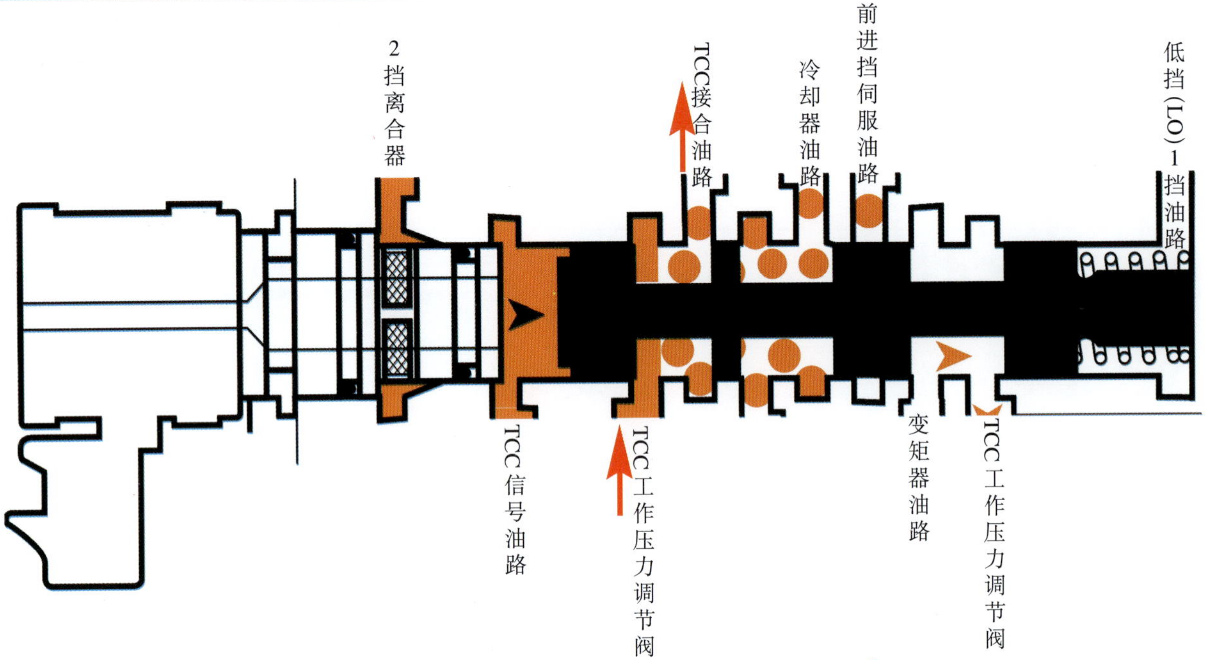

TCC 阀在锁止离合器接合时的位置

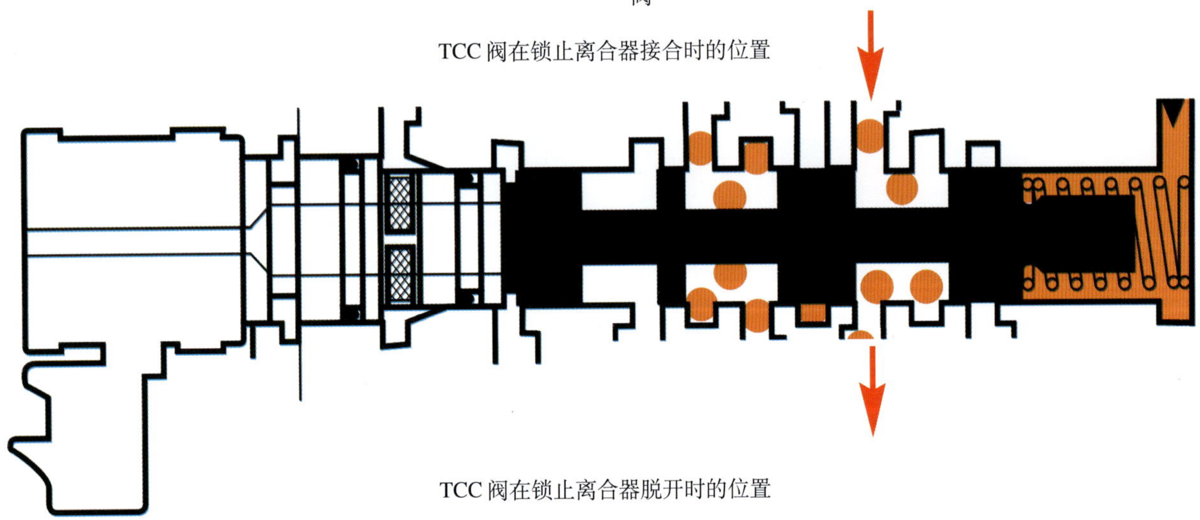

TCC 阀在锁止离合器脱开时的位置

锁止离合器的工作由控制阀及其电磁阀控制，该电磁阀采用的是脉冲式电磁阀，不工作时处于常闭状态。PCM 利用脉冲信号占空比的大小来调节锁止电磁阀的开度，从而控制变矩器锁止离合器的接合和脱开。

当车辆工作情况需要 TCC 锁止接合时，PWM 阀以一定的脉冲频率开启 TCC 信号油路，并调节 TCC 锁止信号阀的左端油压，主油压经过锁止信号阀的调节而形成变矩器工作油压。同时 PWM 阀也调节 TCC 阀左端的油压。TCC 阀按照 PWM 阀的脉冲频率向右移动，打开接合油路的通道，同时关闭脱开油路，使变矩器处于接合状态。当 PWM 阀断电 (OFF) 时，TCC 阀置于脱开位置，此时，变矩器油压进入 TCC 脱开油路，油液经 TCC 阀流入冷却油路，变矩器进入解除锁止状态。

脉冲信号的占空比越大，锁止离合器左右两端的油压差越大，则锁止离合器的接合力也越大，接合力的逐渐加大可以使接合过程柔和并减小冲击，同时可以适应各种复杂的行驶工况。

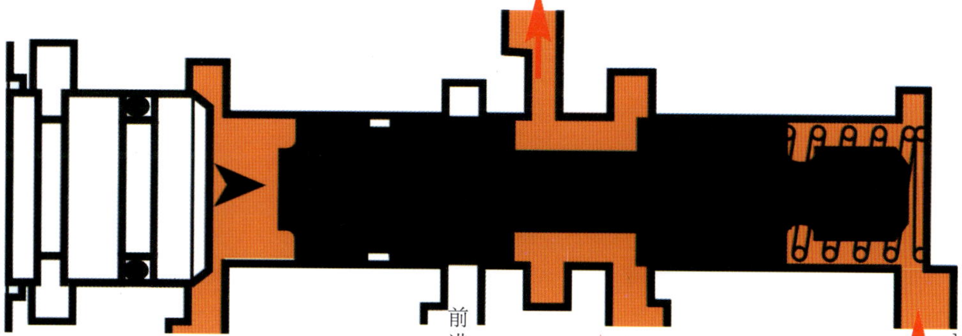

锁止离合器接合时的位置

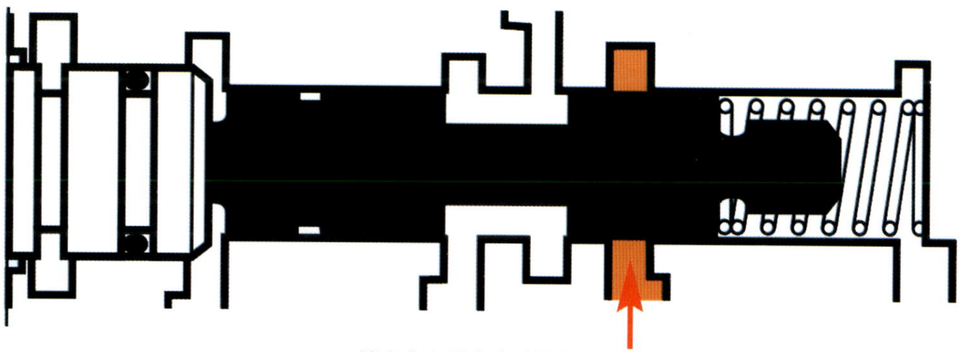
锁止离合器分离时的位置

一、作用

控制及调节流向 TCC 控制阀的主油路压力。

二、工作原理

调节阀的左端作用着PWM信号油压力，调节阀的右端作用着弹簧力。

（1）当车速较高，满足锁止离合器接合条件时，动力系控制模块PCM通过控制PWM阀导通，使PWM 信号油压作用在阀的左端，推动阀右移，使主油路与TCC控制阀的锁止离合器接合油路接通，使锁止离合器接合；同时锁止离合器接合油压又作用到调节阀的右端，起到调节锁止离合器接合油压力大小，使锁止离合器平稳接合。

（2）当车速较低时，动力系控制模块PCM通过控制PWM阀断电，作用在阀的左端的PWM信号油压被泄掉，弹簧推动阀左移，切断了流向TCC控制阀的油路，使锁止离合器处于脱开状态。

液力变矩器锁止离合器的控制过程

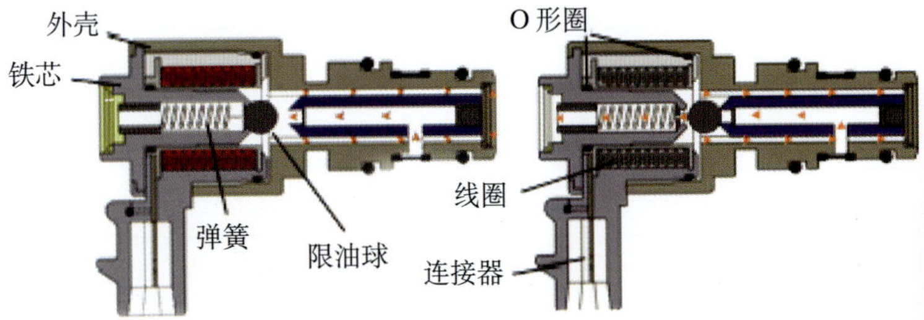

通电状态　　　　断电状态

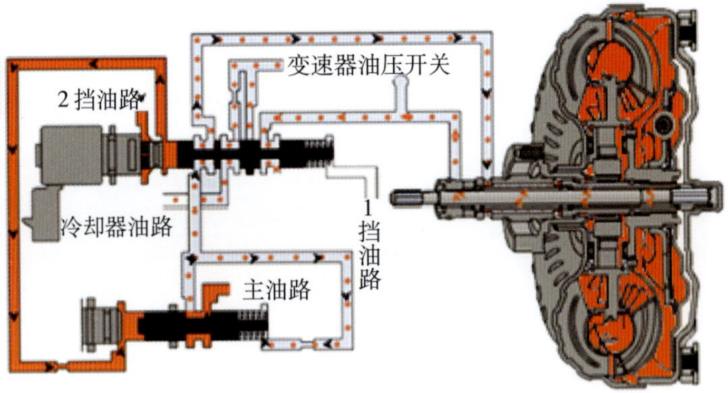

接合状态

主油路　　泄压油路
变矩器油路　　油路方向

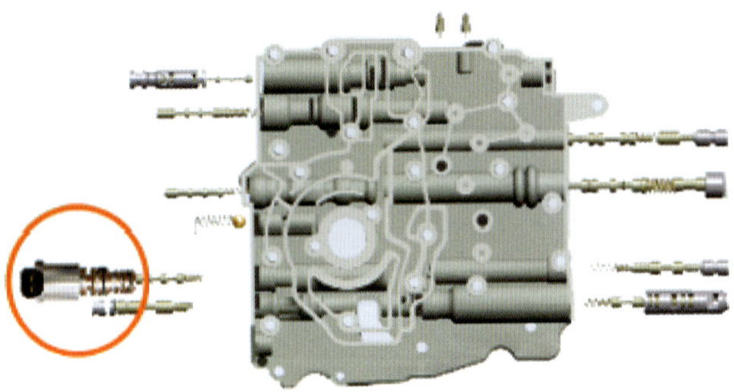

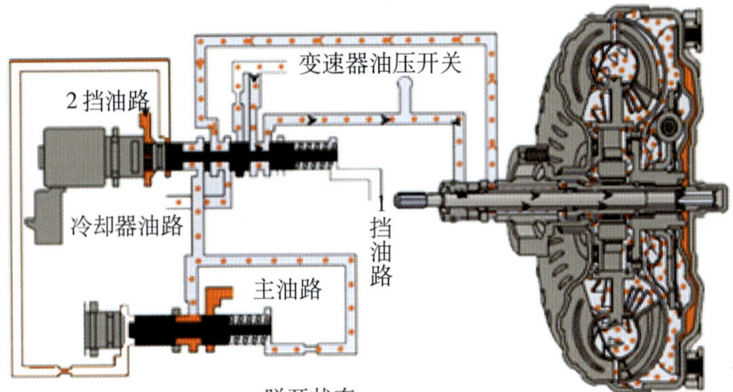

脱开状态

TCC 阀是负占空比调制电磁阀，主要用于控制锁止离合器的接合和脱开，该阀通过通电的占空比来控制锁止离合器接合与脱开的速率。

当汽车工作状态适合接合时，该阀立即将占空比增加，使油压作用在锁止离合器控制阀的左端，使该控制阀右移，使锁止离合器逐渐接合。当汽车工作状态适合脱开时，该阀立即将占空比减小，使锁止离合器控制阀左端油压降低，使该控制阀左移，使锁止离合器逐渐脱开。

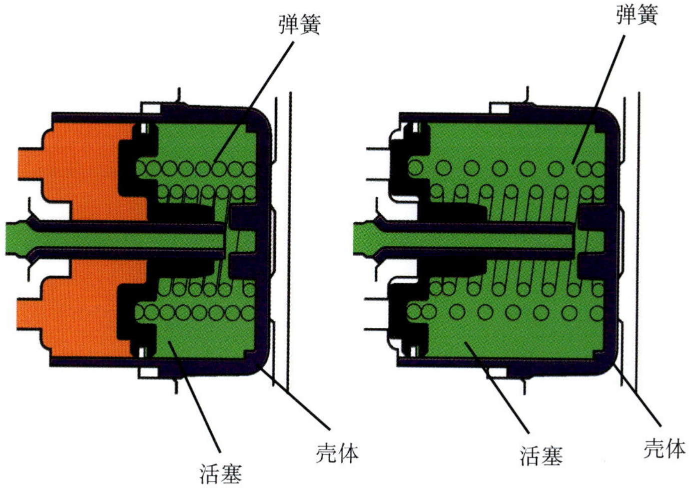

接合时　　　放松时

蓄能器

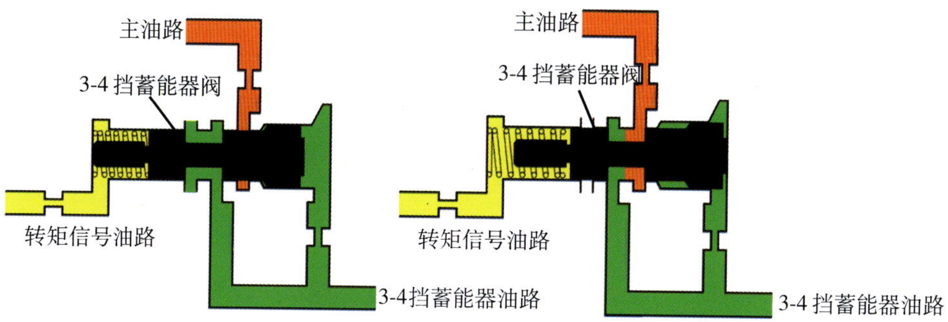

油压力上升速度过快时　　　油压力上升速度慢时

蓄能器阀

蓄能器是一个弹簧加一个载荷装置，能吸收油路中一定的油压 。当离合器、制动器接合时，其接合油压克服弹簧力和活塞背面的油液压力，使活塞随油压的增大而收缩，油压的减小而伸张，使接合油压平稳增长，像缓冲器一样产生缓冲作用。

若油路中的蓄能器失效，则快速增加的油液压力将导致离合器、制动器过快接合，使换挡产生冲击。

蓄能器阀实际是一个油压调节阀，它能调节经过该阀进入蓄能器油路的油量，使进入到各换挡执行机构的油压力平稳增长。

2-3、3-4挡蓄能器阀

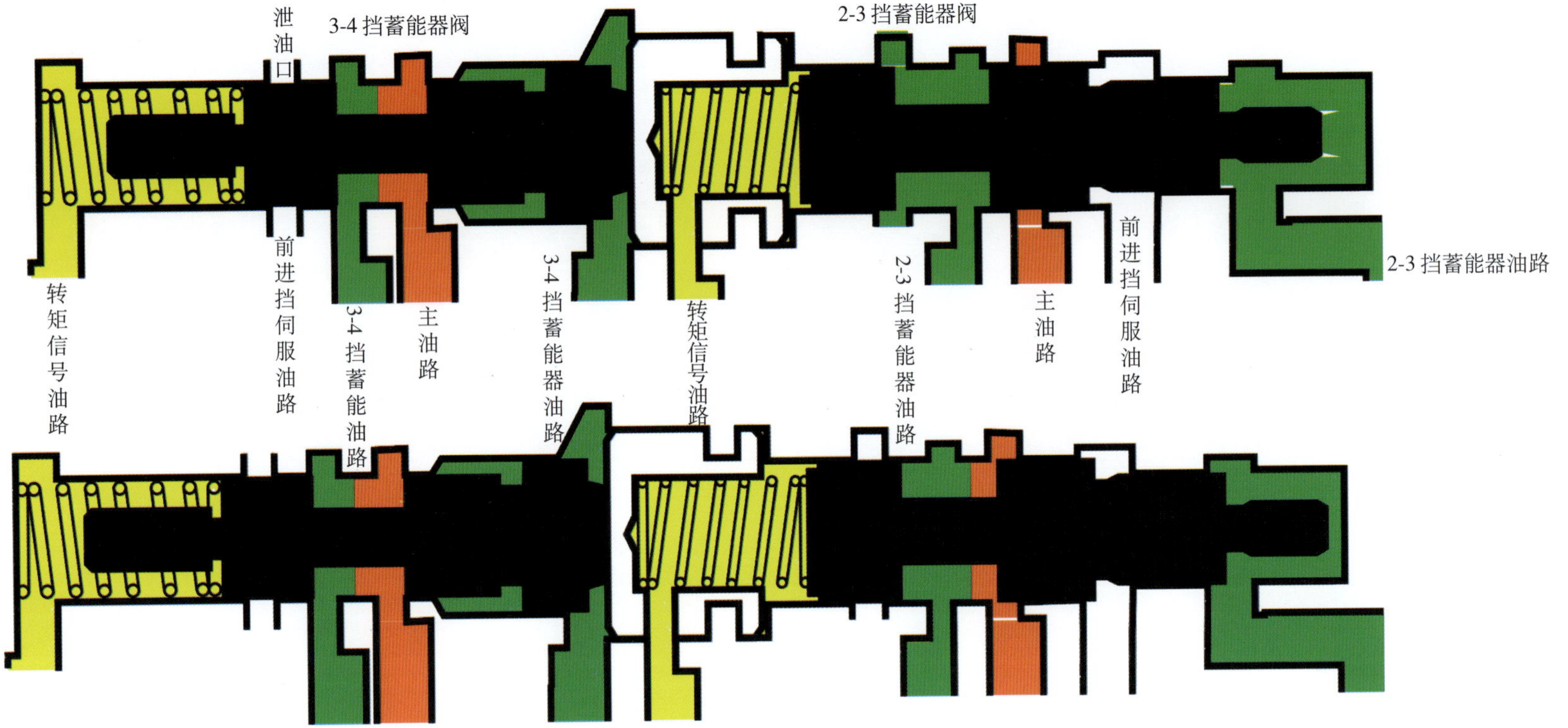

蓄能器阀左侧作用有转矩压力信号油压力和弹簧弹力，右侧作用着蓄能器油压。

(1) 当油压力上升速度过快时，蓄能器油压通过节流孔作用在蓄能器阀的右端，克服转矩压力信号油压力与弹簧力，推动滑阀向左移动，关小进油口，减缓进油的速度；

(2) 当油压力上升速度慢时，转矩压力信号油压力与弹簧力推动蓄能器滑阀向右移动，开大进油口，增加进油的速度；

(3) 当节气门开度大，转矩压力信号油压力大时，开大进油口，增加进油的速度与进油量。

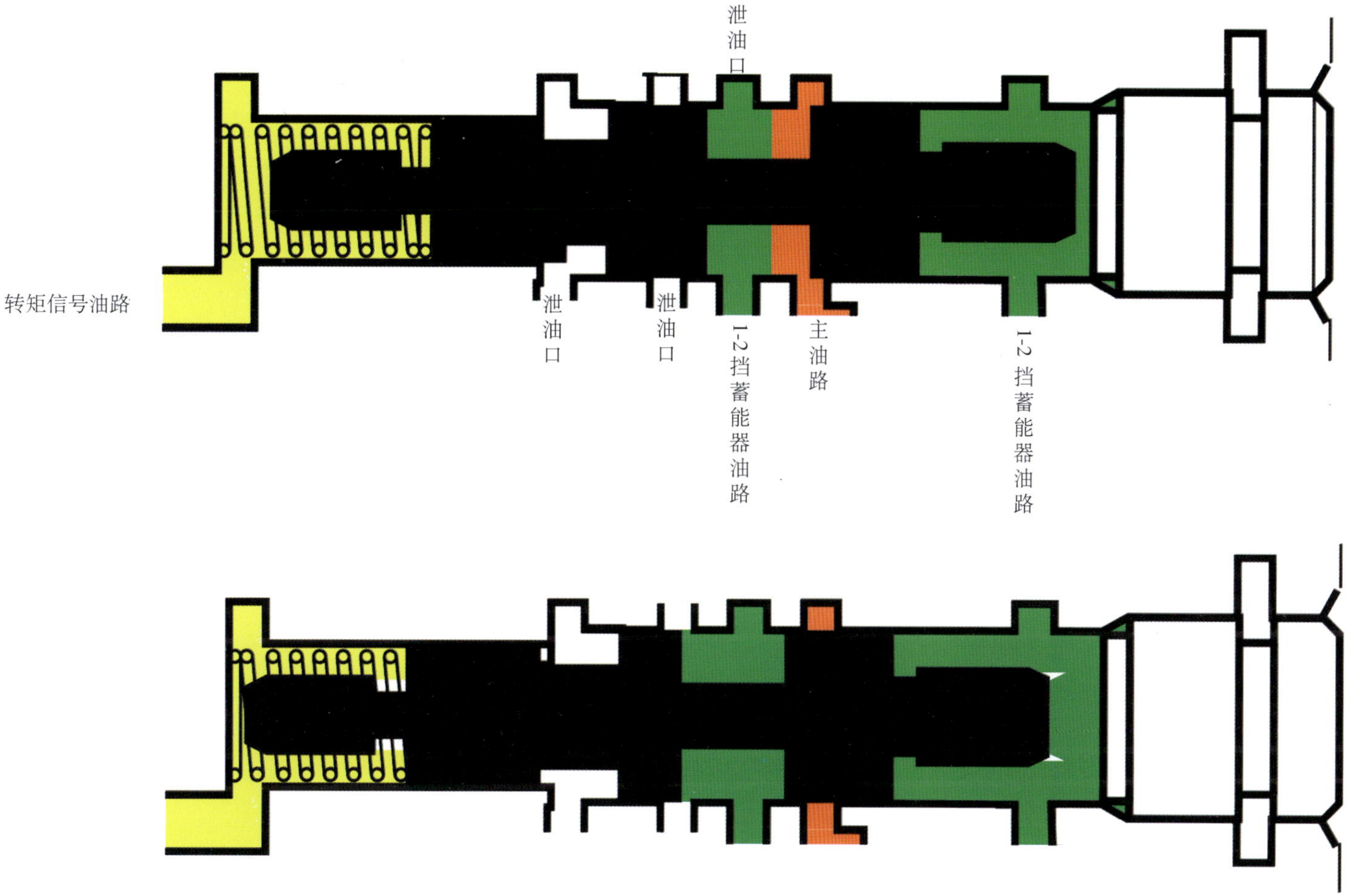

该阀一侧作用着转矩压力信号和弹簧，另一侧作用着蓄能器油压，它调节经过该阀及进入蓄能器油路的油量。

4T65—E 单向限流阀的位置图

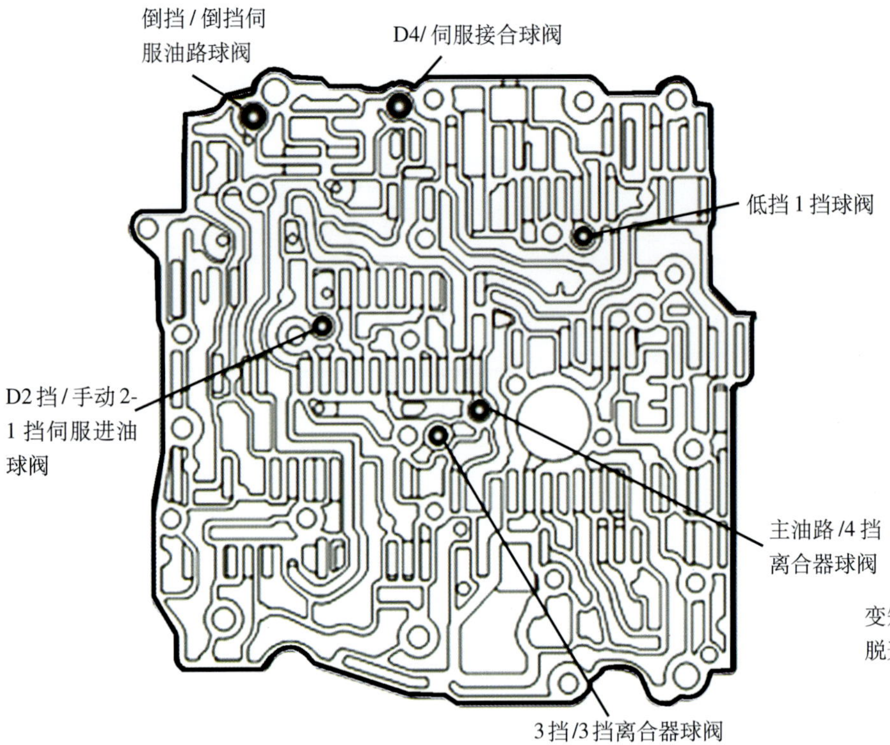

在控制阀体

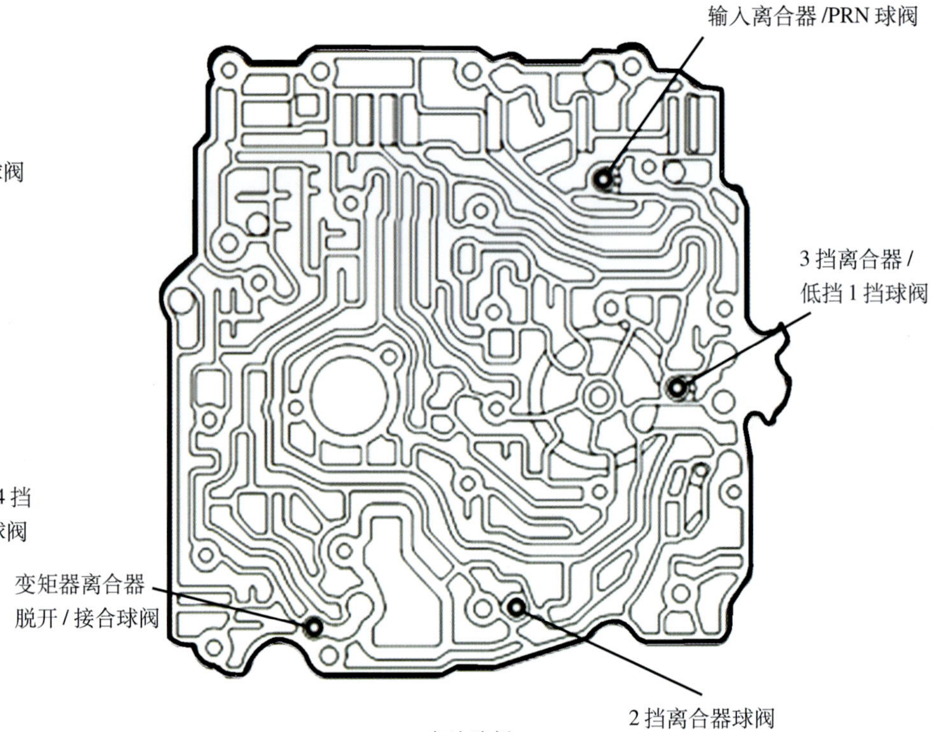

在油路板

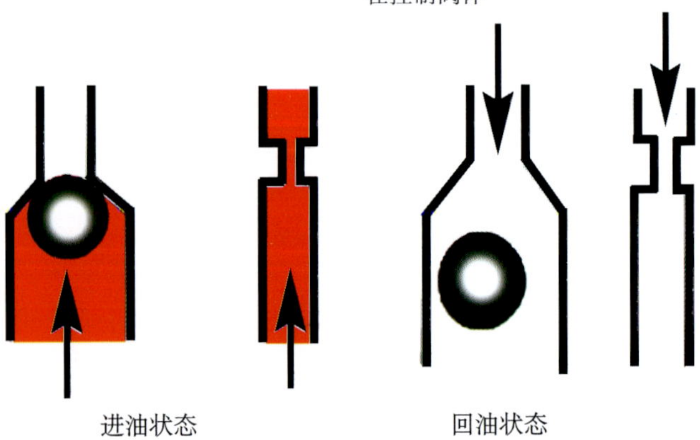

单向限流阀的作用是对流向换挡执行元件的液压油产生节流，在换挡执行元件接合时延缓油压增大的速率，以减小换挡冲击。在换挡执行元件分离时，单向限流阀对换挡执行元件的泄油不产生节流作用，以加快泄油过程，使换挡执行元件迅速分离。

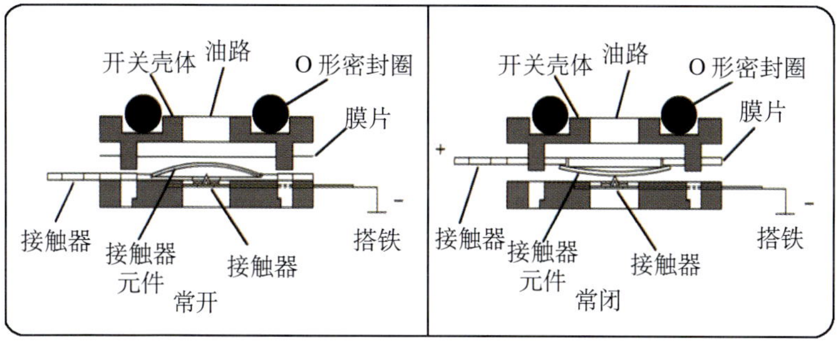

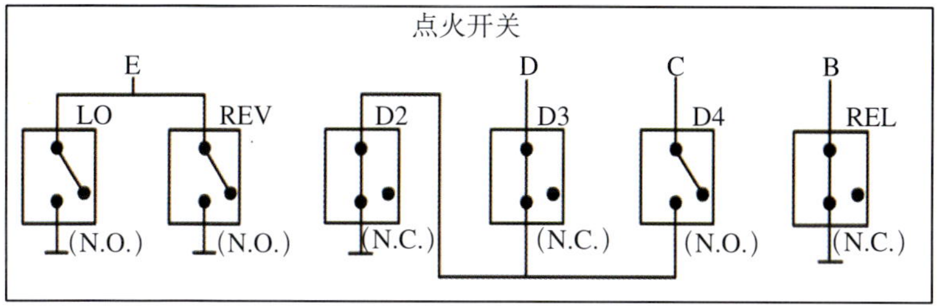

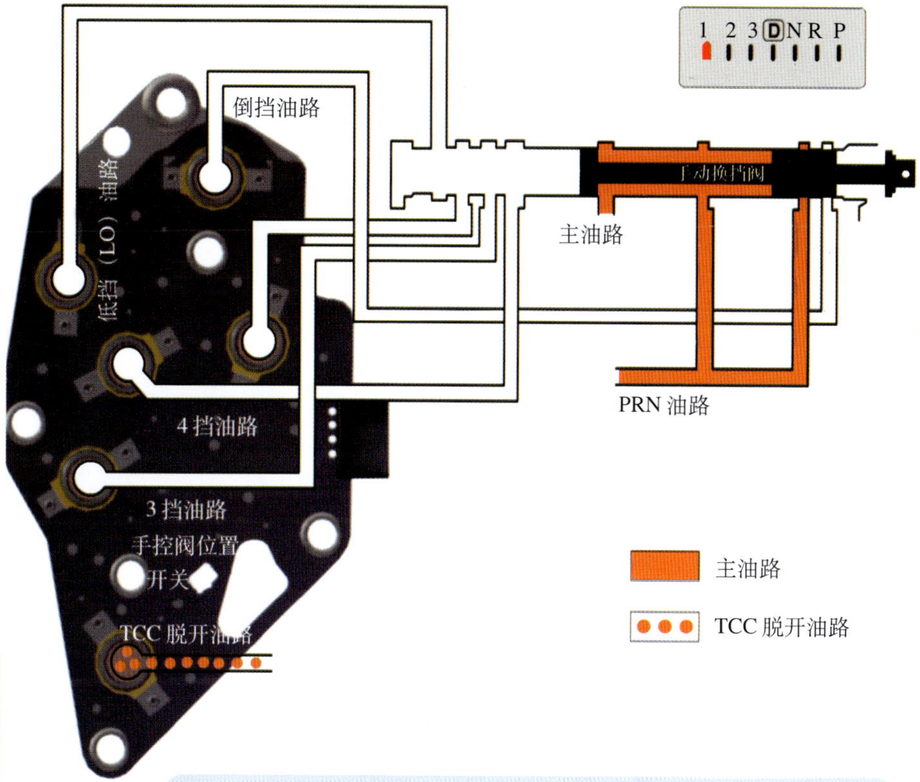

指 示 挡 位	油 路					电 路		
	REV	D4	D3	D2	LO	E	D	C
P/N	0	0	0	0	0	0	1	0
R	1	0	0	0	0	1	1	0
D	0	1	0	0	0	0	1	1
3	0	1	1	0	0	0	0	1
2	0	1	1	1	0	0	0	0
1	0	1	1	1	1	1	0	0

注：油路中的“0”代表“泄放”，“1”代表“压力”；
电路中的“0”代表“断开”，“1”代表“搭铁”。

自动变速器液压手控阀位置开关装在阀体上，共有6个油液压力开关，3个压力开关常开（D4、LO、R），而另3个常闭（D3、D2、TCC），每个油液开关根据作用在开关上的油液压力向PCM发出断开或搭铁信号，开关的开闭顺序产生了一种电压读数的结合，此为PCM的监视，PCM测量TED位置和开关每个接头和搭铁线之间的信号电压（见表格和左图），并将电压信号与存储在PCM记忆中的该位置开关综合表格作比较。

4T65—E 自动变速器的控制电路图

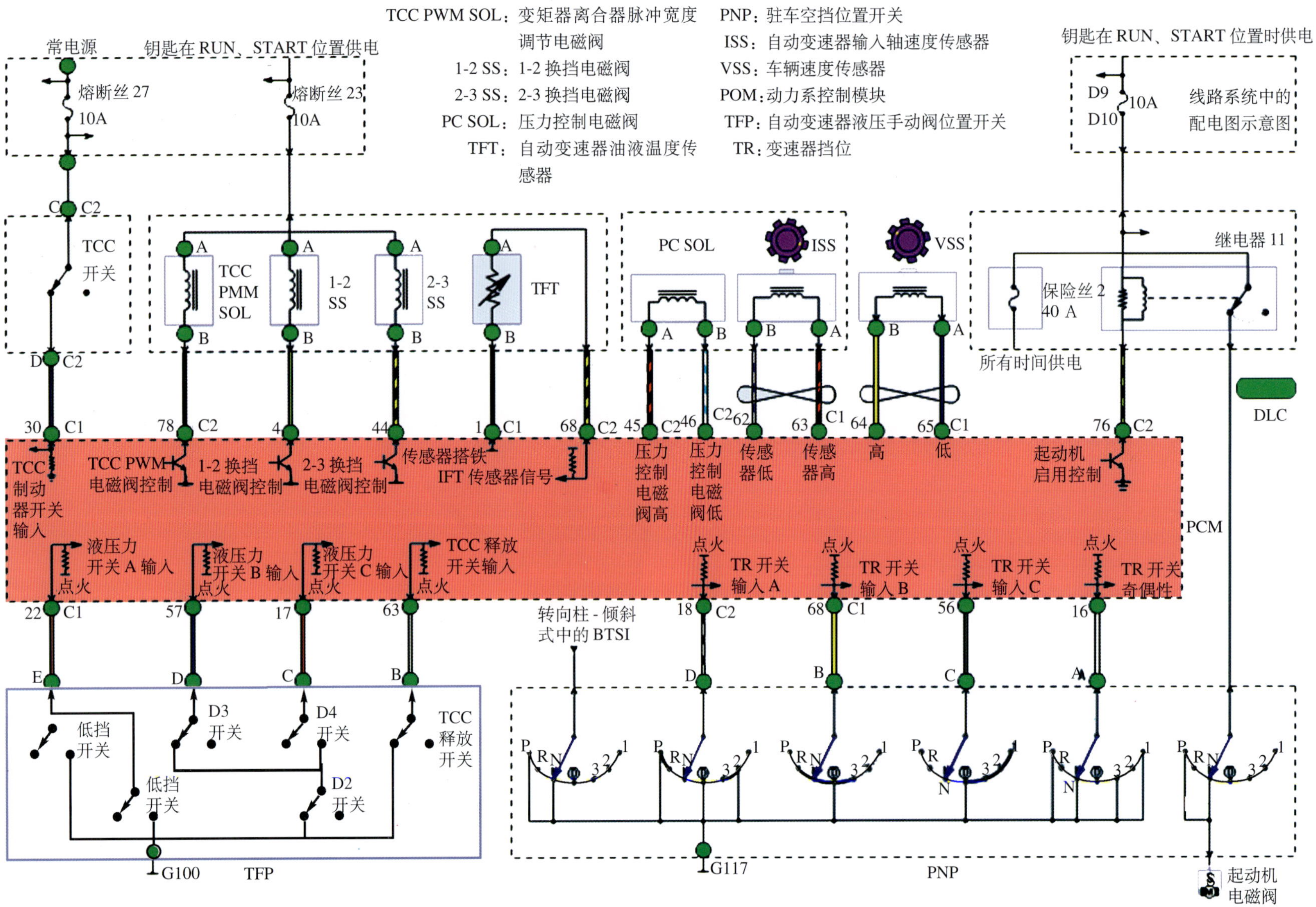

车速传感器（VSS）是一种电磁式传感器，它将车速信号送给PCM，PCM用该速度信号控制换挡模式、主油路压力、TCC的接合和脱开。

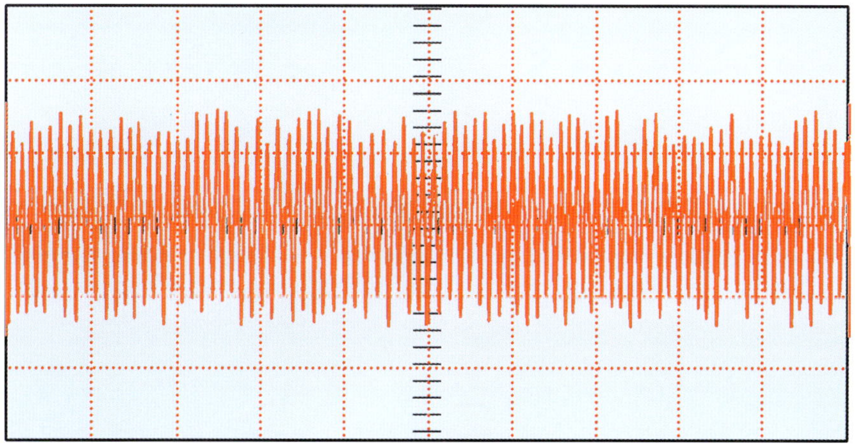

车速传感器波形图

输入轴转速传感器

自动变速器输入轴转速传感器是一种磁感应传感器，它将变速器的输入速度信号送到PCM，PCM根据A/T ISS信号控制主油路压力、TCC的接合与脱开和变速器挡位的模式。该信息也能用于计算合适的挡位和TCC的滑差。

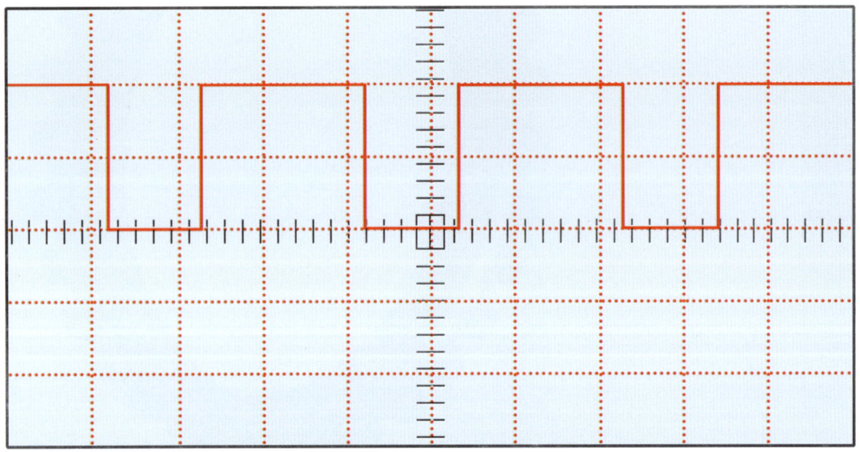

输入轴转速传感器波形图

自动变速器油液温度(TFT)传感器是一个负温度系数的热敏电阻，为动力系控制模块（PCM）提供与变速器油液温度有关的信息。

传感器的内部电阻会随变速器油液的操作温度变化而变化 。动力系控制模块发出－5V参照信号给变速器油液温度传感器。动力系控制模块测量电路中的电压降。较低的油液在变速器油液温度传感器中产生较高的电阻，生成较高的电压信号。

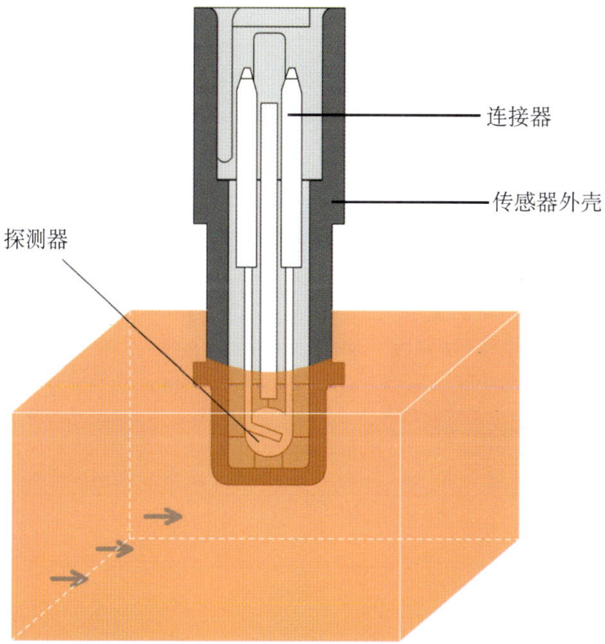

自动变速器油液

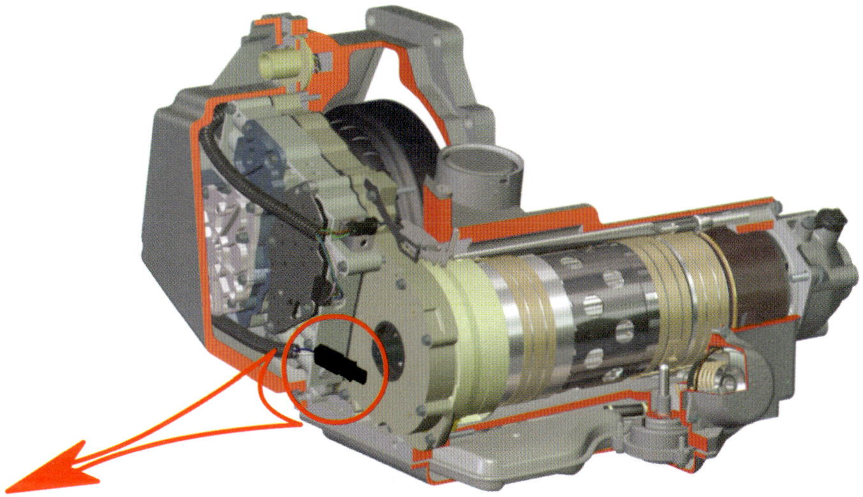

油液温度传感器位置

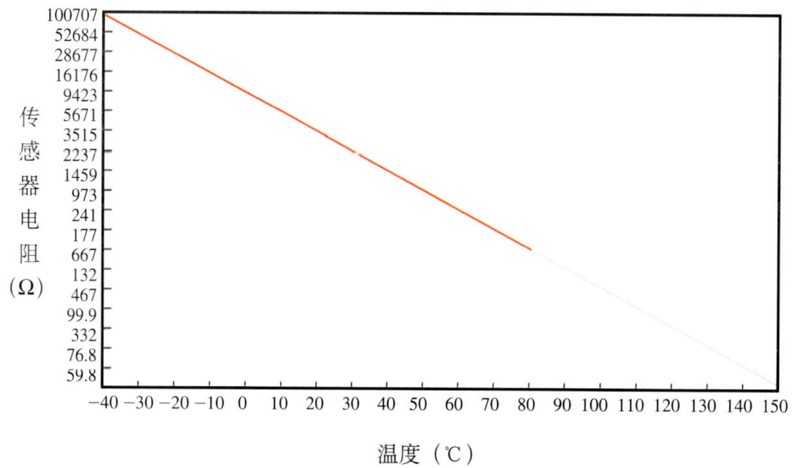

油液温度传感器特性曲线

4T65—E 自动变速器换挡执行机构工作图（D1 挡）

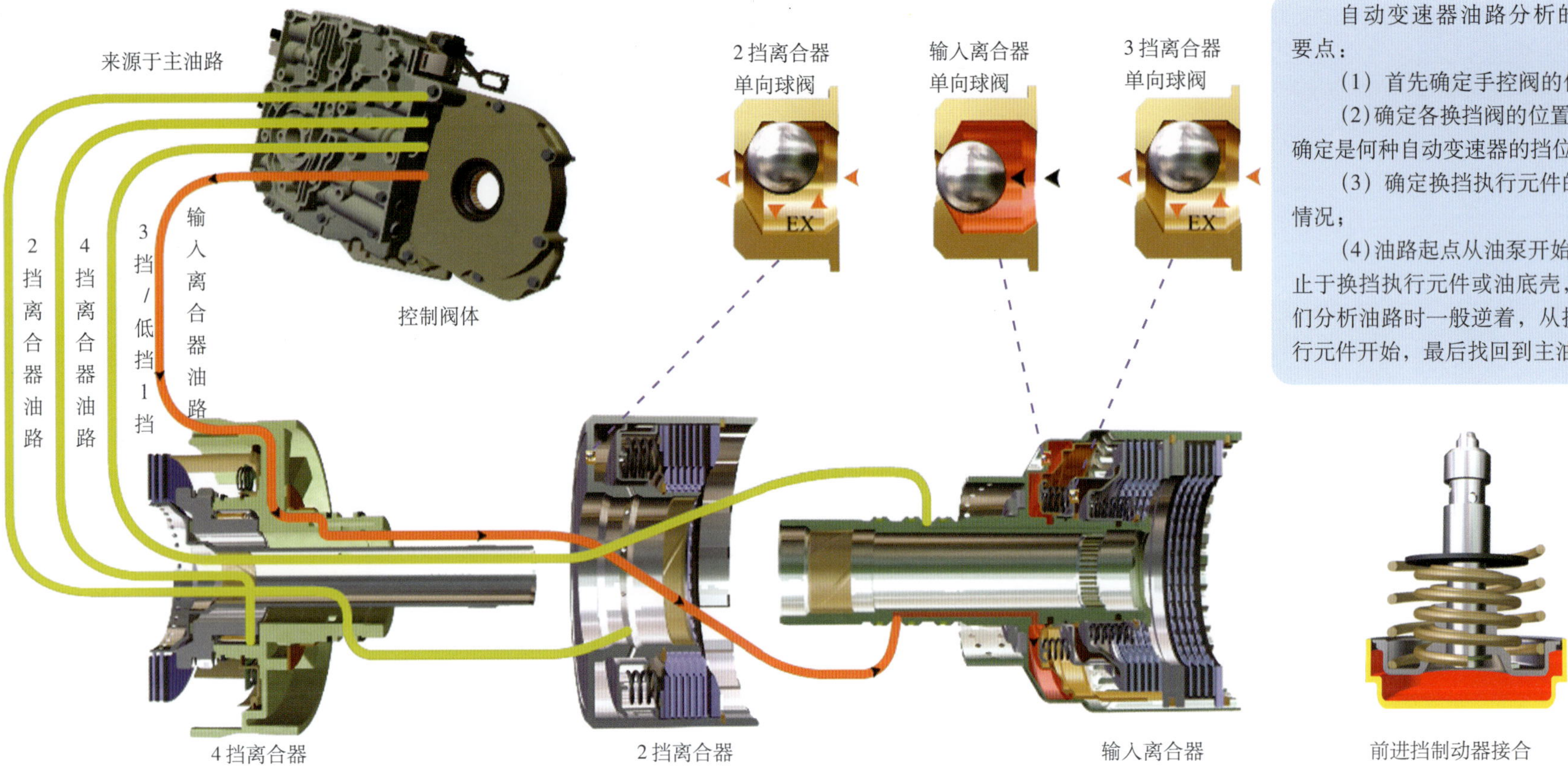

自动变速器油路分析的顺序要点：

（1）首先确定手控阀的位置；

（2）确定各换挡阀的位置，即可确定是何种自动变速器的挡位油路；

（3）确定换挡执行元件的工作情况；

（4）油路起点从油泵开始，终点止于换挡执行元件或油底壳，但我们分析油路时一般逆着，从换挡执行元件开始，最后找回到主油路。

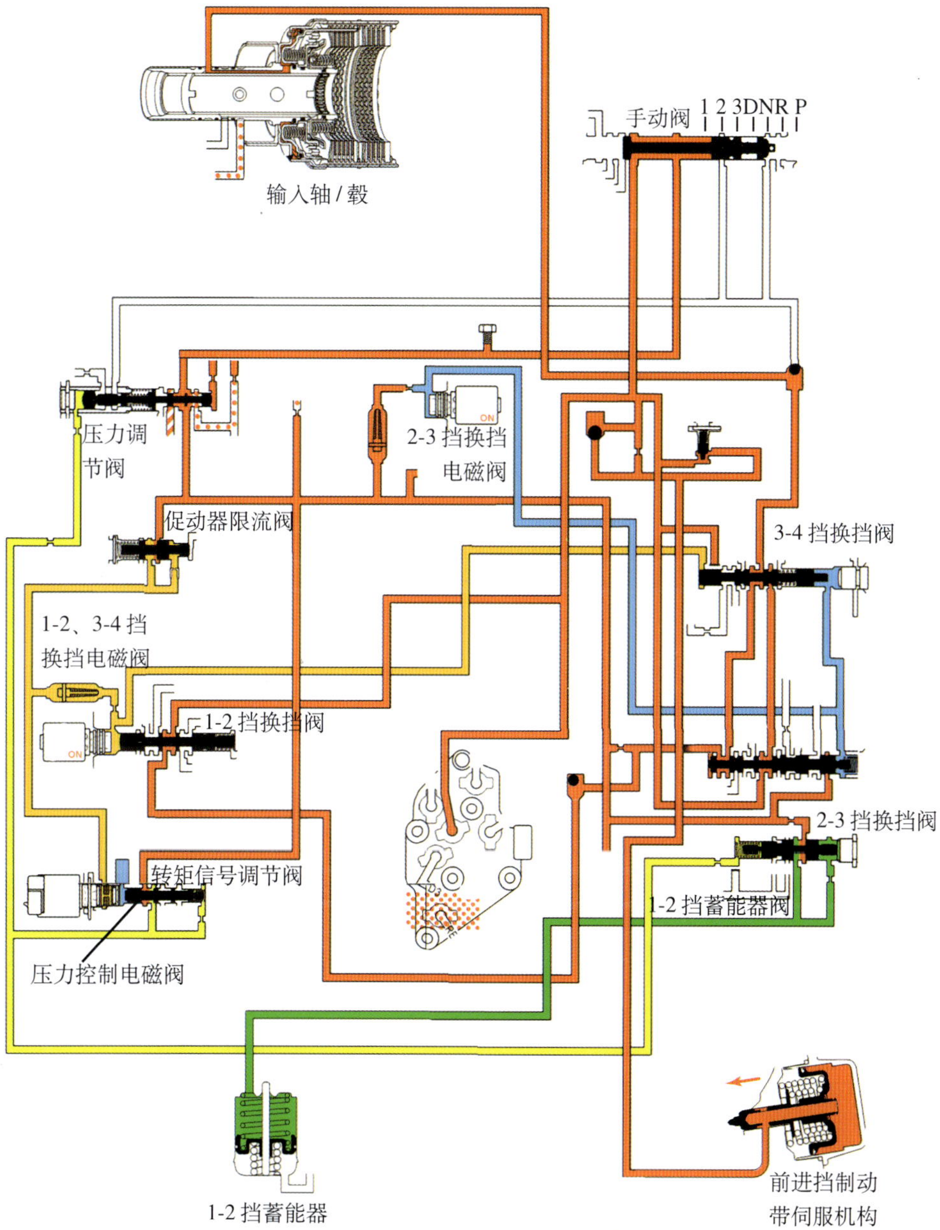

换挡执行机构的工作情况：输入离合器接合；输入单向离合器锁止；前进挡制动带接合，1-2 单向离合器锁止。

油路分析如下：

（1）手动阀处于 D 挡位置；

（2）1-2 换挡阀处于该阀的低挡 1 挡位置，2-3 换挡阀处于该阀的低挡 2 挡位置，3-4 换挡阀处于该阀的低挡 3 挡位置；

（3）输入离合器接合，其油液流动路线：油底壳→油泵→主调压阀→手控阀→1-2 换挡阀→单向限流阀→2-3 换挡阀→3-4 换挡阀→输入离合器；

（4）前进挡制动带接合，其油液流动路线：油底壳→油泵→主调压阀→手控阀→单向限流阀→前进挡制动带。

4T65—E 自动变速器换挡执行机构工作图（D2 挡）

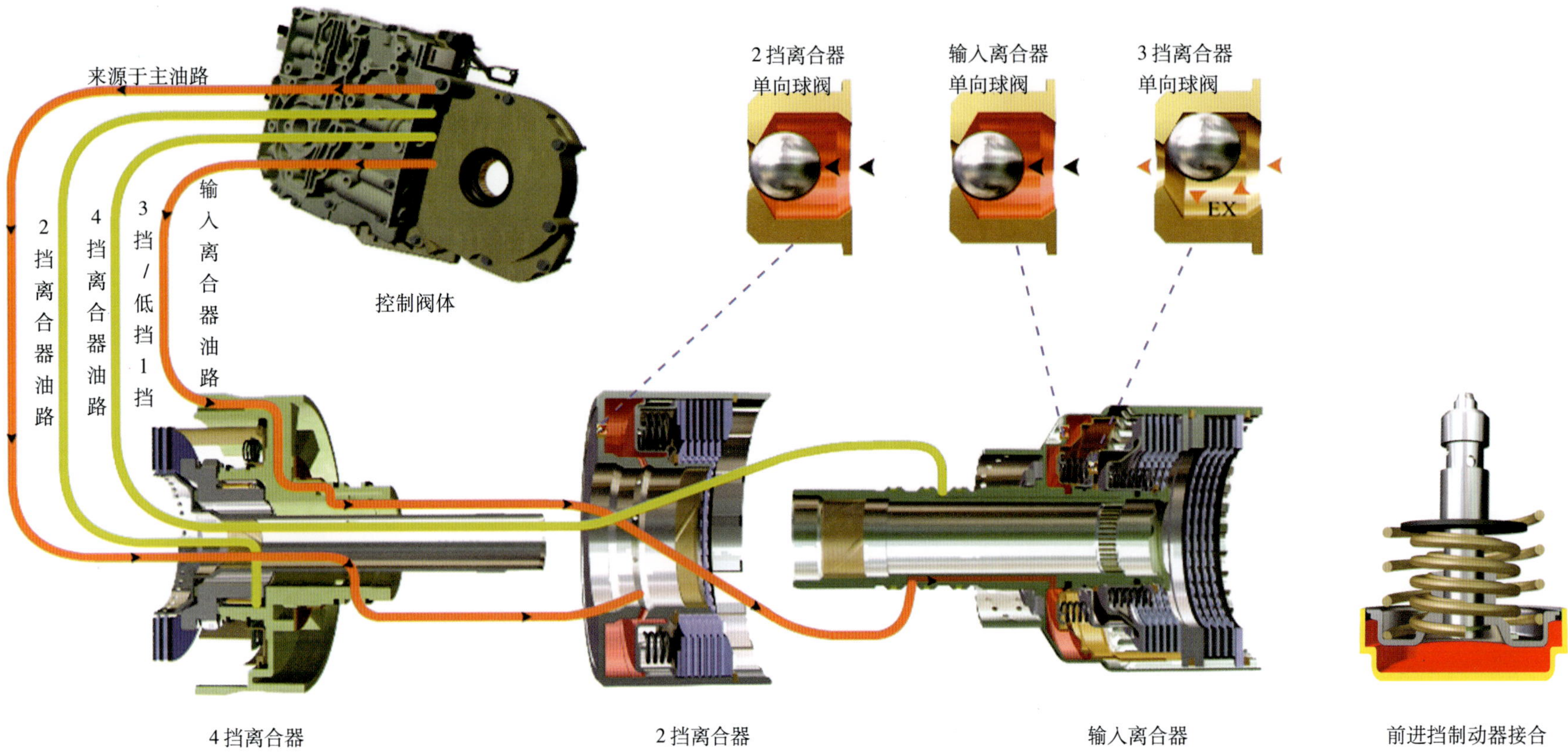

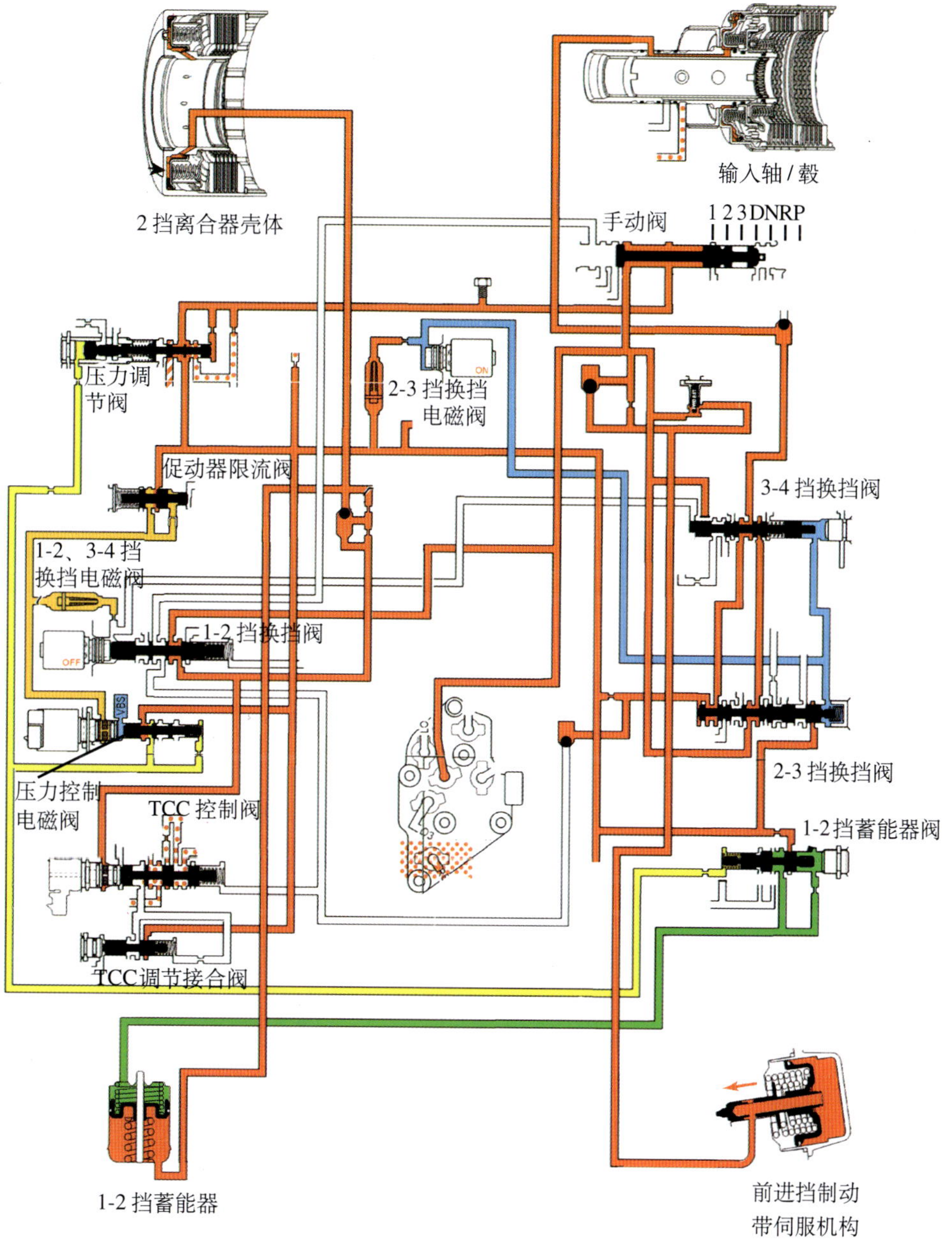

随着车速的提高，车速传感器、节气门位置传感器的信号输入给动力系控制模块(PCM)，根据这些信号，变速器从 1 挡升入 2 挡时，换挡执行机构的工作情况：前进挡制动带接合，1-2 单向离合器锁止；2 挡离合器接合；输入离合器接合，输入单向离合器超越（打滑）。

油路分析如下：

(1) 手动阀处于 D 挡位置；

(2) 1-2 挡换挡阀处于该阀的高挡 2 挡位置（换挡阀动作），2-3 挡换挡阀处于该阀的低挡 2 挡位置，3-4 挡换挡阀处于该阀的低挡 3 挡位置；

(3) 2 挡离合器接合，其油液的流动路线：油底壳→油泵→主调压阀→手控阀→1-2 挡换挡阀→单向限流阀（并连 1～2 挡储能器）→2 挡离合器。

(4) 前进挡制动带接合，其油液的流动路线：油底壳→油泵→主调压阀→手控阀→单向限流阀→前进挡制动带；

(5) 输入离合器接合，其油液的流动路线：油底壳→油泵→主调压阀→限流阀→2-3 挡换挡阀→3-4 挡换挡阀→输入离合器。

4T65—E 自动变速器换挡执行机构工作图（D3 挡）

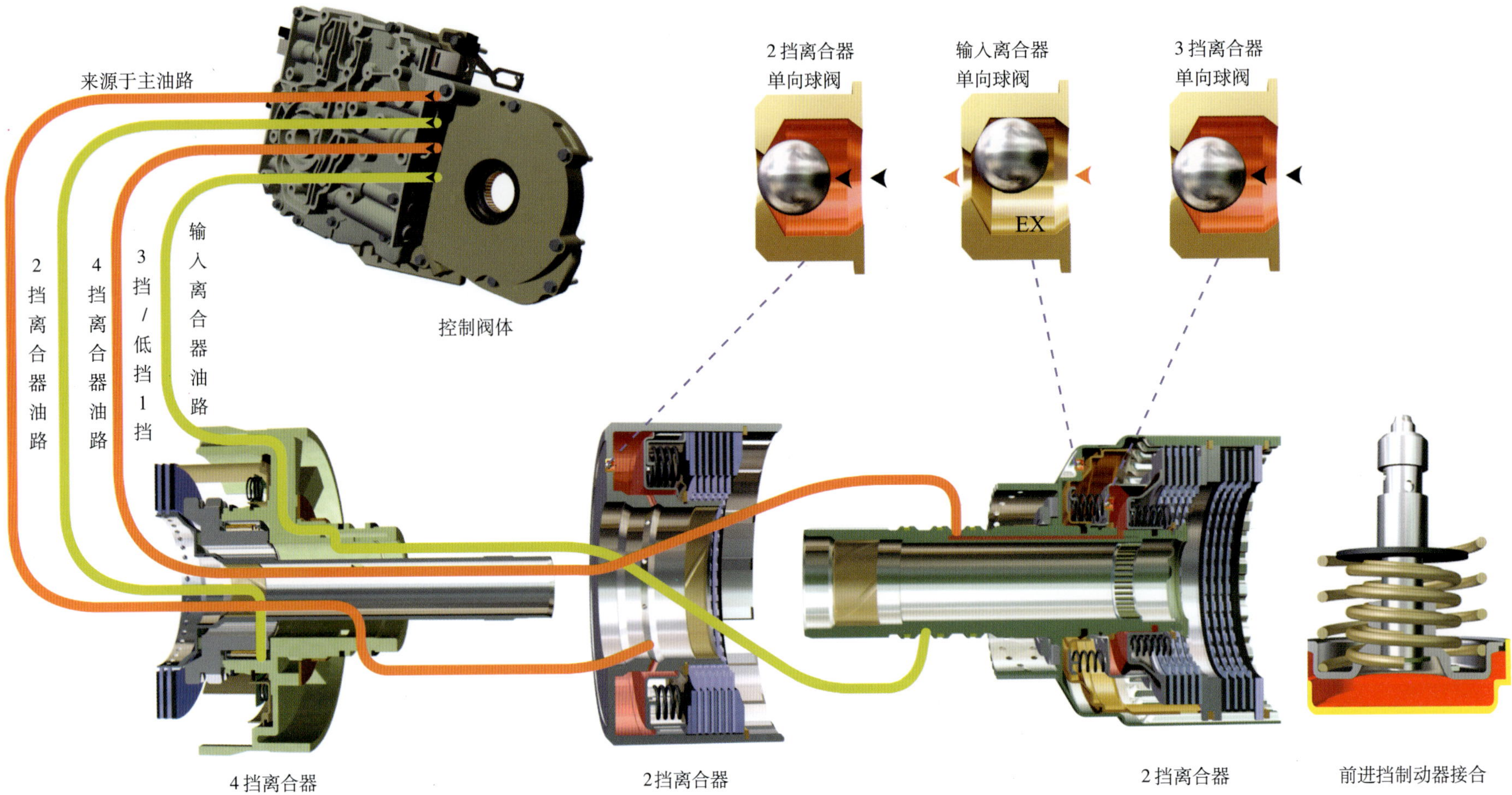

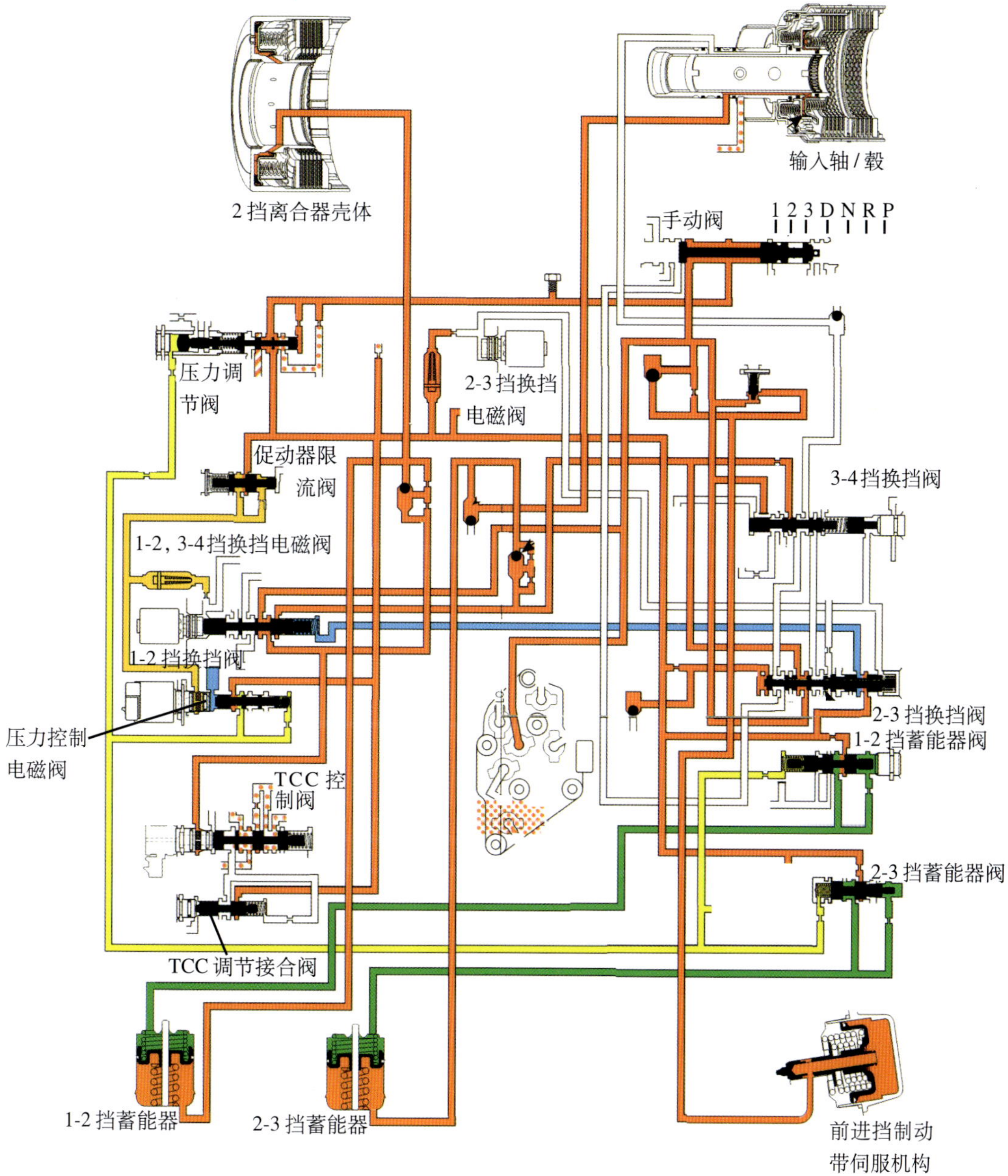

随着车速的增加，根据传感器输入的信息，PCM 发出指令使变速器从 2 挡自动升到 3 挡。

换挡执行机构的工作情况：3 挡离合器接合，3 挡单向离合器锁止；2 挡离合器接合；前进挡制动带接合，1-2 单向离合器超越（打滑）。

油路分析如下：

（1）手动阀处于 D 挡位置；

（2）1-2 挡换挡阀处于该阀的高挡 2 挡位置，2-3 挡换挡阀处于该阀的高挡 3 挡位置（换挡阀动作），3-4 挡换挡阀处于该阀的低挡 3 挡位置；

（3）2 挡离合器接合，其油液的流动路线：油底壳→油泵→主调压阀→手控阀→1-2 挡换挡阀→单向限流阀（并连 1-2 挡储能器）→2 挡离合器；

（4）3 挡离合器接合，其油液的流动路线：油底壳→油泵→主调压阀→手控阀→2-3 挡换挡阀→单向限流阀（并连 1-2 挡储能器）→3 挡离合器；

（5）前进挡制动带接合，其油液的流动路线：油底壳→油泵→主调压阀→手控阀→单向限流阀→前进挡制动带。

4T65—E 自动变速器换挡执行机构工作图（D4 挡）

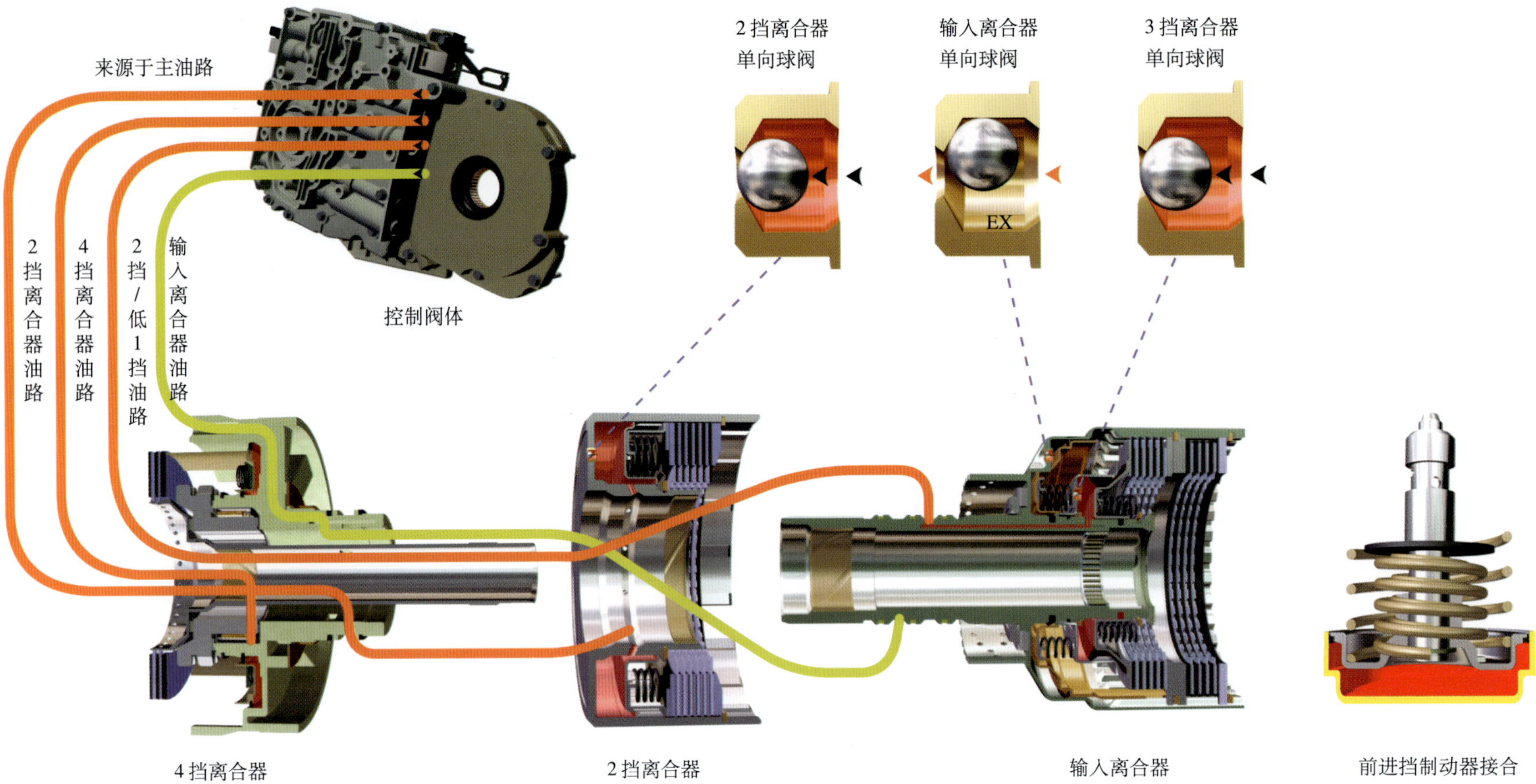

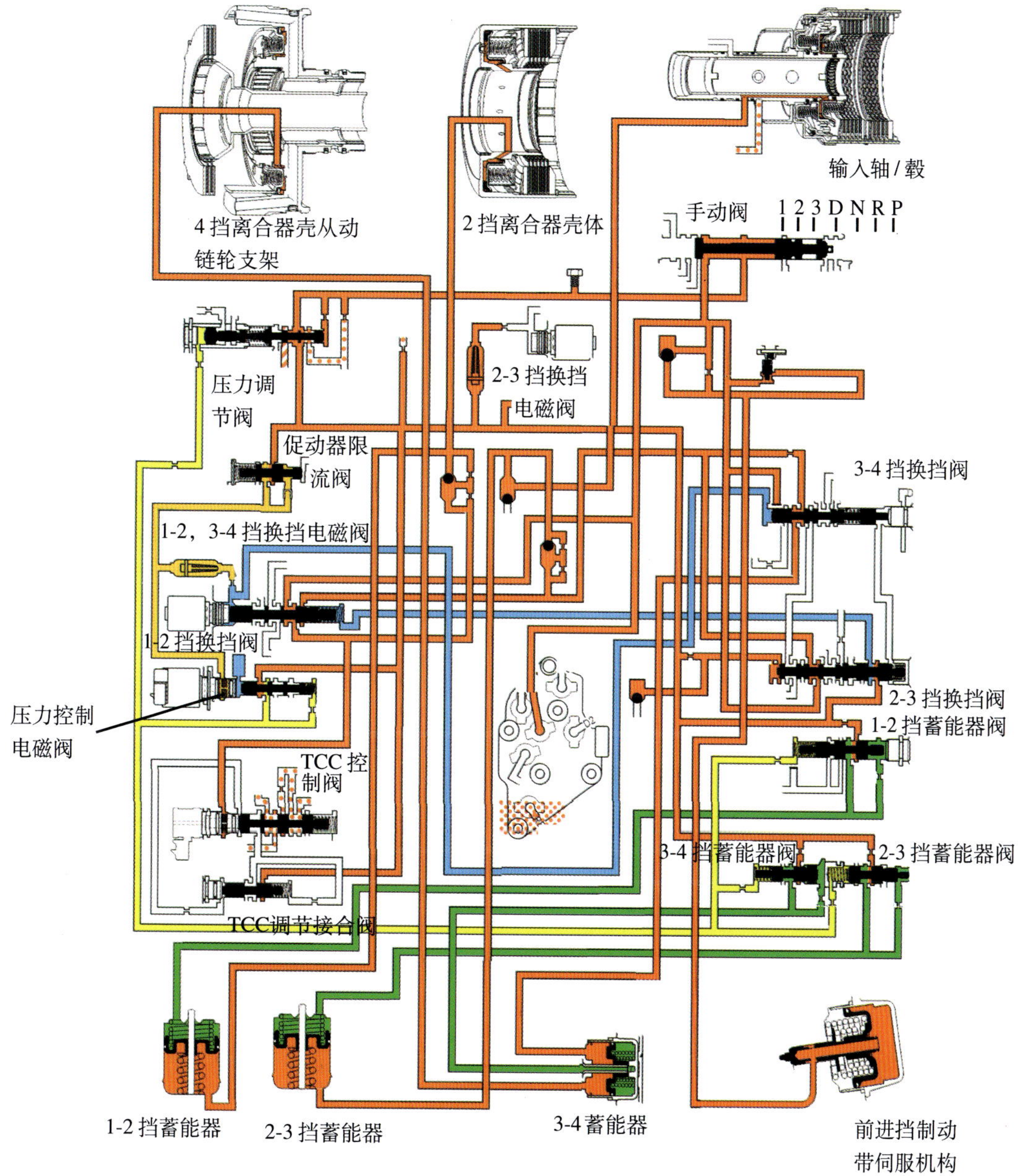

随着车速的提高，动力系控制模块(PCM)根据各传感器输入的信息换入 4 挡。换挡执行机构的工作情况：2 挡离合器接合；4 挡离合器接合，前太阳轮锁住；前进挡制动带接合，1-2 单向离合器超越（打滑）；3 挡离合器接合，3 挡单向离合器超越（打滑）。

油路分析如下：

(1) 手动阀处于 D 挡位置；

(2) 1-2 挡换挡阀处于该阀的高挡 2 挡位置（换挡阀动作），2-3 挡换挡阀处于该阀的高挡 3 挡位置，3-4 挡换挡阀处于该阀的高挡 4 挡位置；

(3) 2 挡离合器接合，其油液的流动路线：油底壳→油泵→主调压阀→手控阀→1-2 挡换挡阀→单向限流阀（并连 1-2 挡储能器）→2 挡离合器；

(4) 4 挡离合器接合，其油液的流动路线：油底壳→油泵→主调压阀→手控阀→2-3 挡换挡阀→3-4 挡换挡阀→3-4 挡储能器→4 挡离合器；

(5) 3 挡离合器接合，其油液的流动路线：油底壳→油泵→主调压阀→手控阀→2-3 挡换挡阀→单向限流阀（并连 1-2 挡储能器）→3 挡离合器；

(6) 前进挡制动带接合，其油液的流动路线：油底壳→油泵→主调压阀→手控阀→单向限流阀→前进挡制动带。

4T65—E 自动变速器换挡执行机构工作图（N 挡）

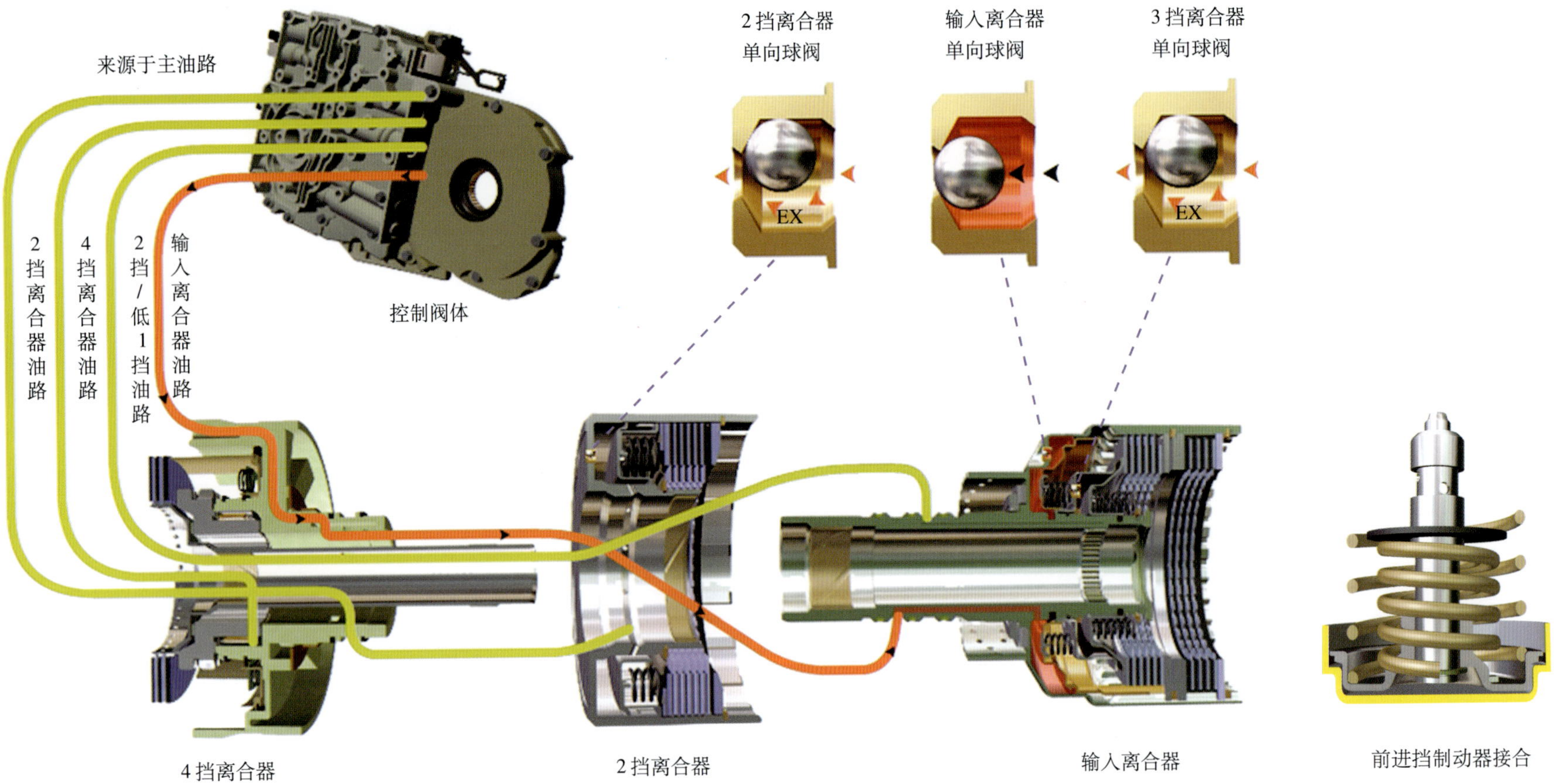

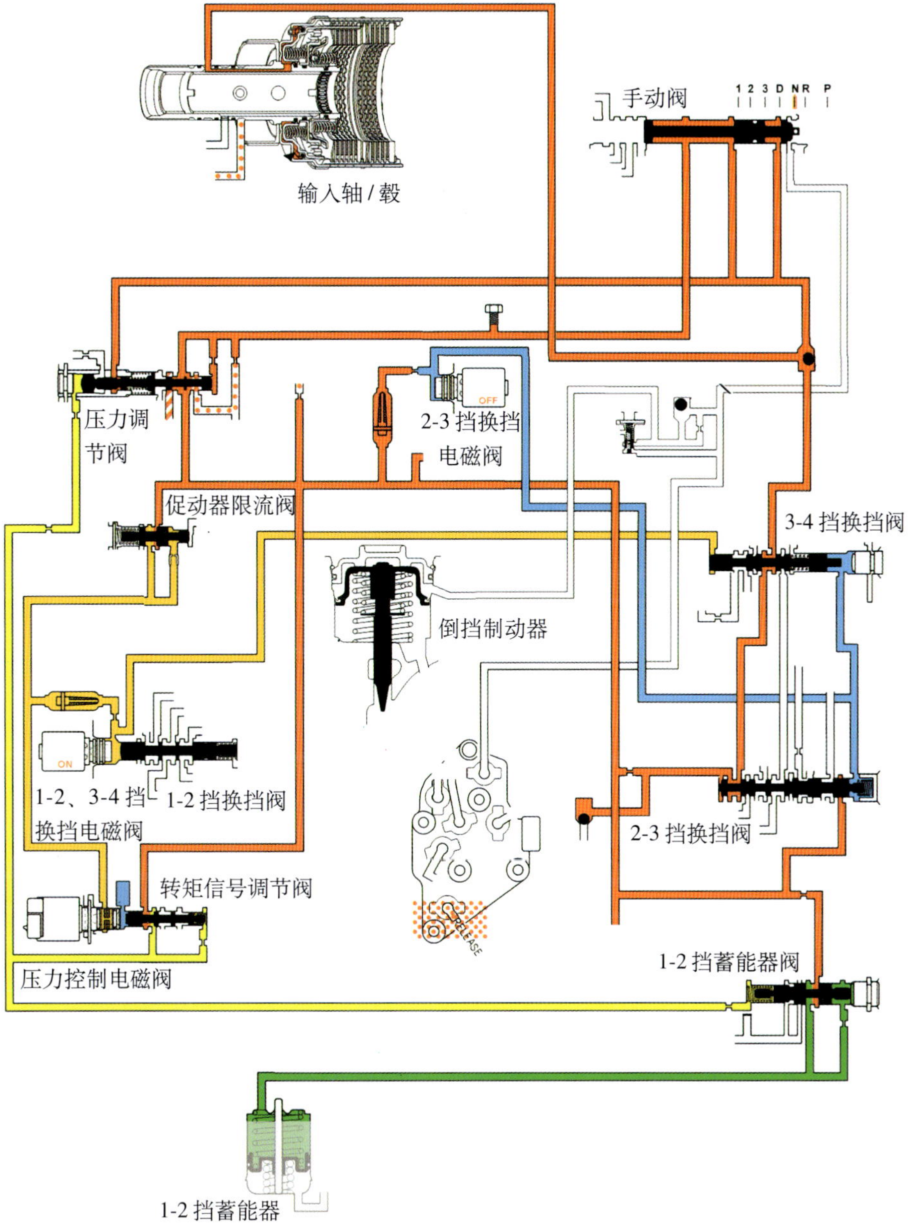

发动机旋转时，驻车齿轮与棘爪分离，动力中断。换挡执行机构的工作情况：输入离合器接合；输入楔块单向离合器锁止但不起作用。

油路分析如下：

（1）手动阀处于 N 挡位置；

（2）各换挡阀都处于该阀的低挡位置不动；

（3）输入离合器接合，其油液的流动路线：油底壳→ 油泵→主调压阀→手控阀→单向限流阀→输入离合器。

4T65—E自动变速器换挡执行机构工作图（P挡）

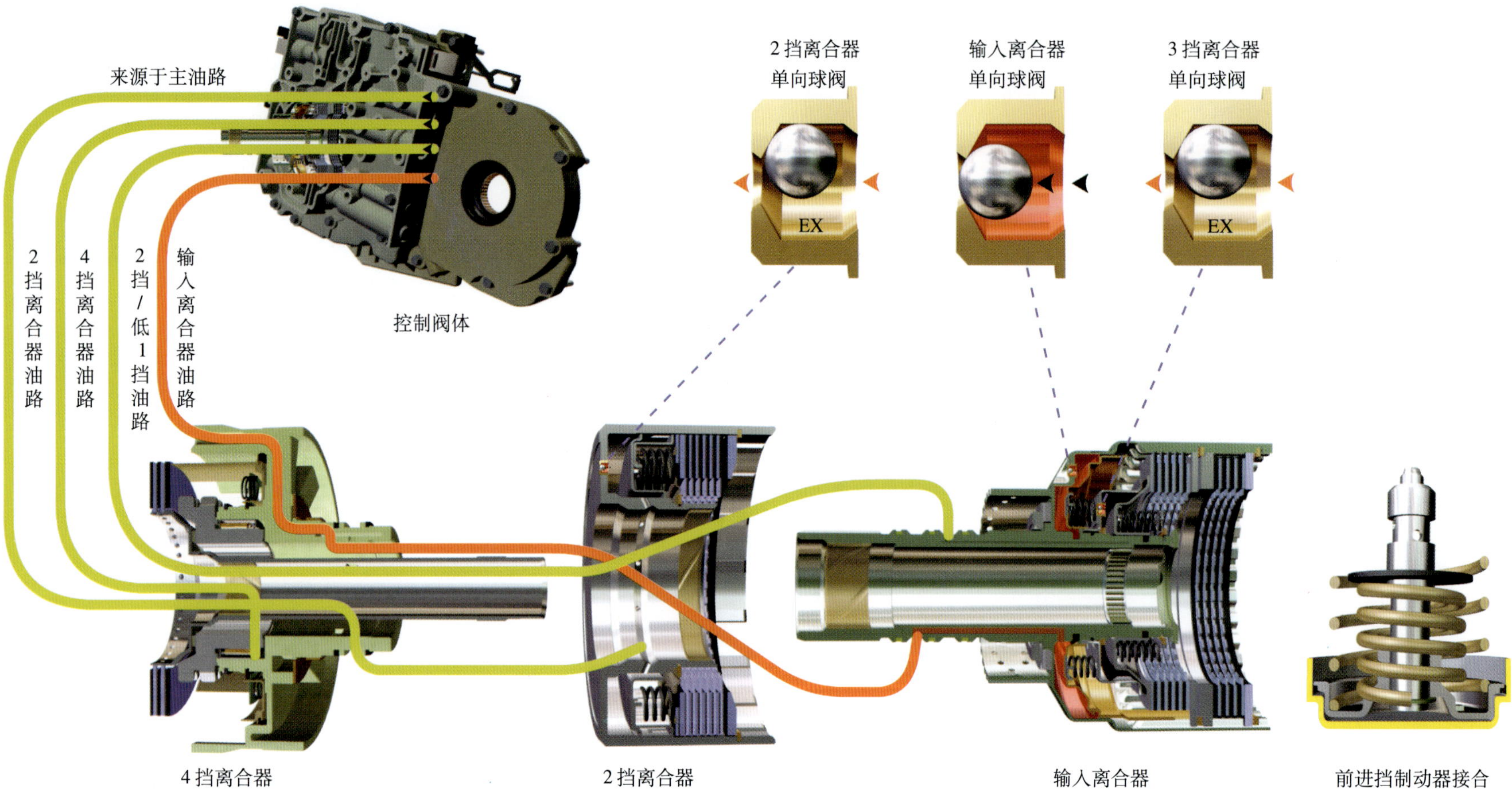

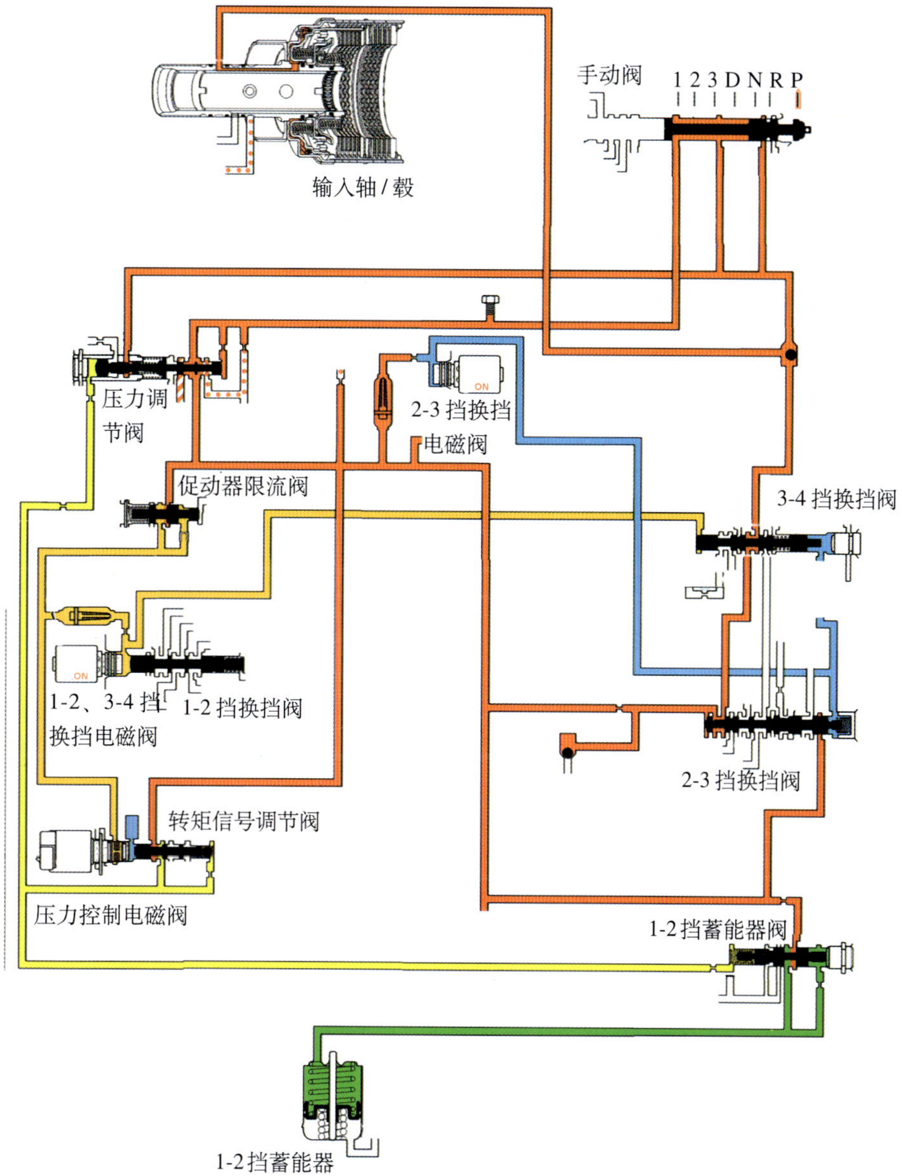

发动机旋转时，驻车齿轮与棘爪接合，输出轴锁止，动力中断。换挡执行机构的工作情况：输入离合器接合；输入楔块单向离合器锁止但不起作用。

油路分析如下：

（1）手动阀处于 P 挡位置；

（2）各换挡阀都处于该阀的低挡位置不动；

（3）输入离合器接合，其油液的流动路线：油底壳→ 油泵→主调压阀→手控阀→单向限流阀→输入离合器。

4T65—E 自动变速器换挡执行机构工作图（R 挡）

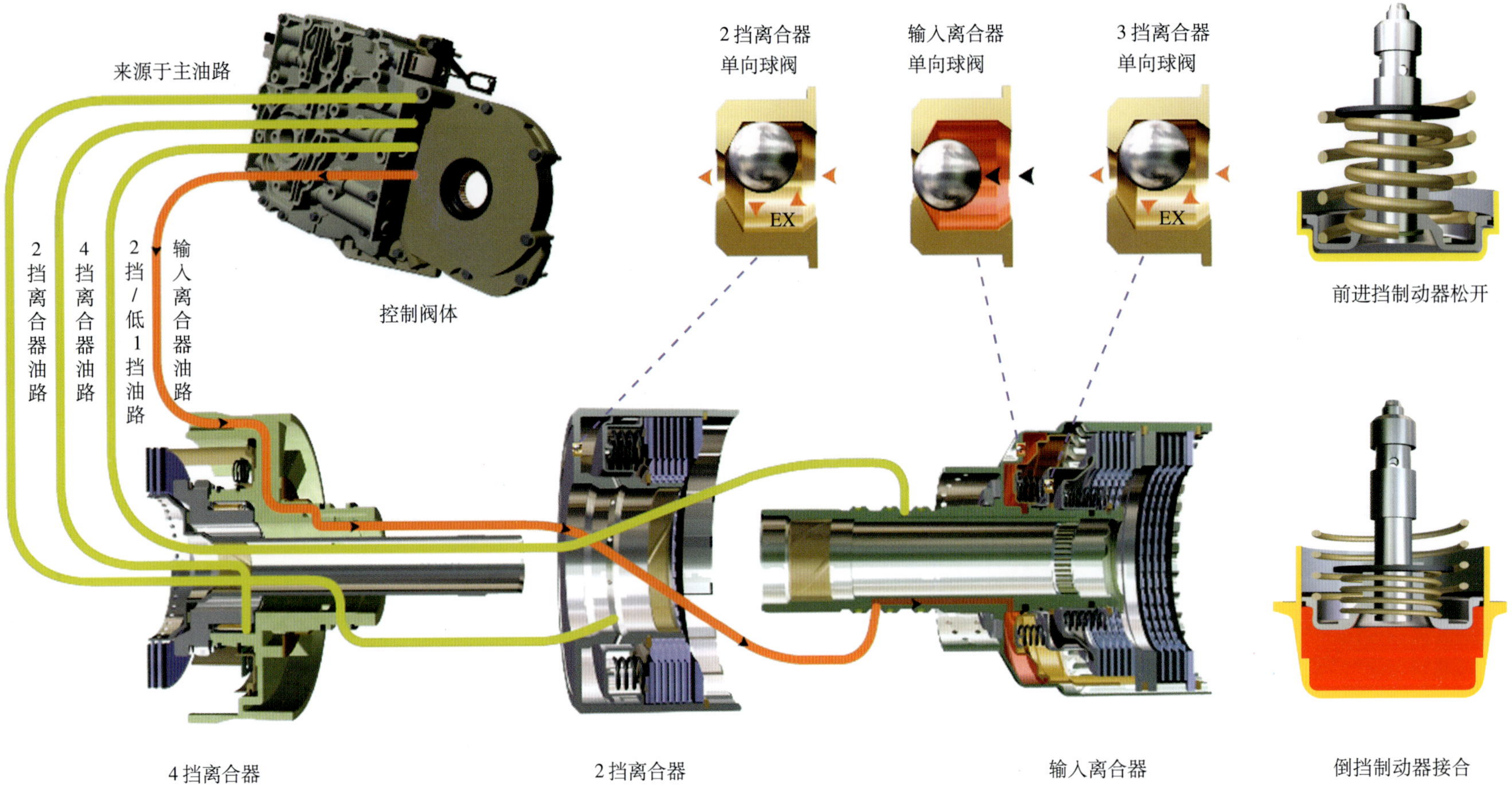

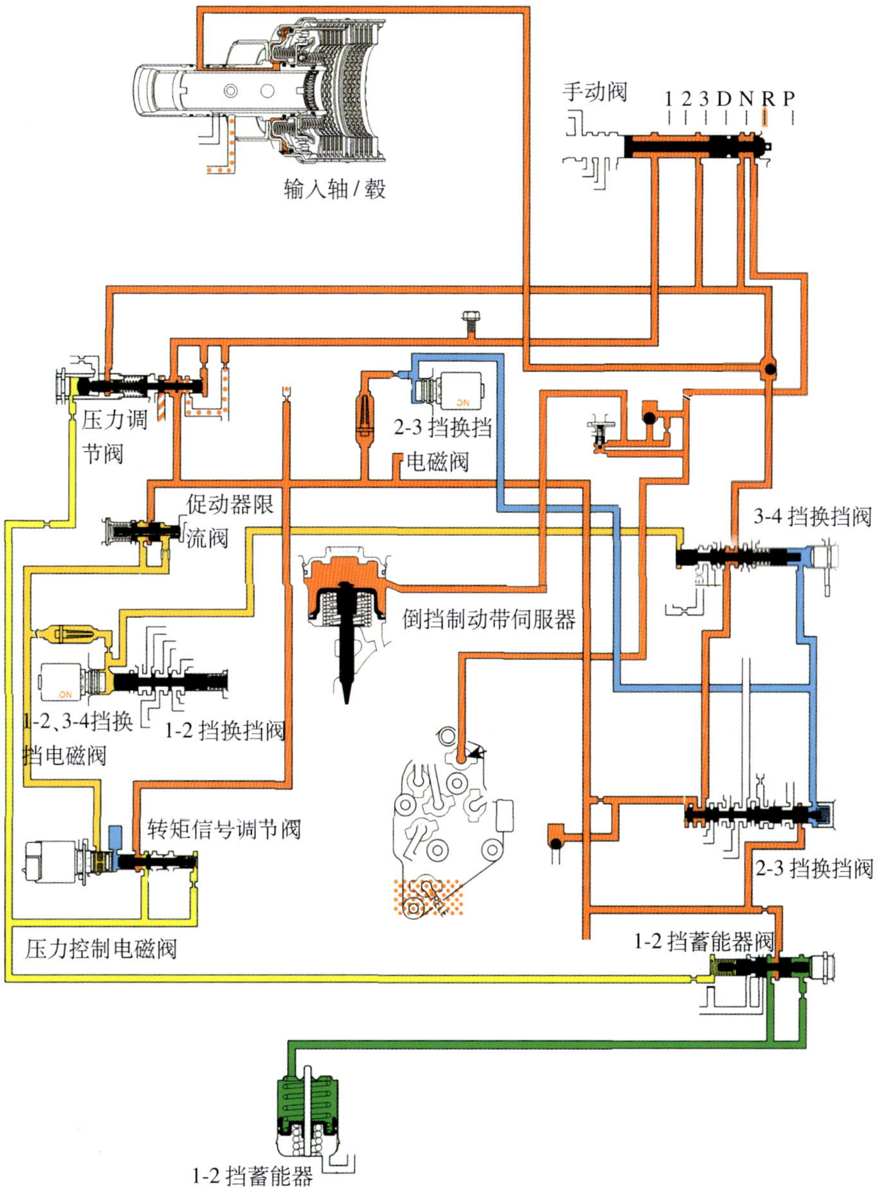

换挡执行机构的工作情况：输入离合器接合；输入楔块单向离合器锁止，倒挡制动带接合。

油路分析如下：

（1）手动阀处于R挡位置；

（2）各换挡阀都处于该阀的低挡位置不动；

（3）输入离合器接合，其油液的流动路线：油底壳→油泵→主调压阀→手控阀→单向限流阀→输入离合器。

（4）倒挡制动带接合，其油液的流动路线：油底壳→油泵→主调压阀→手控阀→单向限流阀→倒挡制动带。

4T65—E自动变速器D1挡总油路图

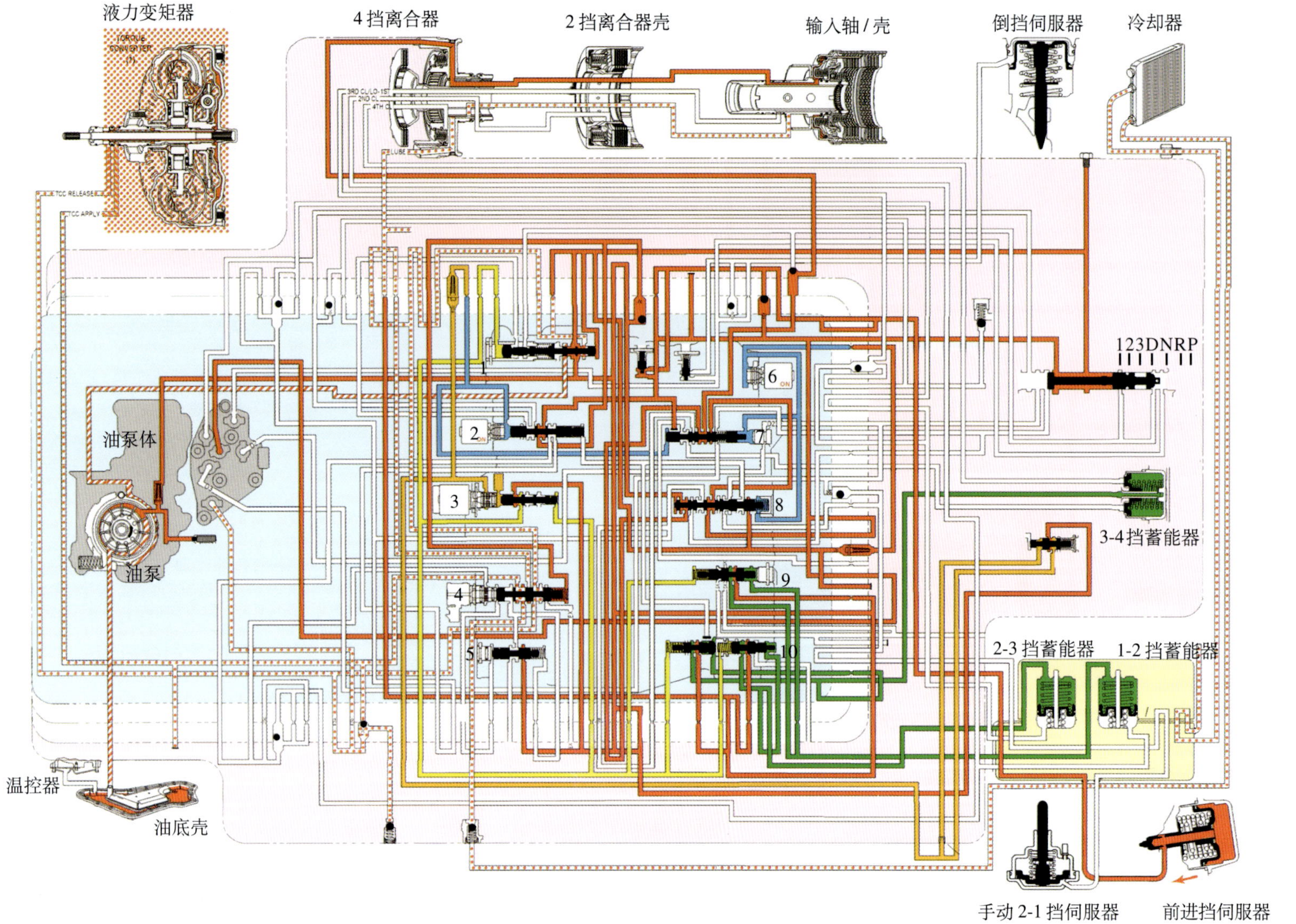

1-主油路调压阀；2-1-2挡换挡电磁阀；3-压力控制电磁阀；4-TCC控制阀；5-TCC压力调节阀；6-2-3挡换挡电磁阀；7-3-4挡换挡电磁阀；8-2-3换挡阀；9-1-2挡蓄能器阀；10-3-4、2-3挡蓄能器阀

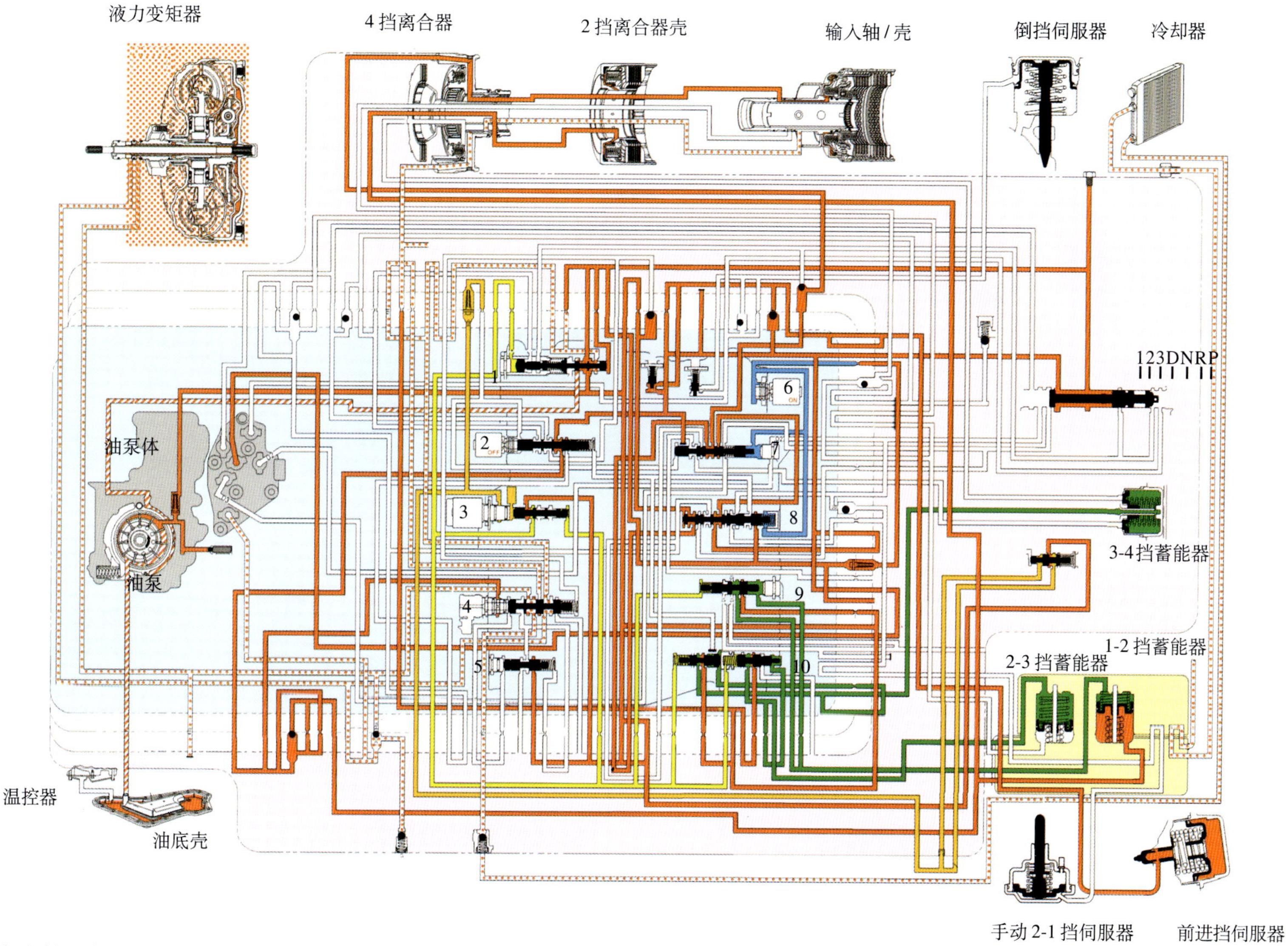

1- 主油路调压阀；2-1-2 挡换挡电磁阀；3- 压力控制电磁阀；4-TCC 控制阀；5-TCC 压力调节阀；6-2-3 挡换挡电磁阀；7-3-4 挡换挡电磁阀；8-2-3 挡换挡阀；9-1-2 挡蓄能器阀；10-3-4、2-3 挡蓄能阀

01M 自动变速器的总体构造

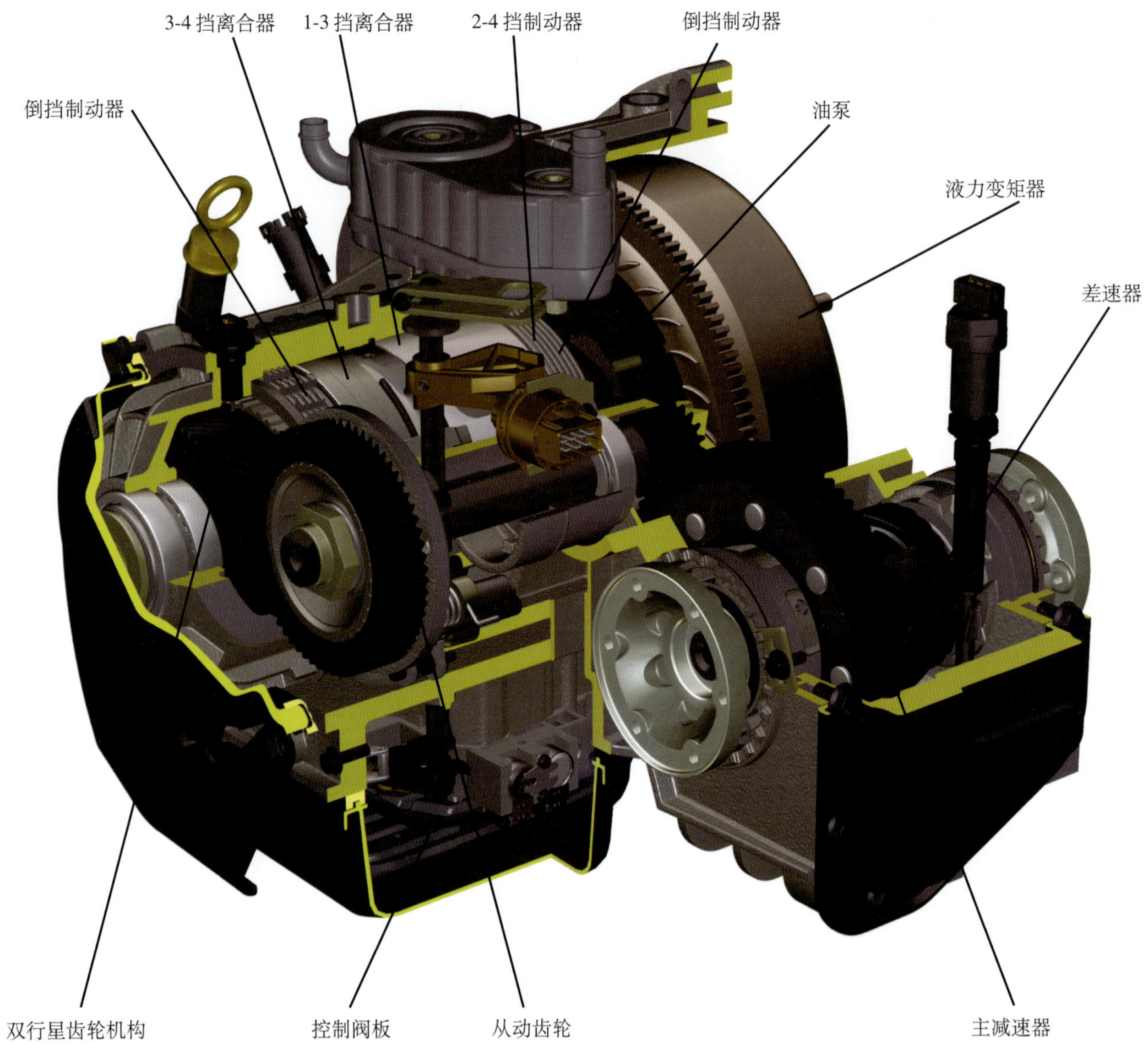

AG4—01M自动变速器(简称01M)由德国大众公司研制生产，主要应用于大众系列轿车（如SKODA、JETTA等），与横置发动机匹配，该自动变速器使用双行星齿轮机构，有4个前进挡和1个倒挡。

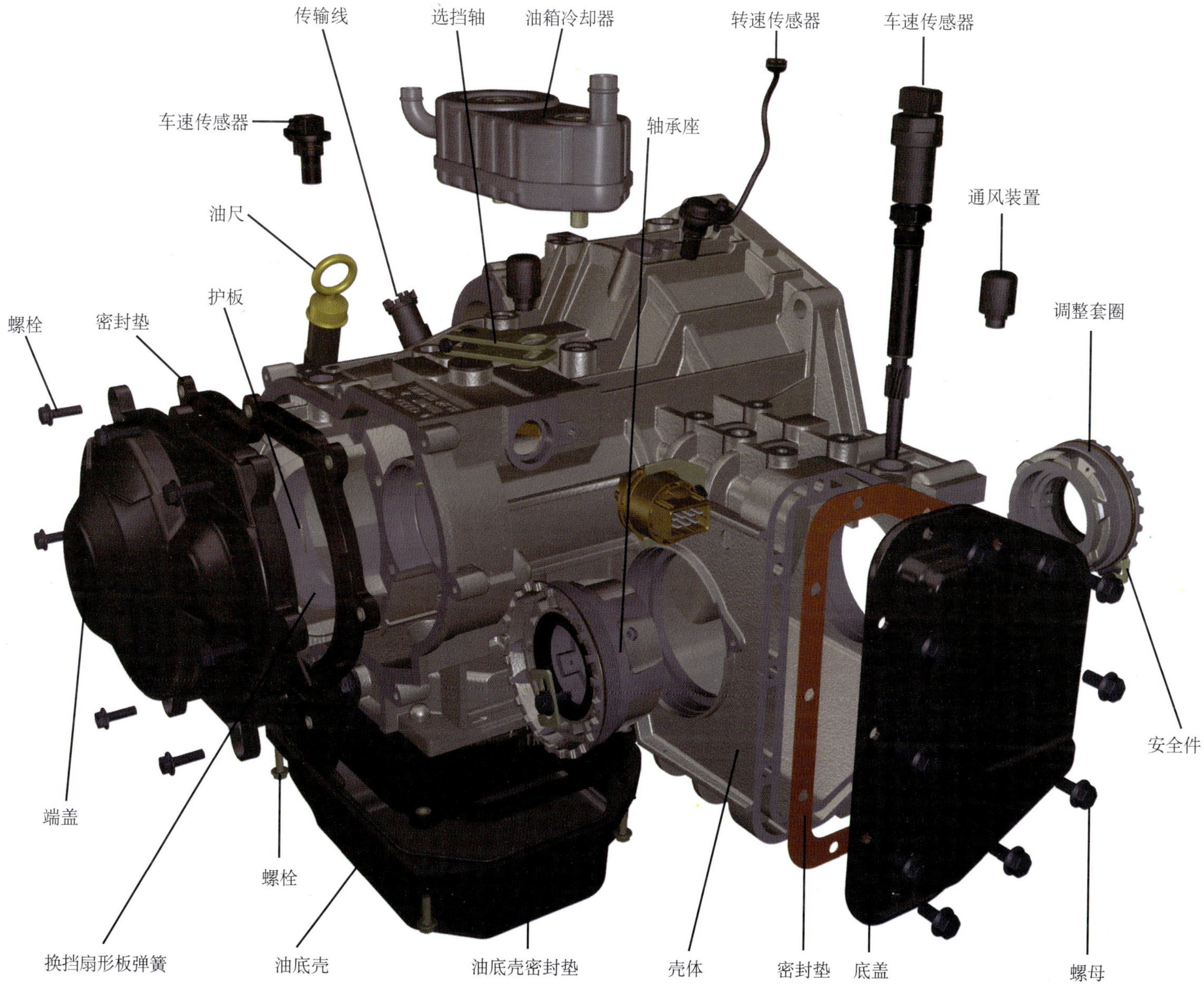
传输线
选挡轴
油箱冷却器
转速传感器
车速传感器
车速传感器
轴承座
通风装置
油尺
护板
调整套圈
螺栓
密封垫
安全件
端盖
螺栓
换挡扇形板弹簧
油底壳
油底壳密封垫
壳体
密封垫
底盖
螺母

01M 自动变速器的组成

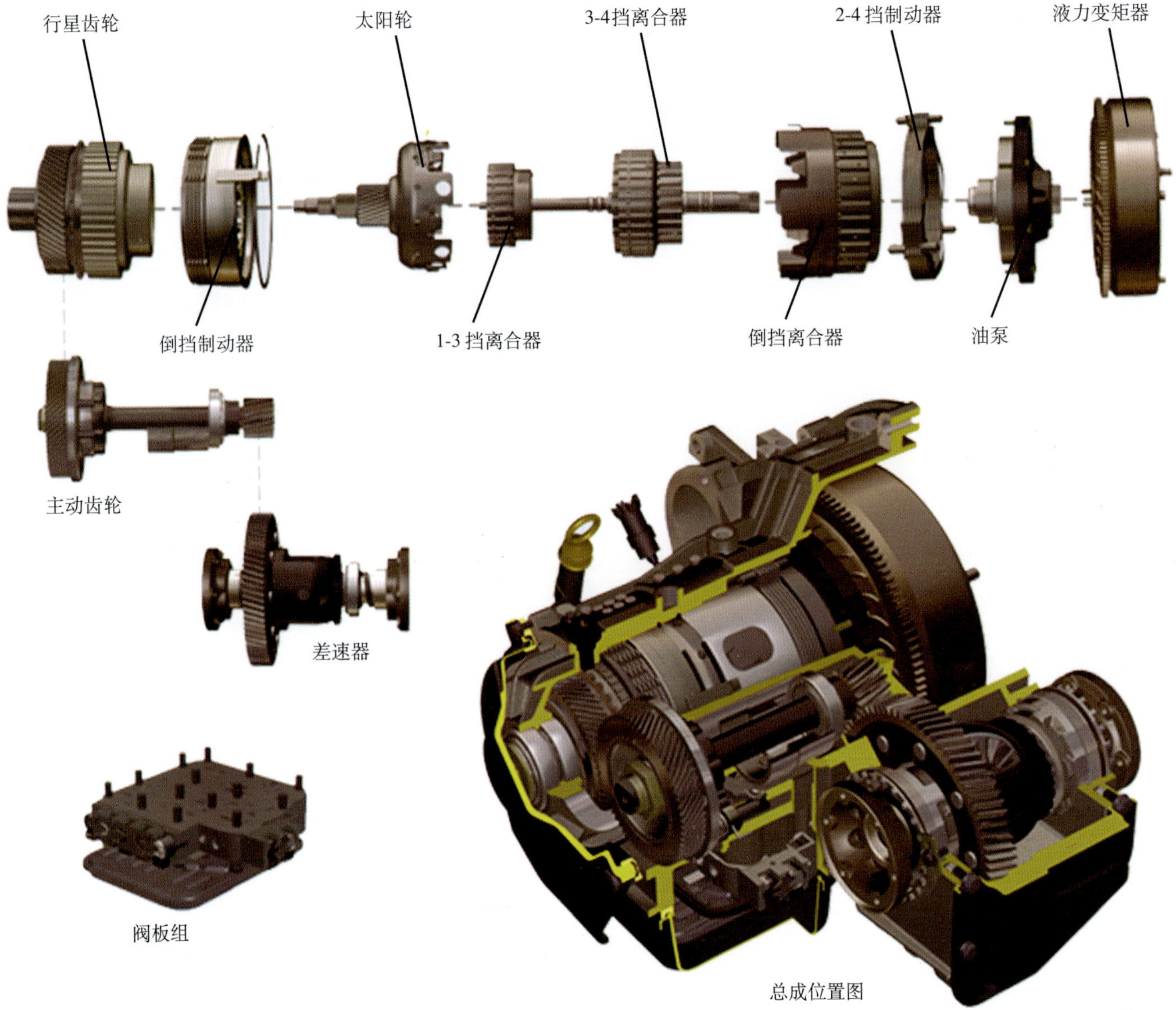

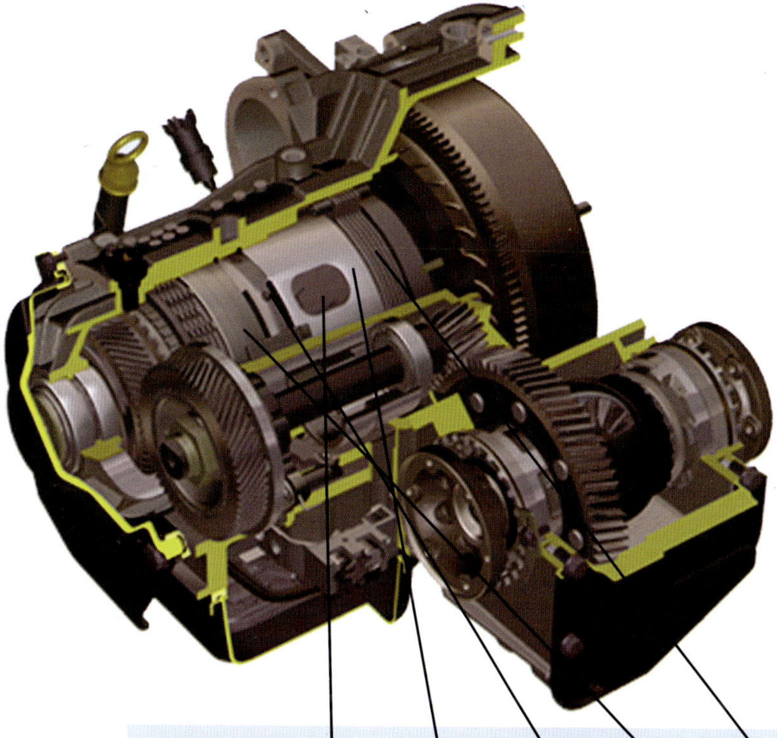

C1-1-3 挡离合器
C2- 倒挡离合器
C3-3-4 挡离合器
B1- 倒挡制动器
B2-2-4 挡制动器

挡位	C1	C2	C3	B1	B2
P 挡					ON
R 挡		ON		ON	
N 挡					
D1 挡	ON				
D2 挡	ON				ON
D3 挡	ON		ON		
D4 挡			ON		ON
手动 1 挡		ON			ON

01M 自动变速器的简化

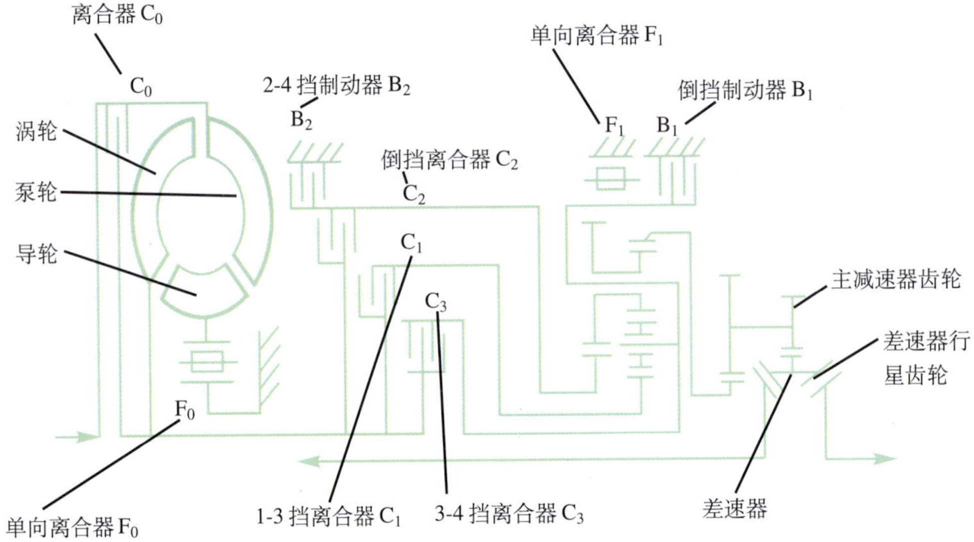

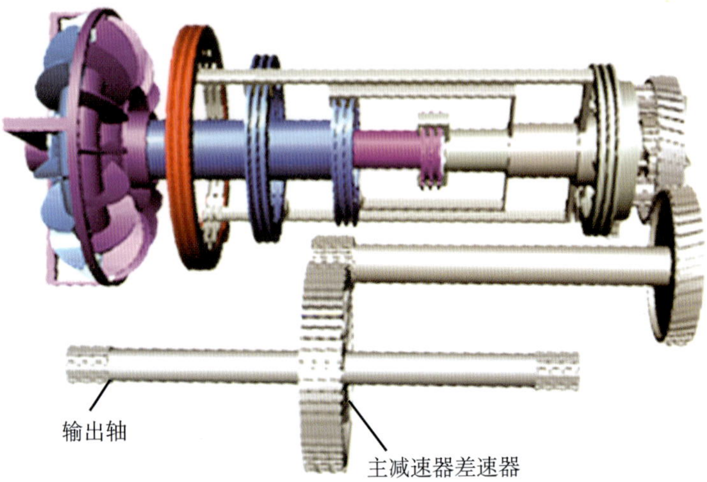

01M 自动变速器采用拉维纳（双行星）式行星齿轮机构，其传动比的计算用到双排的运动特性方程式：

$$n_{11}+\alpha_1 n_{12}-(1+\alpha_1)\ n_{13}=0$$

$$n_{21}-\alpha_2 n_{22}-(1-\alpha_2)\ n_{23}=0$$

式中：n_{11}——前排太阳轮转速；

n_{12}——前排齿圈转速；

n_{13}——前排行星架转速；

n_{21}——后排太阳轮转速；

n_{22}——后排齿圈转速；

n_{23}——后排行星架转速。

由于共用内齿圈，故 $n_{12}=n_{22}$；

由于共用前后行星齿轮架，故 $n_{13}=n_{23}$；

解上述方程即可得到其传动比。

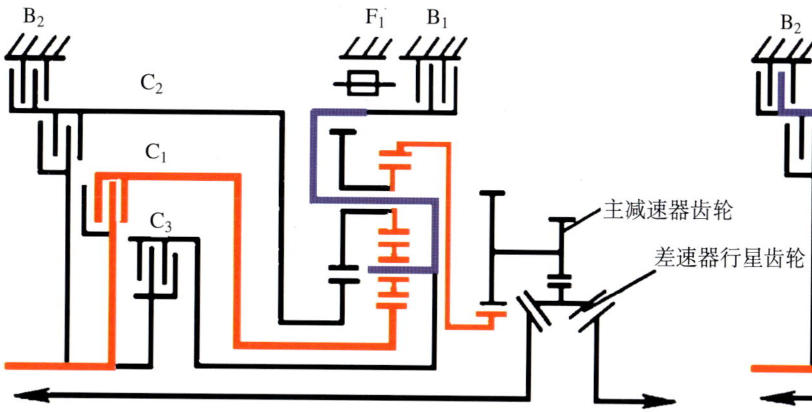

D1 挡传递路线

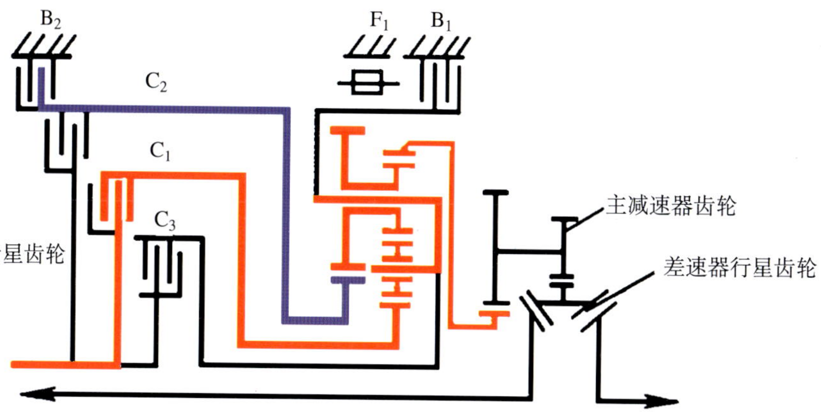

D2 挡传递路线

1. 动力传动路线

输入轴→1-3 挡离合器→小太阳轮→短行星轮→长行星轮→内齿圈→输出轴→主减速器→左、右半轴→车轮（行星架固定）

2.1 挡传动比计算

已知：输入元件 n_{21}，输出元件 n_{22}，$n_{12}=n_{22}$，$n_{13}=n_{23}$，$n_{23}=0$，前、后行星排齿圈和太阳轮的齿数比分别为 α_1、α_2。

求 1 挡传动比 i_1。

$n_{21}-\alpha_2 n_{22}-(1-\alpha_2)n_{23}=0$

$n_{23}=0$

解得：$i_1=n_{21}/n_{22}=\alpha_2$

1. 动力传动路线

输入轴→1-3挡离合器→小太阳轮→短行星轮→长行星轮→内齿圈→输出轴→主减速器→左、右半轴→车轮（太阳轮固定）

2. 2 挡传动比计算

已知：输入元件 n_{21}，输出元件 n_{22}，$n_{12}=n_{22}$，$n_{13}=n_{23}$，$n_{11}=0$，前、后行星排齿圈和太阳轮的齿数比分别为 α_1、α_2。

求 2 挡传动比 i_2。

$n_{11}+\alpha_1 n_{12}-(1+\alpha_1)n_{13}=0$

$n_{21}-\alpha_2 n_{22}-(1-\alpha_2)n_{23}=0$

$n_2=n_{22}$；$n_{13}=n_{23}$；$n_{11}=0$

解得：$i_2=n_{21}/n_{22}=(a_1+a_2)/(1+\alpha_1)$

01M 自动变速器 D3、D4 挡传动分析

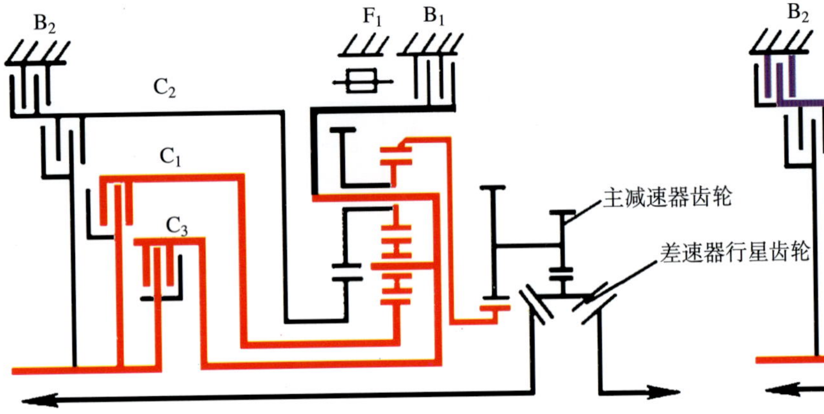

D3 挡传递路线

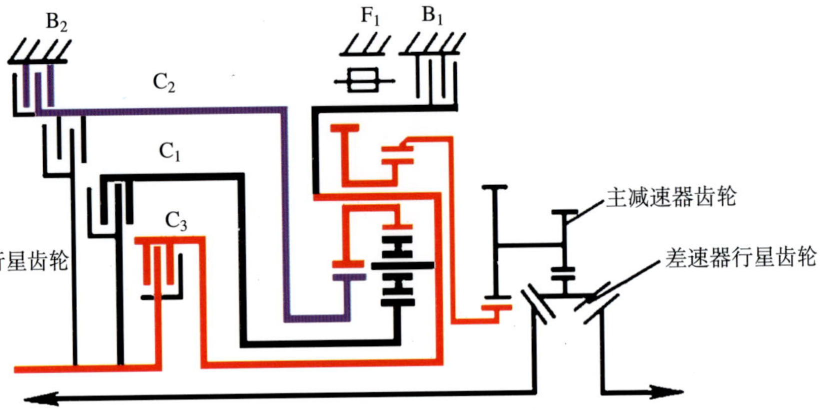

D4 挡传递路线

1. 动力传动路线

输入轴→1-3挡离合器→小太阳轮→短行星轮→长行星轮→内齿圈→输出轴→左、右半轴→车轮；输入轴→3-4挡离合器→行星架→内齿圈→输出轴→左、右半轴→车轮

2. 3挡传动比计算

已知：输入元件 n_{21}，输出元件 n_{22}，$n_{12}=n_{22}$，$n_{13}=n_{23}$，$n_{21}=n_{23}$，前、后行星排齿圈和太阳轮的齿数比分别为 α_1、α_2。

求3挡传动比 i_3。

$n_{21}-\alpha_2 n_{22}-(1-\alpha_2)\ n_{23}=0$

$n_{21}=n_{23}$

解得：$i_3=n_{21}/n_{22}=1$

1. 动力传动路线

输入轴→3-4挡离合器→长行星轮→内齿圈→输出轴→左、右半轴→车轮（大太阳轮固定）

2. 4挡传动比计算

已知：输入元件 n_{13}，输出元件 n_{12}，$n_{12}=n_{22}$，$n_{13}=n_{23}$，$n_{11}=0$，前、后行星排齿圈和太阳轮的齿数比分别为 α_1、α_2。

求4挡传动比 i_4。

$n_{11}+\alpha n_{12}-(1+\alpha_1)\ n_{13}=0$

$n_{11}=0$

解得：$i_4=n_{13}/n_{12}=\alpha_1/(1+\alpha_1)$

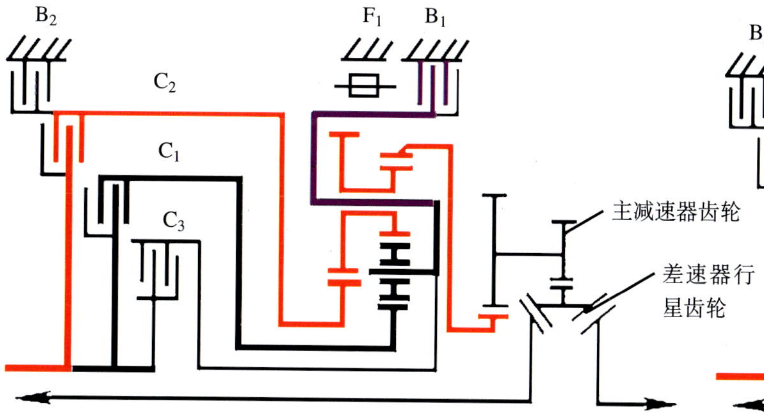

R挡传递路线

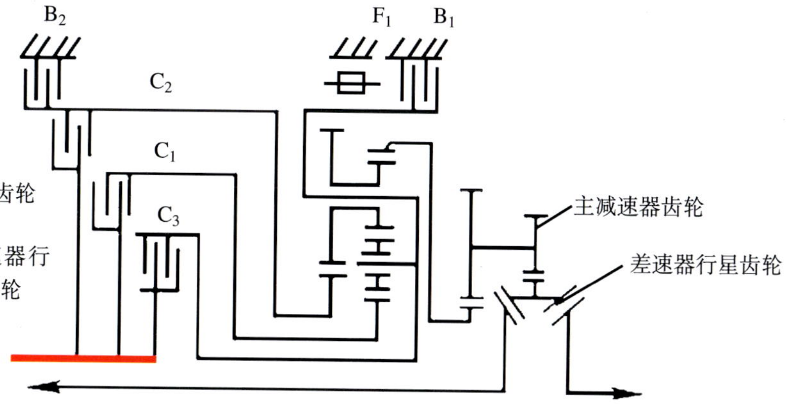

N挡传递路线

1. 动力传动路线

输入轴→倒挡离合器→大太阳轮→长行星轮→内齿圈→输出轴→左、右半轴→车轮（行星架固定）

2. 倒挡传动比计算

已知：输入元件n_{11}，输出元件n_{12}，$n_{12}=n_{22}$，$n_{13}=n_{23}$，$n_{13}=0$，前、后行星排齿圈和太阳轮的齿数比分别为α_1、α_2。

求倒挡传动比i_R。

$n_{11}+\alpha_1 n_{12}-(1+\alpha_1)n_{13}=0$

$n_{13}=0$

解得：$i_R=n_{11}/n_{12}=-\alpha_1$

无元件固定，动力无法输出。

01M 自动变速器油泵

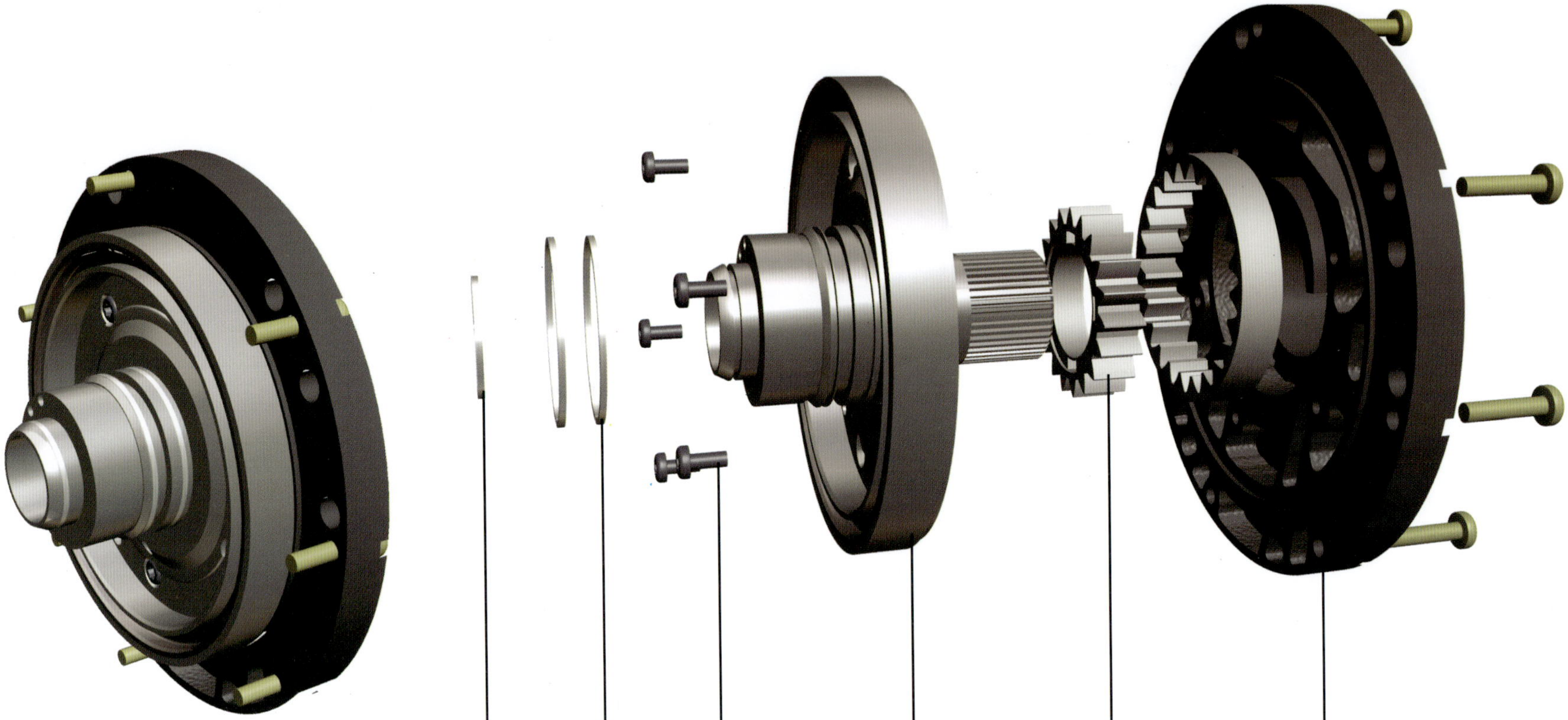

主动齿轮
行星齿轮支架

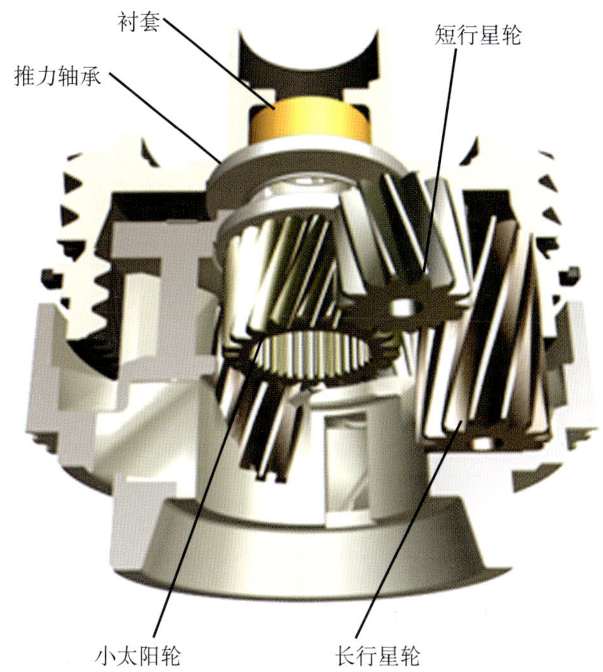
衬套
推力轴承
短行星轮
小太阳轮
长行星轮

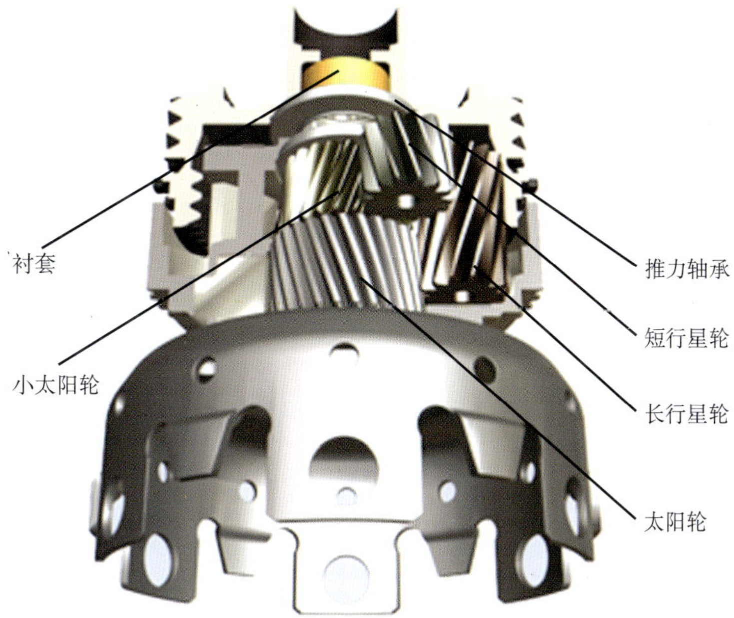
衬套
小太阳轮
推力轴承
短行星轮
长行星轮
太阳轮

2-4 挡制动器

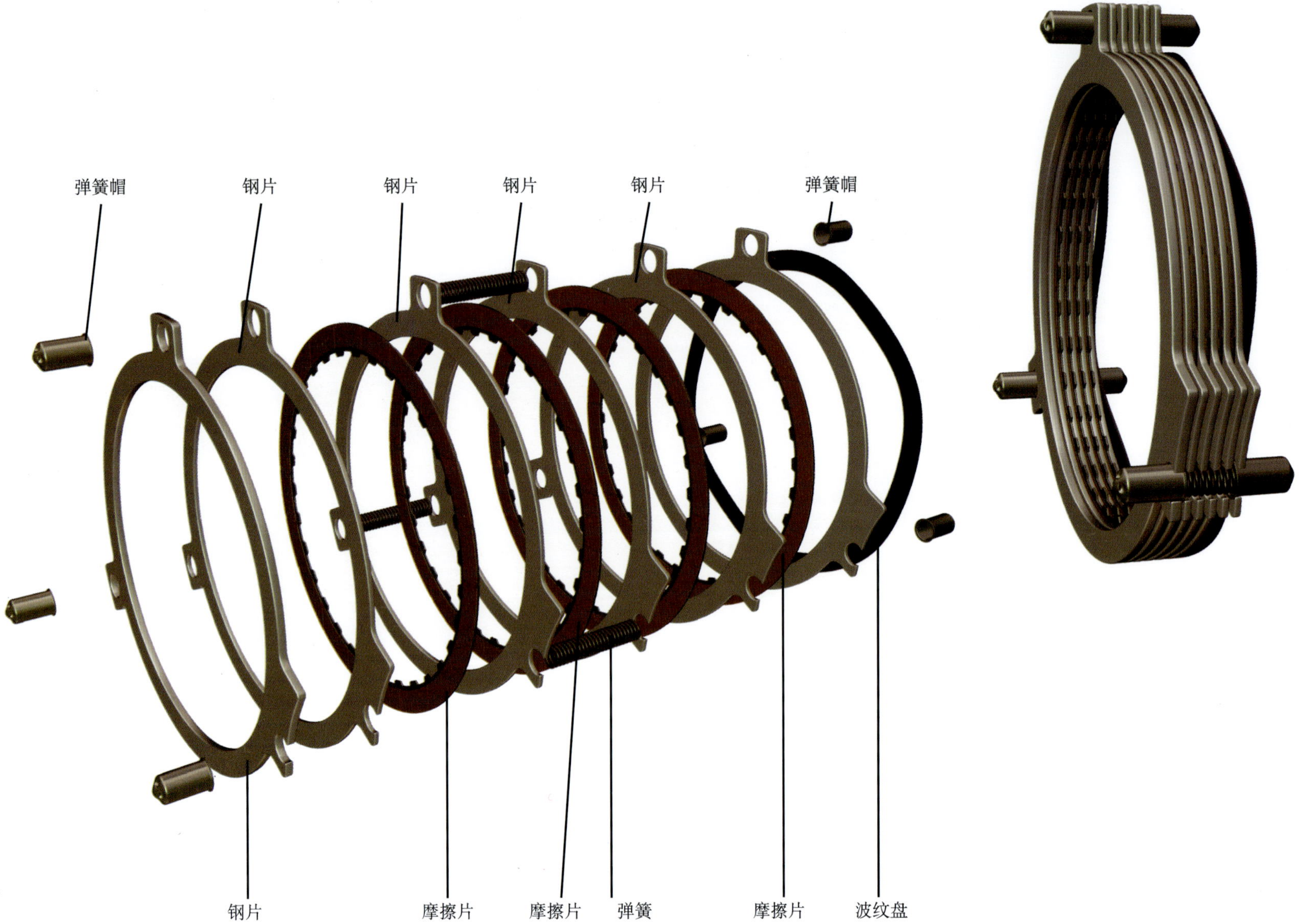

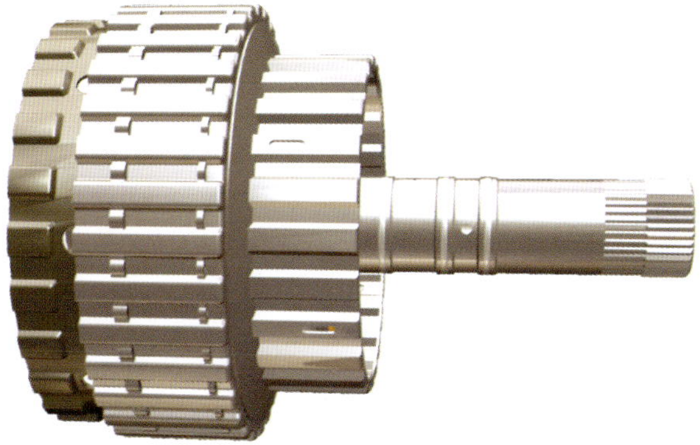

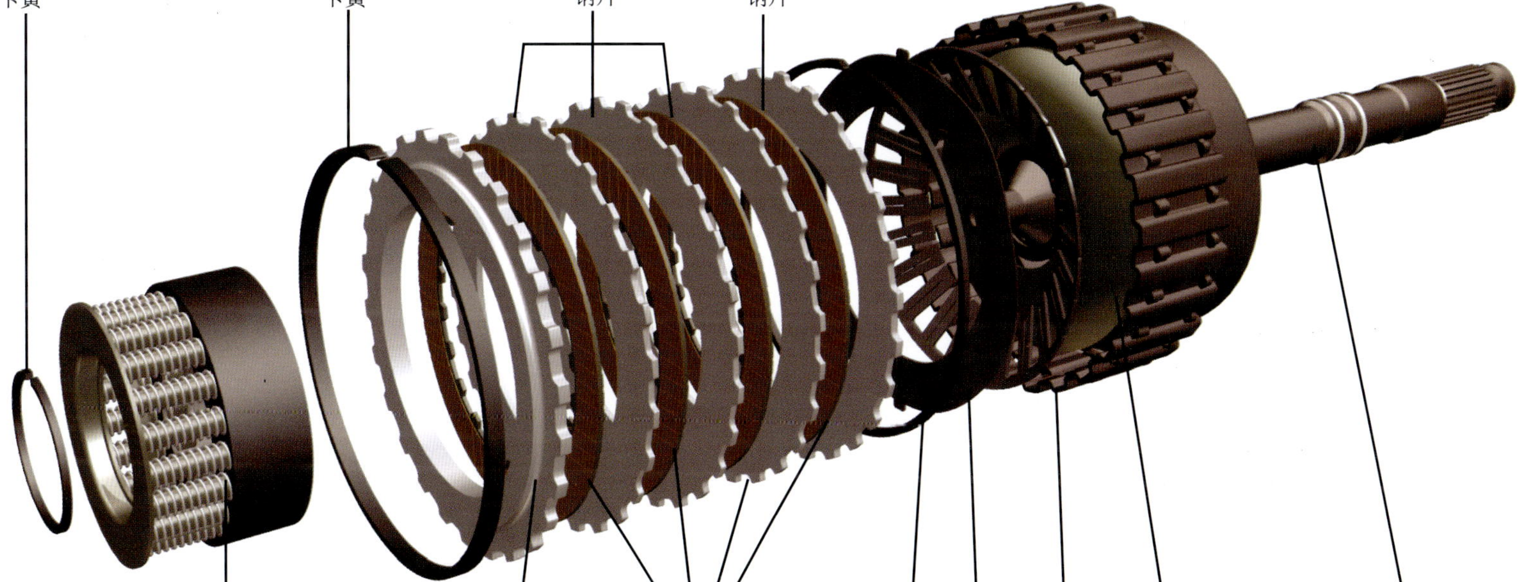
卡簧
卡簧
钢片
钢片
复位弹簧
支承盘
摩擦片
卡簧
波纹盘
蝶形弹簧
活塞
3-4 挡离合器支架

倒挡离合器

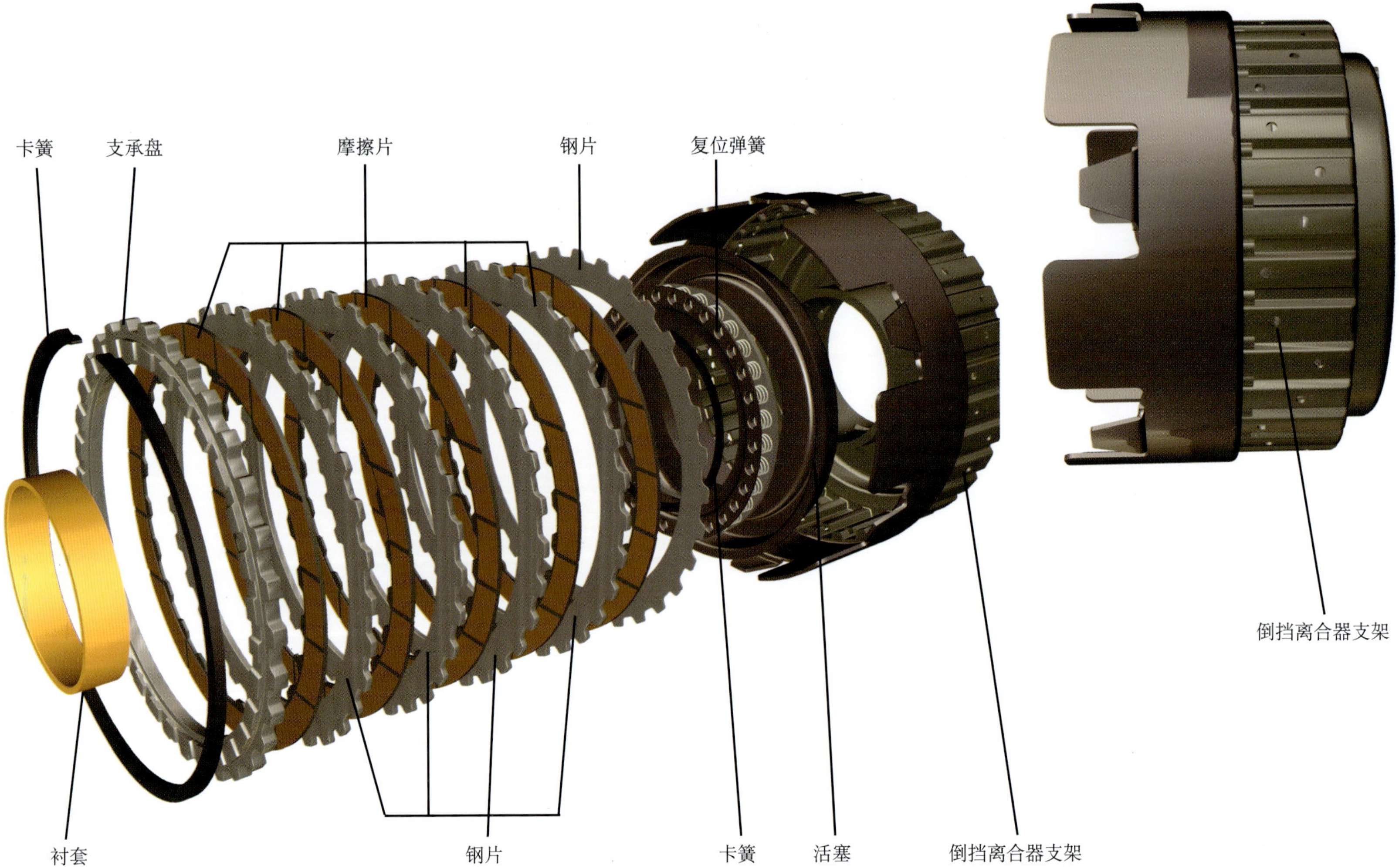

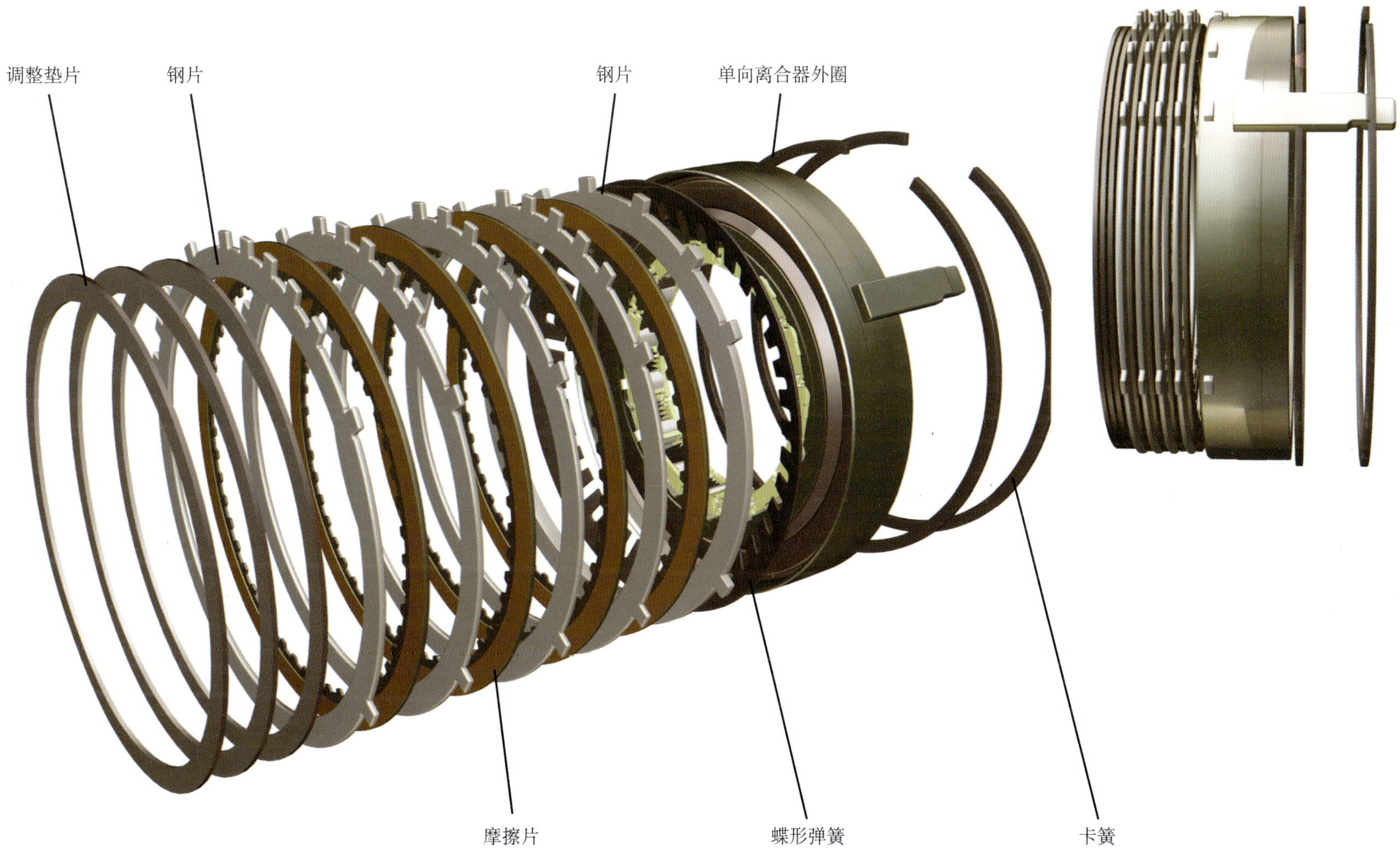
调整垫片
钢片
钢片
单向离合器外圈
摩擦片
蝶形弹簧
卡簧

大太阳轮

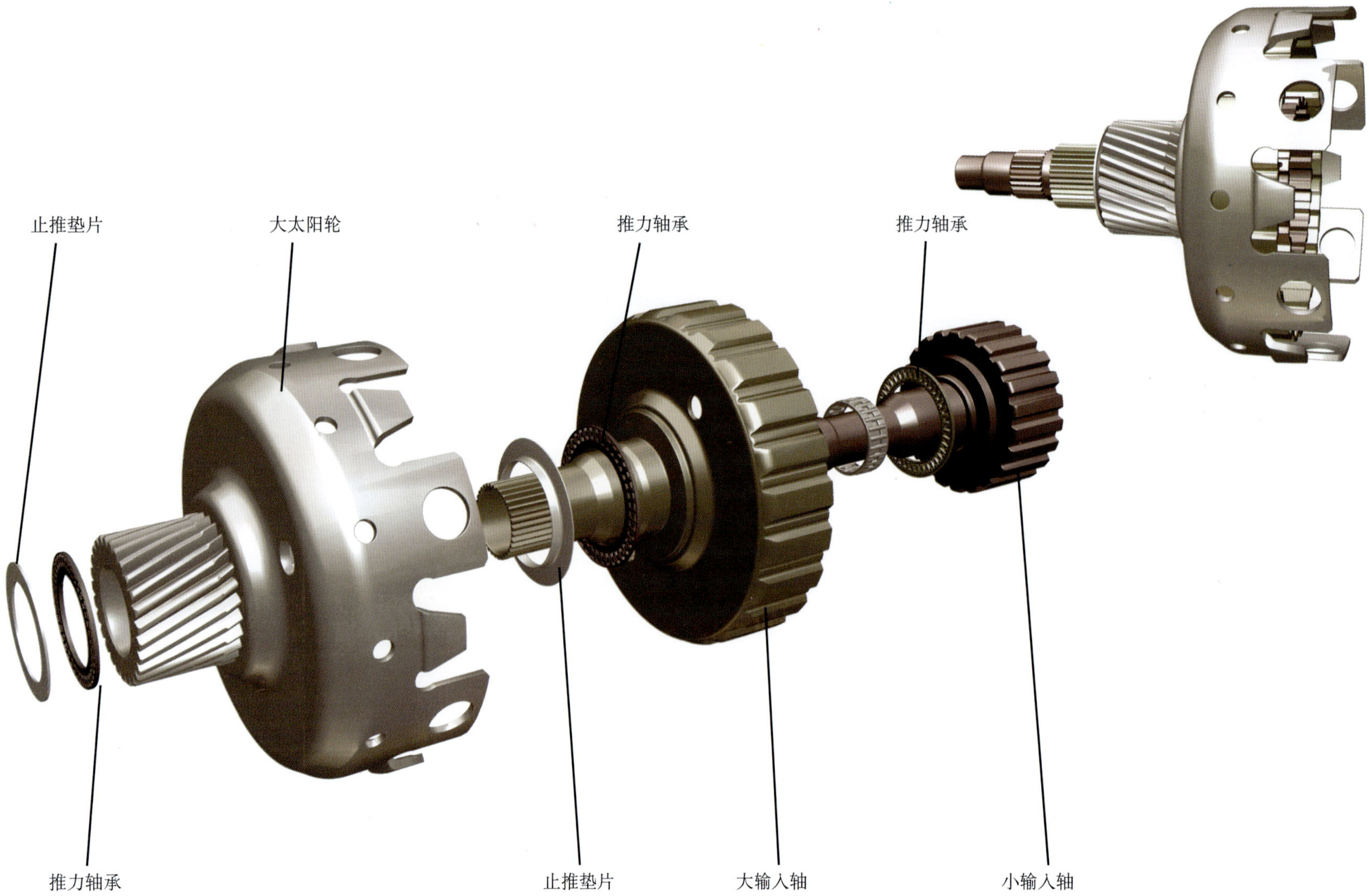

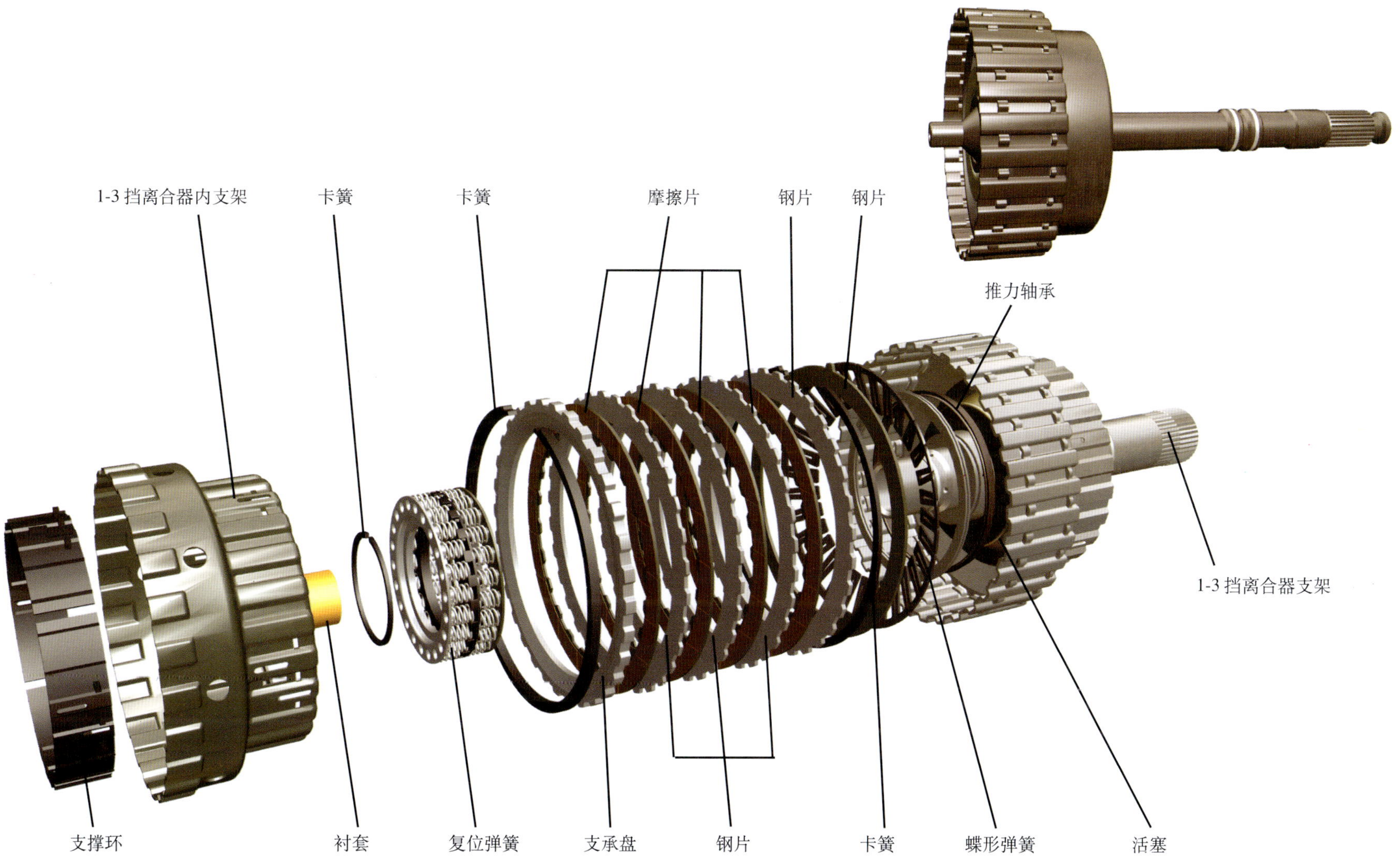
1-3 挡离合器内支架
卡簧
卡簧
摩擦片
钢片
钢片
推力轴承
1-3 挡离合器支架
支撑环
衬套
复位弹簧
支承盘
钢片
卡簧
蝶形弹簧
活塞

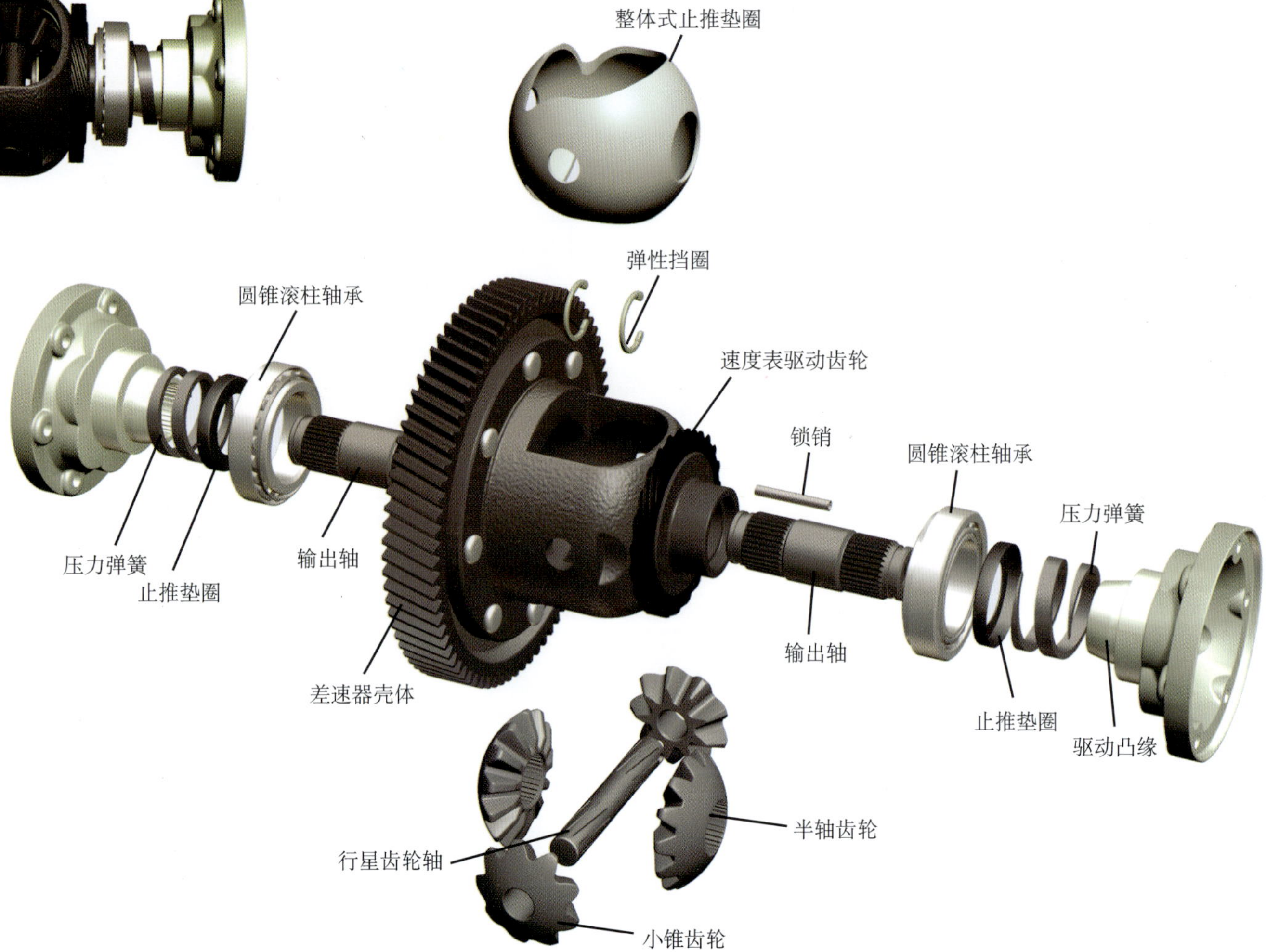
整体式止推垫圈
弹性挡圈
圆锥滚柱轴承
速度表驱动齿轮
锁销
圆锥滚柱轴承
压力弹簧
压力弹簧
止推垫圈
输出轴
输出轴
差速器壳体
止推垫圈
驱动凸缘
半轴齿轮
行星齿轮轴
小锥齿轮

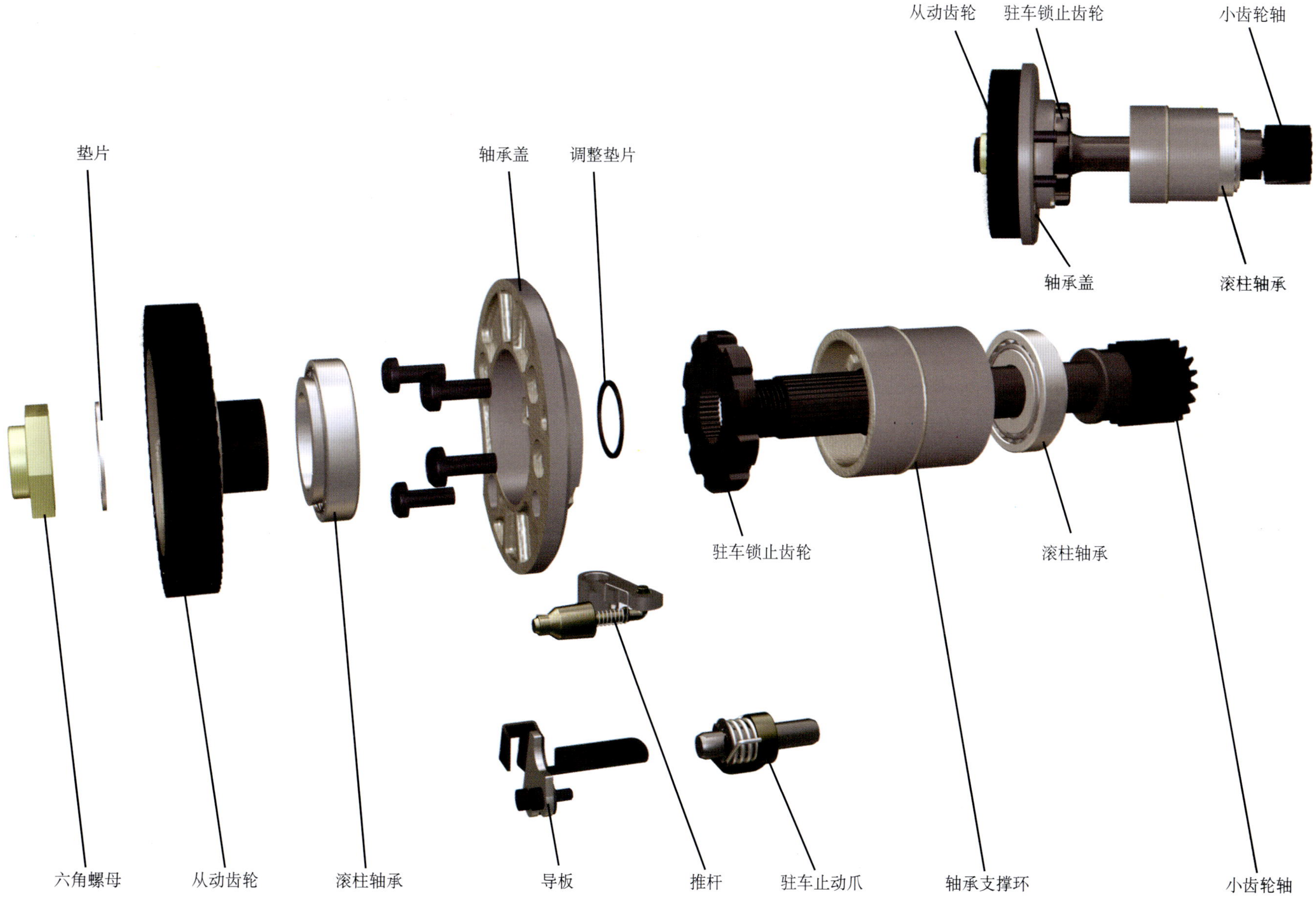
从动齿轮
驻车锁止齿轮
小齿轮轴
轴承盖
滚柱轴承
垫片
轴承盖
调整垫片
驻车锁止齿轮
滚柱轴承
六角螺母
从动齿轮
滚柱轴承
导板
推杆
驻车止动爪
轴承支撑环
小齿轮轴

油路阀板

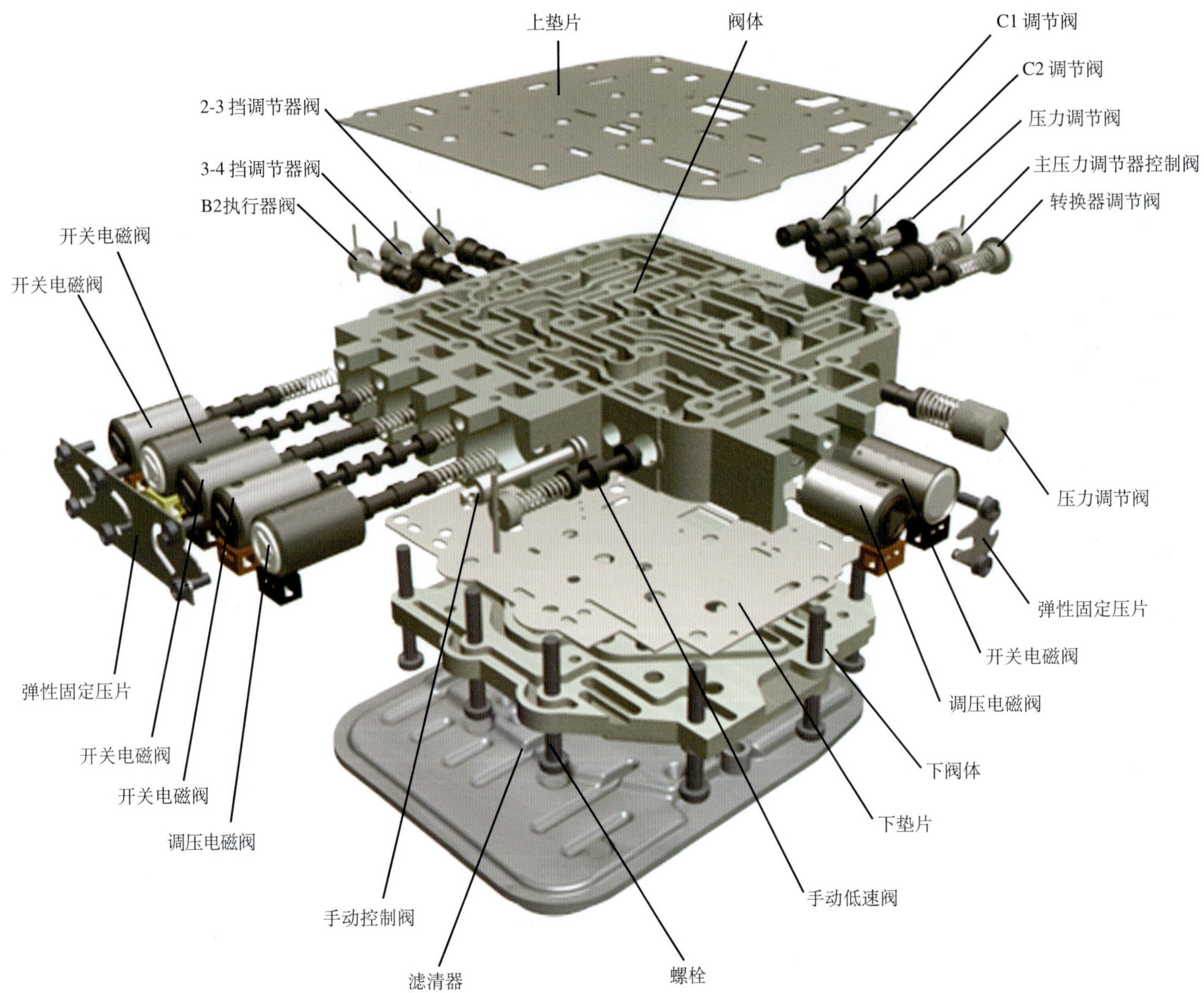
上垫片
阀体
C1 调节阀
C2 调节阀
压力调节阀
主压力调节器控制阀
转换器调节阀
2-3 挡调节器阀
3-4 挡调节器阀
B2执行器阀
开关电磁阀
开关电磁阀
压力调节阀
弹性固定压片
开关电磁阀
调压电磁阀
下阀体
下垫片
手动低速阀
螺栓
滤清器
手动控制阀
调压电磁阀
开关电磁阀
开关电磁阀
弹性固定压片

4T65—E自动变速器变矩器的安装

（1）准备好变矩器壳。

（2）安装锁止离合器压盘。

（3）安装涡轮。

（4）安装止推垫片。

（5）安装推力轴承。

（6）安装导轮。

（7）安装推力轴承。

（8）安装泵轮。

4T65—E自动变速器单向离合器的安装

(1) 准备好单向离合器内圈。

(2) 安装输入轴单向离合器外圈。

(3) 安装单向离合器弹簧架。

(4) 安装3挡单向离合器外圈。

(5) 安装输入和第3挡中间轴承。

(6) 安装3挡单向离合器组件。

(7) 安装单向离合器外圈锁止圈。

(1) 准备好 1-2 挡单向离合器毂。

(2) 安装 1-2 挡单向离合器。

(3) 安装后排太阳轮 / 毂。

(4) 安装前排内齿圈 / 后排行星架。

(5) 安装后排内齿圈 / 前排行星架。

(6) 安装推力轴承及油塞。

(7) 安装前排太阳轮。

(8) 安装前排太阳轮衬套。

4T65—E 自动变速器 2 挡离合器的安装

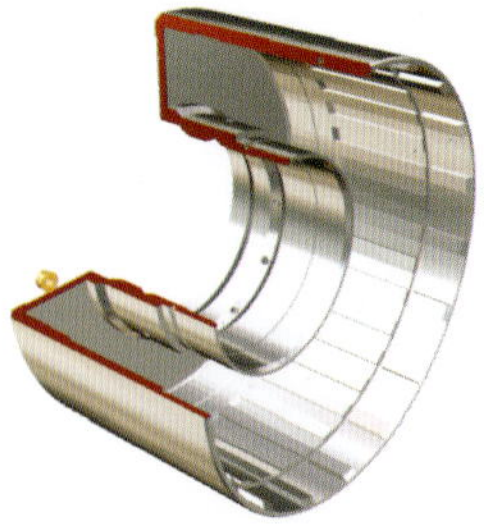

(1) 准备好 2 挡离合器壳。

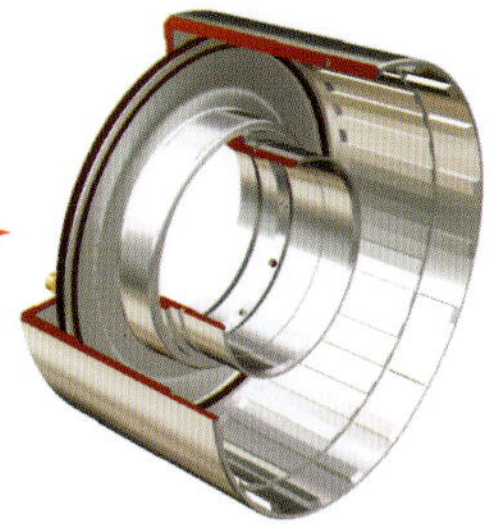

(2) 安装 2 挡离合器密封活塞。

(3) 安装 2 挡离合器接合和脱开弹簧。

(4) 安装 2 挡离合器弹簧锁止挡圈。

(5) 安装 2 挡离合器波纹盘。

(6) 安装 2 挡离合器摩擦片。

(7) 安装背衬支架盘。

(8) 安装 2 挡离合器外圈卡簧。

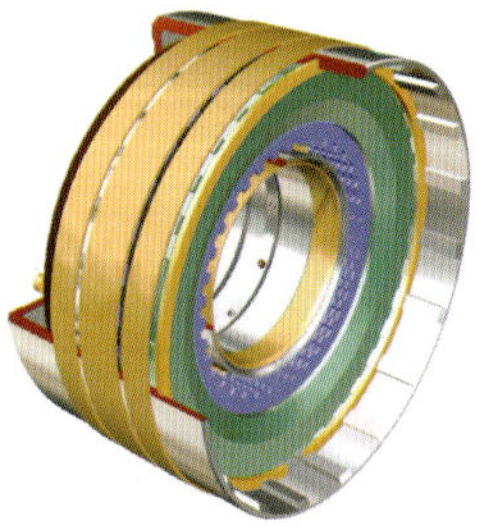

(9) 安装倒挡制动带。

4T65—E 自动变速器 3 挡离合器的安装

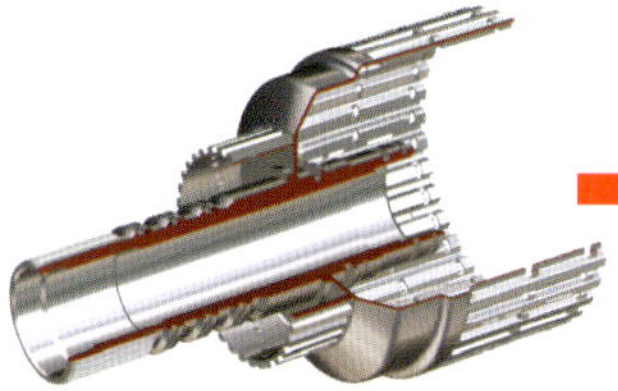

（1）准备好输入轴/毂。

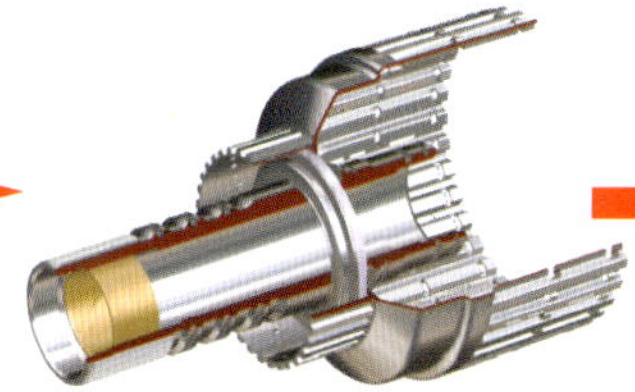

（2）安装输入轴轴套。

（3）安装输入轴密封圈。

（4）安装输入离合器活塞。

（5）安装输入离合器弹簧和锁止器。

（6）安装 3 挡离合器活塞壳。

（7）安装 3 挡离合器活塞密封圈。

（8）安装 3 挡离合器弹簧支架。

（9）安装 3 挡离合器锁止圈。

（10）安装 3 挡离合器摩擦片。

（11）安装输入离合器摩擦片。

（12）输入离合器支承盘和挡圈。

4T65—E 自动变速器 4 挡离合器的安装

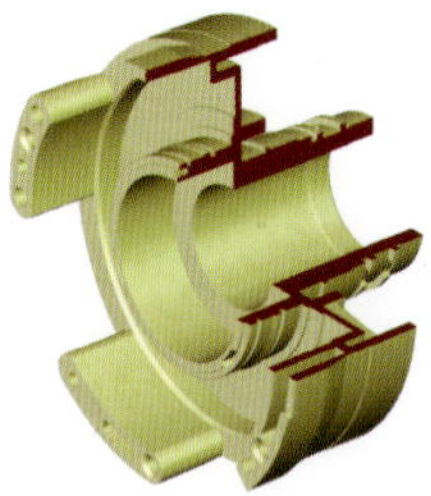

（1）准备好从动链轮支座。

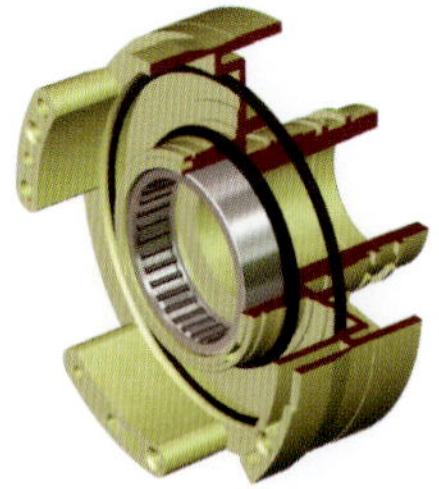

（2）安装冷拔杯形轴承。

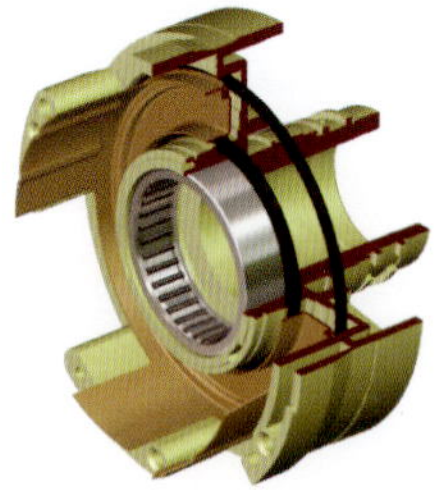

（3）安装 4 挡离合器活塞。

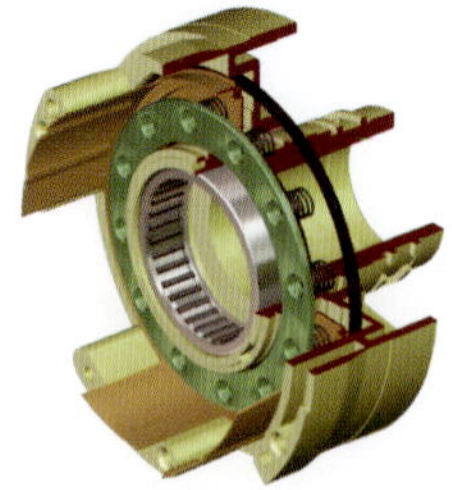

（4）安装 4 挡离合器活塞复位弹簧。

（5）安装 4 挡离合器弹簧锁止圈。

（6）安装从动链轮。

（7）安装 4 挡离合器轴 / 毂。

（8）安装 4 挡离合器片。

（9）安装密封圈。

（1）准备好差速器壳体。

（2）安装行星齿轮。

(3)安装行星齿轮锁止卡簧。

（4）安装制动轮。

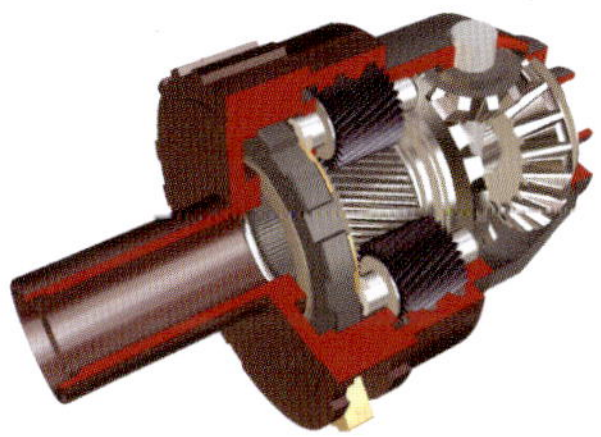

（5）安装主减速器内齿圈。

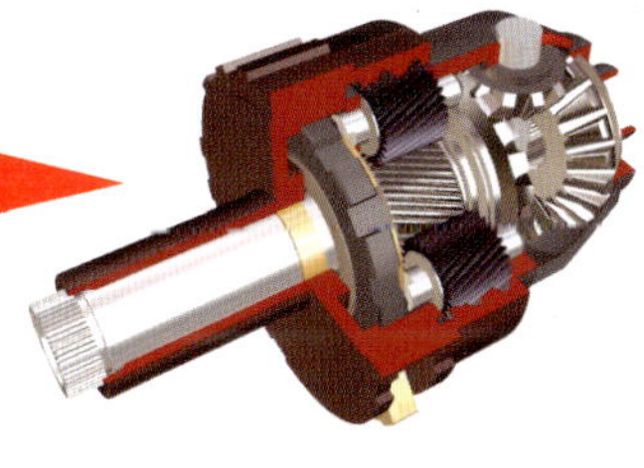

（6）安装主减速器太阳轮。

（7）安装止推垫圈。

（8）安装速度传感器轮。

4T65—E 自动变速器的整体安装

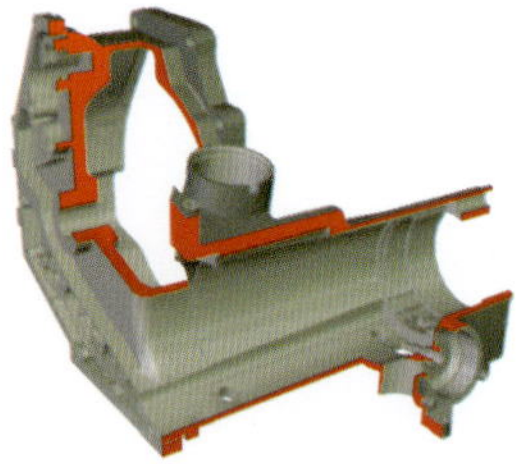

（1）准备好自动变速器壳体。

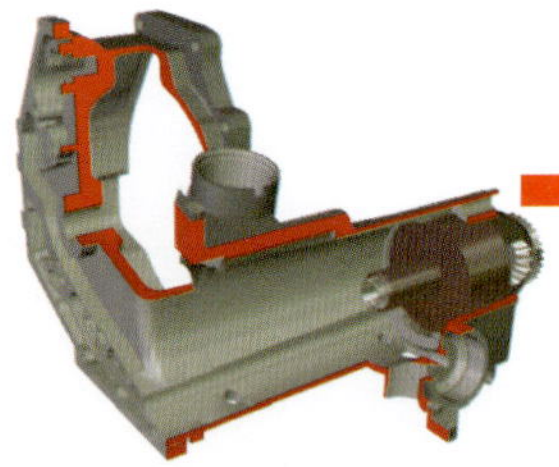

（2）安装主减速器 / 差速器。

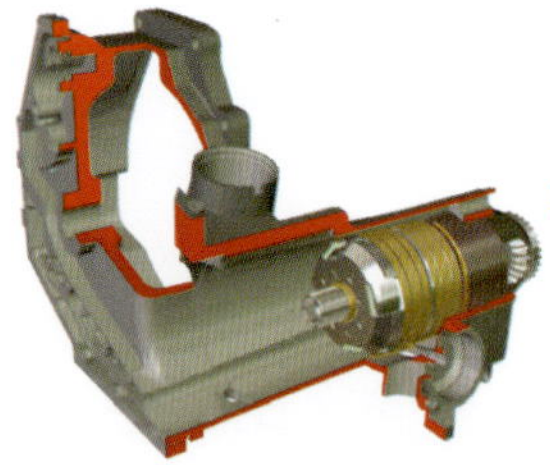

（3）安装前进挡制动带及行星齿轮机构。

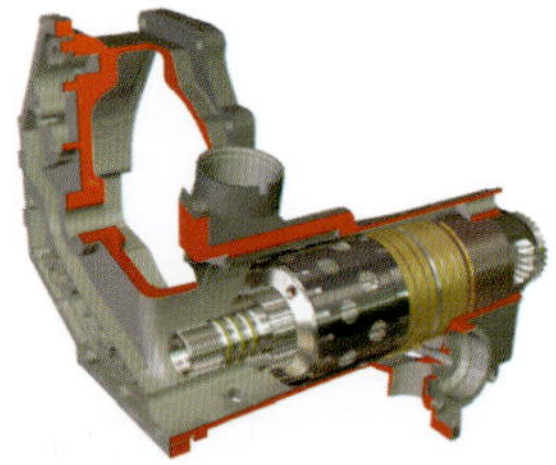

（4）安装倒挡制动毂及输入离合器壳 / 轴 。

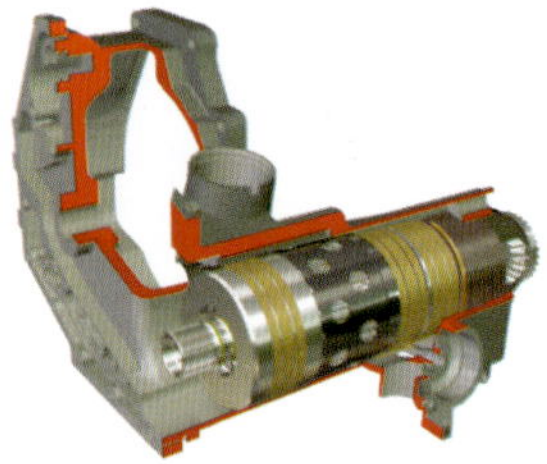

（5）安装倒挡制动带及 2 挡离合器。

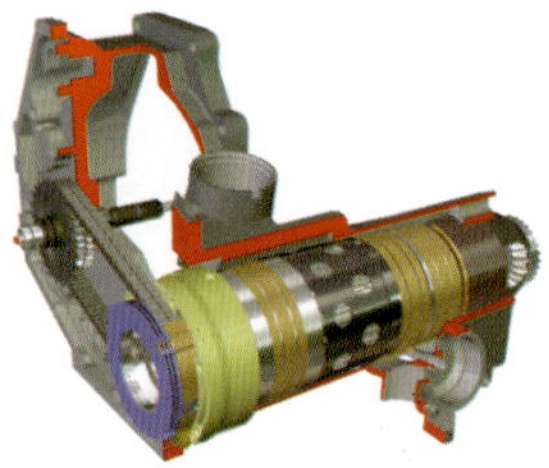

（6）安装从动链轮及驱动链条。

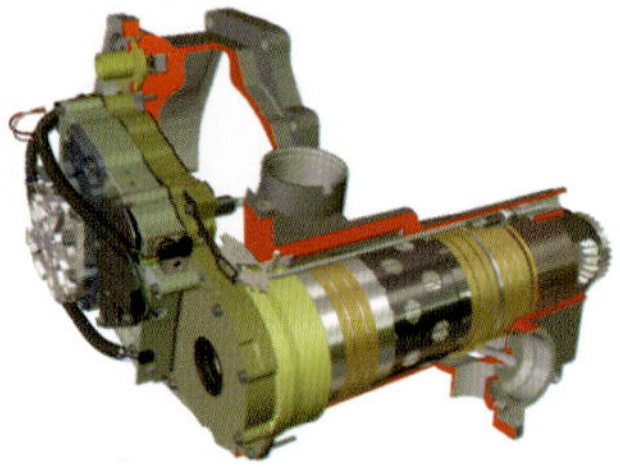

（7）安装驻车制动杆及油路控制阀板。

（8）安装衬垫及壳体侧盖。

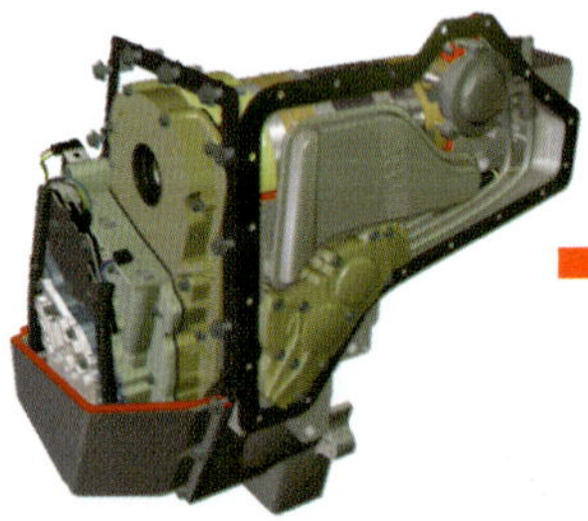

（9）安装变速器油滤清器。

（10）安装衬垫及变速器油底壳。

（11）安装液力变矩器。

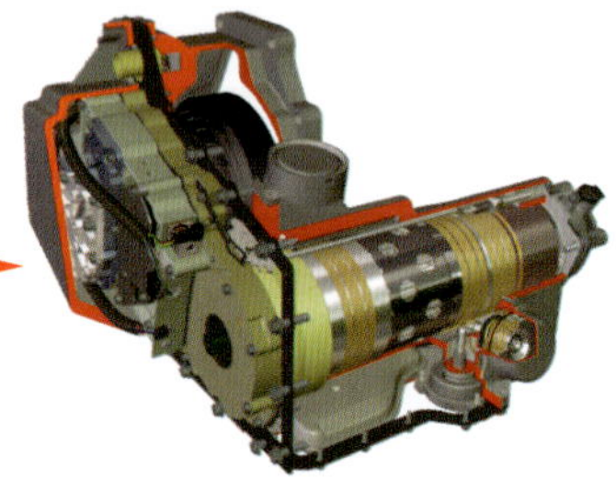

（12）安装完成。

01M 自动变速器的选挡手柄

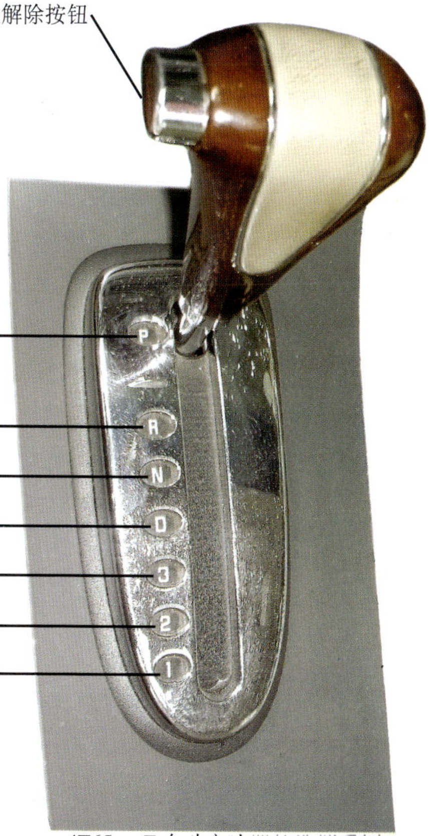

4T65—E 自动变速器的选挡手柄

P——驻车挡，用于停车时起动发动机及保持发动机运转，注意只有当车辆完全停止后方可挂入该挡；
R——倒挡，使车辆向后运动；
N——空挡，发动机运转但不驱动车辆，如需要可在车辆运动时，利用空挡起动发动机；
D——前进挡，正常行驶时使用，该挡允许自动变速器在1~4挡间变化；
3——手动3挡，该挡允许自动变速器在1~3挡间变化，该挡位也可用于发动机缓速制动；
2——手动2挡，该挡允许自动变速器在1~2挡间变化，可用于加速及发动机缓速制动；
1——手动1挡，把自动变速器锁止在1挡，主要用于下长坡，下坡时具有发动机制动功能。

自动变速器油的特性及选用

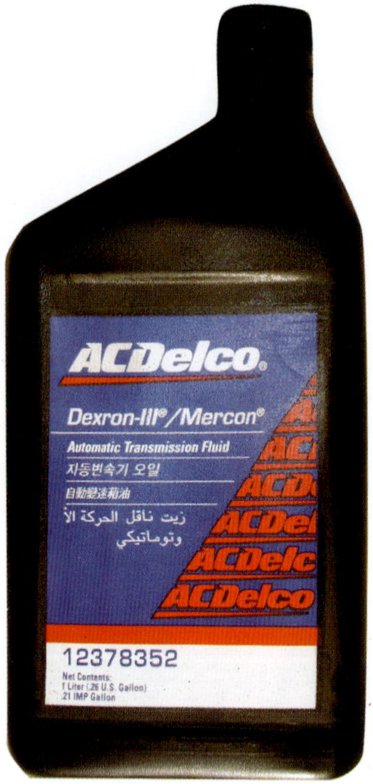

DEXRON-III 自动变速器油

壳牌自动变速器油

自动变速器油的英文简称是 ATF (Automatic Transmission Fluid)，可传递转矩，通过液压控制自动变速器的离合器和制动器的工作，同时具有润滑和冷却的作用。它是特殊的高级液压油及润滑油，它加有多种化学添加剂，以保证油液的耐久使用性，提高其抗氧化、抗腐蚀、抗泡沫等综合性能，更好地满足低温流动性和摩擦副间的润滑性能，还提高了油液的闪点、燃点。自动变速器油一般呈红色，泄漏时，比较容易与发动机机油相区别。

不同的车型所用自动变速器油也不同，目前市面上使用的自动变速器油主要有：GM 标准型 DEXRON- Ⅱ或Ⅲ、Ford 标准型 Mercon、大众标准型 ATF 、本田标准型 ATF 等。自动变速器油应按厂家规定选用，各种油一般不能混用，否则会影响自动变速器使用寿命。

检查节气门拉索

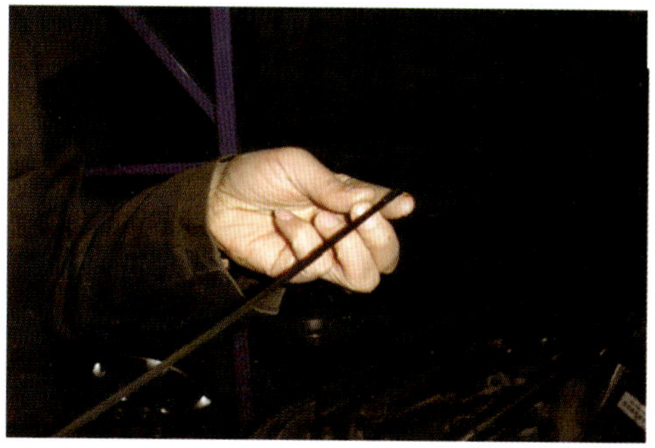

检查油质

检查怠速

一、油质检查

检查油液时，从油尺上嗅一嗅油液的气味，在手指上点少许油液，用手指互相摩擦看是否有渣粒，或将油尺上的油液滴在干净的白纸上，检查油液的颜色及气味。正常油液的颜色一般为红色，且无气味。如油液呈棕色或有焦味，说明已变质，应立即换油。

二、油量检查

将车辆停放在水平路面，拉紧驻车制动器，预热发动机及自动变速器，将选挡手柄依次推入D、R挡并各自停留片刻，以便使油液充满液力变矩器以及离合器、制动器各油缸，最后将选挡手柄置P挡或N挡，使发动机怠速运转。

抽出自动变速器油尺，用干净的纸或布将油尺擦拭干净后再放入套管。再次抽出油尺检视：在室温15～20℃时，油面高度应在油尺的下限附近；在变速器正常工作温度80～90℃时，油面高度应在油尺的上限附近。

三、怠速检查

发动机怠速不正常，会导致自动变速器工作不正常、出现换挡冲击等故障。检查怠速时应将自动变速器选挡手柄置于停车挡（P）或空挡（N）位置。装自动变速器的汽车发动机怠速为750～850r/min。若发动机怠速过低或过高，都应予以调整。

四、挡位开关的检查

将选挡手柄拨至各个挡位，检查挡位指示灯与选挡手柄位置是否一致，P挡和N挡时发动机能否起动，R挡时倒挡灯是否亮起，挡位是否发卡，若有异常，应调节挡位开关。

五、节气门拉索的检查

节气门的开度将影响自动变速器的换挡时间，发动机熄火后，节气门应全闭，当加速踏板踩到底时，节气门应全开。节气门拉索的索芯不应松弛，索套端和索芯上限位之间的距离应在0～1mm之间，否则应进行调整。

自动变速器的失速试验

塞住车轮，预热发动机。

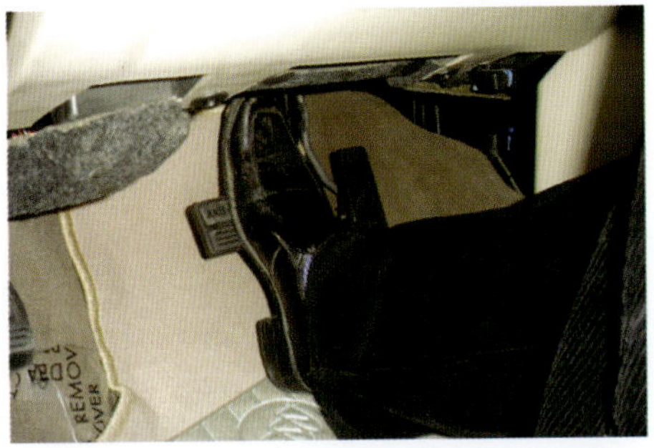

拉紧驻车制动器，踩下制动踏板（保持住）。

选挡手柄拨入R挡位置。

快速将加速踏板踩到底，转速稳定后读取R挡失速转速。

选挡手柄拨入D挡位置。

快速将加速踏板踩到底，转速稳定后读取D挡失速转速。

失速试验是锁住自动变速器输出轴，节气门全开，检查发动机、液力变矩器及自动变速器中有关换挡执行元件的工作情况的一种试验。

一、试验准备

（1）预热发动机和自动变速器；

（2）检查汽车的行车制动和驻车制动，确认性能良好；

（3）检查自动变速器液压油高度，应正常。

二、试验步骤

（1）将汽车停放在宽阔的水平地面上，前后车轮用三角木块塞住。

（2）拉紧驻车制动器，左脚用力踩住制动踏板。

（3）起动发动机。

（4）将选挡手柄拨入D挡位置。

（5）在左脚踩紧制动踏板的同时，用右脚将加速踏板踩到底，在发动机转速不再升高时，迅速读取此时的发动机转速，试验时间不要超过5s。

（6）读取发动机转速后，立即松开加速踏板。

（7）将选挡手柄拨入P挡或N挡，让发动机怠速运转1min，以防止液压油因温度过高而变质。

（8）将选挡手柄拨入其他挡位（R、2、1），做同样的试验。

三、试验数值分析

失速转速应符合维修手册的要求，失速转速过低，则发动机工作不良或液力变矩器传递不良；失速转速过高，主要是由换挡执行元件打滑引起。

自动变速器的油压试验

油压试验是在自动变速器运转时，对控制系统各个油压进行测量，为分析自动变速器的故障提供依据，以便于有针对性地进行修复。

一、油压试验的项目

主油路压力、负荷油压、速控油压、变矩器油压、蓄压器油压。

二、试验的准备

(1) 拉紧驻车制动器，并用垫木将4个车轮塞住使车辆可靠固定；

(2) 预热汽车及自动变速器；

(3) 按维修手册要求，将油压表连接到相应的检测孔上；

(4) 起动汽车，检查管接头及油管连接等是否有泄漏。

三、试验

将制动踏板踩到底，将选挡手柄拨入D挡，在发动机怠速运转的情况下，检查并记录油路压力，然后，将加速踏板踩到底，在发动机转速达到失速转速时，迅速记录油路最高压力。用同样的方法检测R挡。

四、油压数值分析

所测的油压数值必须符合维修手册的规定值。油压过低，其原因一般是油量少，换挡执行元件磨损或间隙过大；油压过高，其原因一般是油量多，油路局部堵塞或间隙过小。

塞住车轮，预热发动机。

将油压表连接到检测孔。

拉紧驻车制动器，踩下制动踏板（保持住）。

选挡手柄拨入D挡位置，踩下加速踏板。

在怠速及节气门全开状态下，分别读取油压表的油压数值。

选挡手柄拨入R挡位，重复上述步骤。

自动变速器的时滞试验

塞住车轮，预热发动机。

保持发动机怠速运转。

拉紧驻车制动器，踩下制动踏板。

选挡手柄首先稳定在N挡。

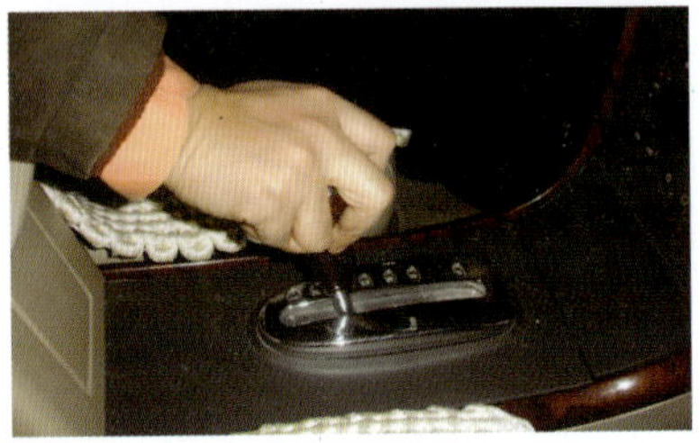

然后把选挡手柄从N挡拨入D挡。

观察转速表的变化。

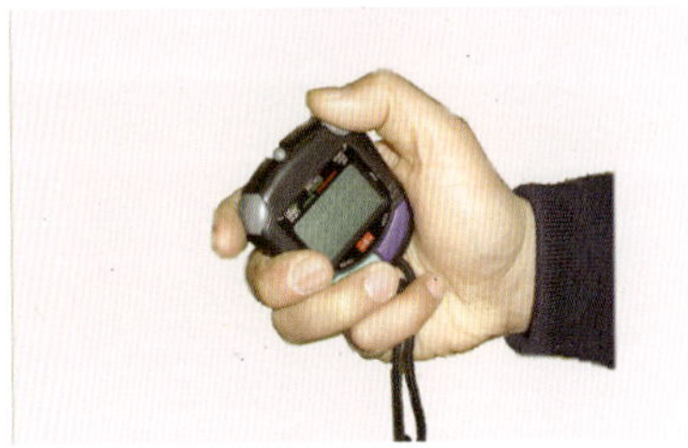

用秒表记录时滞时间。

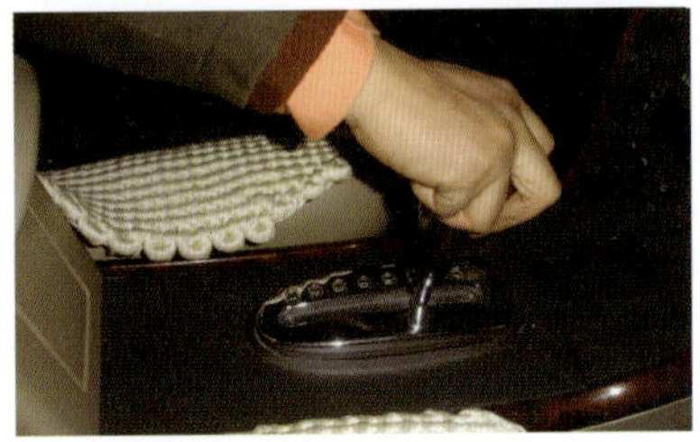

把选挡手柄从N挡拨入R挡，重复上述步骤。

时滞试验又称换挡时间滞后试验，它是在发动机怠速状态下，通过改变自动变速器选挡手柄的位置，测定动力传递到驱动轮所经历的时间，帮助判断故障的位置。时滞时间是指当选挡手柄换入某一挡位瞬间，液压控制系统发生作用，动力经行星齿轮、传动装置到达驱动轮所经历的时间。

一、试验准备

（1）预热发动机和自动变速器；

（2）将汽车停放在水平地面上，拉紧驻车制动器；

（3）检查发动机怠速，调至稳定工作状态。

二、时滞试验的方法

（1）保持发动机怠速运转；

（2）将选挡手柄从N挡移至D挡，用秒表测出从换挡到感觉到振动之间的时间；

（3）间隔1min后再测，共进行三次，取其平均值作为时滞时间；

（4）以同样的方法，测出N挡移至R挡，进行三次，取其平均值作为时滞时间。

三、试验结果分析

大部分自动变速器N－D时滞时间小于1.0~1.2s，N－R延时时间小于1.2~1.5s，若N－D时滞时间过长，说明主油压过低，或前进挡离合器摩擦片磨损过甚或前进挡单向离合器工作不良。若N－R时滞时间过长，说明倒挡主油压过低，或倒挡离合器、倒挡制动器磨损过甚或工作不良。

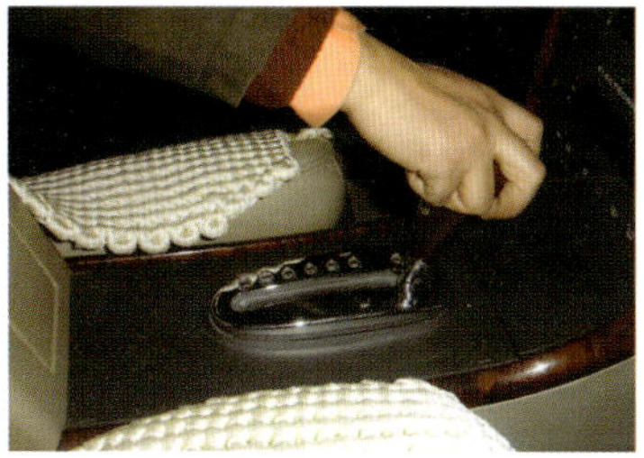

选挡手柄拨入P挡。

预热并保持发动机怠速运转。

选挡手柄拨入D挡。

当挡位变化时，记录仪表变化。

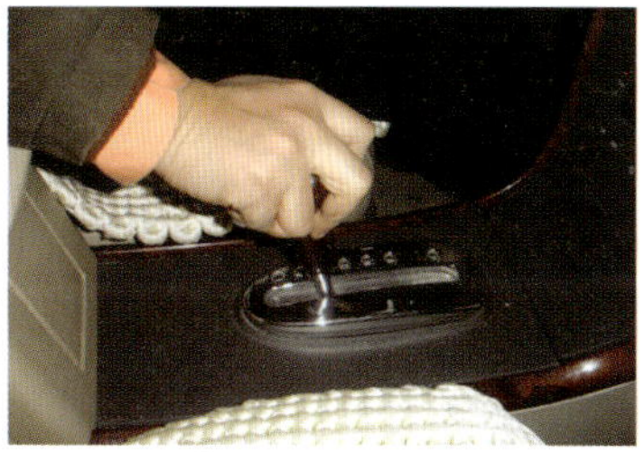

选挡手柄拨入3挡。

当挡位变化时，记录仪表变化。

选挡手柄拨入1挡。

加速时，观察转速表变化。

道路试验是指汽车在道路上行驶，通过不同工况下挡位的自动变换，真实再现汽车所发生过的故障，从而判断自动变速器故障发生的部位、条件和时间，帮助确定引发故障的机构、装置或系统的试验。自动变速器在修复之后，也应进行道路试验，以检查其工作性能，检验修理质量。

一、道路试验内容

检查换挡车速、换挡质量以及检查换挡执行元件有无打滑等。

二、试验准备

预热发动机与自动变速器。

三、试验

(1) 升挡检查：将选挡手柄拨至前进挡D位置，在正常情况下，汽车起步后随着车速的升高，试车者应能感觉到自动变速器能顺利地由低挡升入高挡，若自动变速器不能升入高挡，说明控制系统或换挡执行元件有故障。

(2) 升挡车速的检查：将选挡手柄拨至前进挡D位置，踩下加速踏板，并使节气门保持在某一固定开度，让汽车起步并加速。当察觉到自动变速器升挡时，记下升挡车速；节气门开度不同，升挡车速也不同，而且不同车型的自动变速器其升挡车速也不完全一样，只要升挡车速满足维修手册规定的车速范围，汽车加速良好，无明显的换挡冲击，都可认为其升挡车速正常，否则说明其有故障。

(3) 升挡时发动机转速的检查：在正常情况下，节气门开度保持在低于50%范围内，汽车由起步加速直至升入高速挡的整个行驶过程中，发动机转速一般低于3000r/min。如果在行驶中发动机转速过高，则说明自动变速器的换挡执行元件（离合器或制动器）打滑，应拆修自动变速器。

(4) 换挡质量的检查：主要是检查有无换挡冲击。正常的自动变速器换挡冲击应十分微弱。若换挡冲击太大，说明自动变速器的控制系统或换挡执行元件有故障。

(5) 锁止离合器工作状况的检查：主要是检查液力变矩器中锁止离合器工作是否正常。

(6) 发动机制动作用的检查：检查汽车在坡道行驶时，在3、2、1挡是否有发动机制动。

(7) 强制降挡功能的检查：在以D3挡或D4挡行驶时，突然将加速踏板完全踩到底，检查自动变速器是否被强制降低一个挡位。

专用汽车故障诊断仪 Tech2 的结构和功能

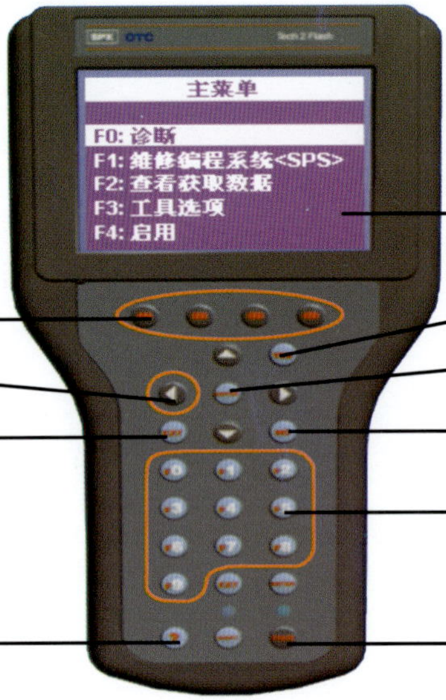

Tech2 的结构示意图

使用 Tech2 检测故障

一、结构

仪器的外观如左图，仪器的操作简单，了解操作键的功能后，按屏幕的提示操作即可进行检测工作。

二、功能

专用汽车诊断仪器Tech2主要用于检测通用公司生产的各类车辆，具有能读取车辆故障码、测量数据流、显示信号波形、控制执行元件动作、捕捉并存储车辆运行的有关技术参数、进行数据设定、进行防盗密码设定等功能，并能连接网络，使检测软件升级。

三、检测车辆的故障码、数据流的目的

(1)采用汽车故障检测仪能读取车辆的故障码，通过解码，可以诊断出车辆的故障，确定车辆的故障范围及原因。

(2) 车辆运行时，动力系控制模块 (PCM) 将以一定的时间间隔不断接收各个传感器的输入信号和向各个执行器发出控制指令。车辆运行的数据参数是 PCM 正运行的控制状态的数量表现形式。我们可通过诊断仪器读取这些数据参数并加以分析，数据流分析就是运用各种测试手段对控制系统的各相关数据参数进行综合分析的过程。如我们可通过改变发动机转速、负荷、温度、压力等影响条件，观察各相应传感器的信号参数是否有相应的变化，从而判断各传感器的好坏，诊断出发动机的故障。

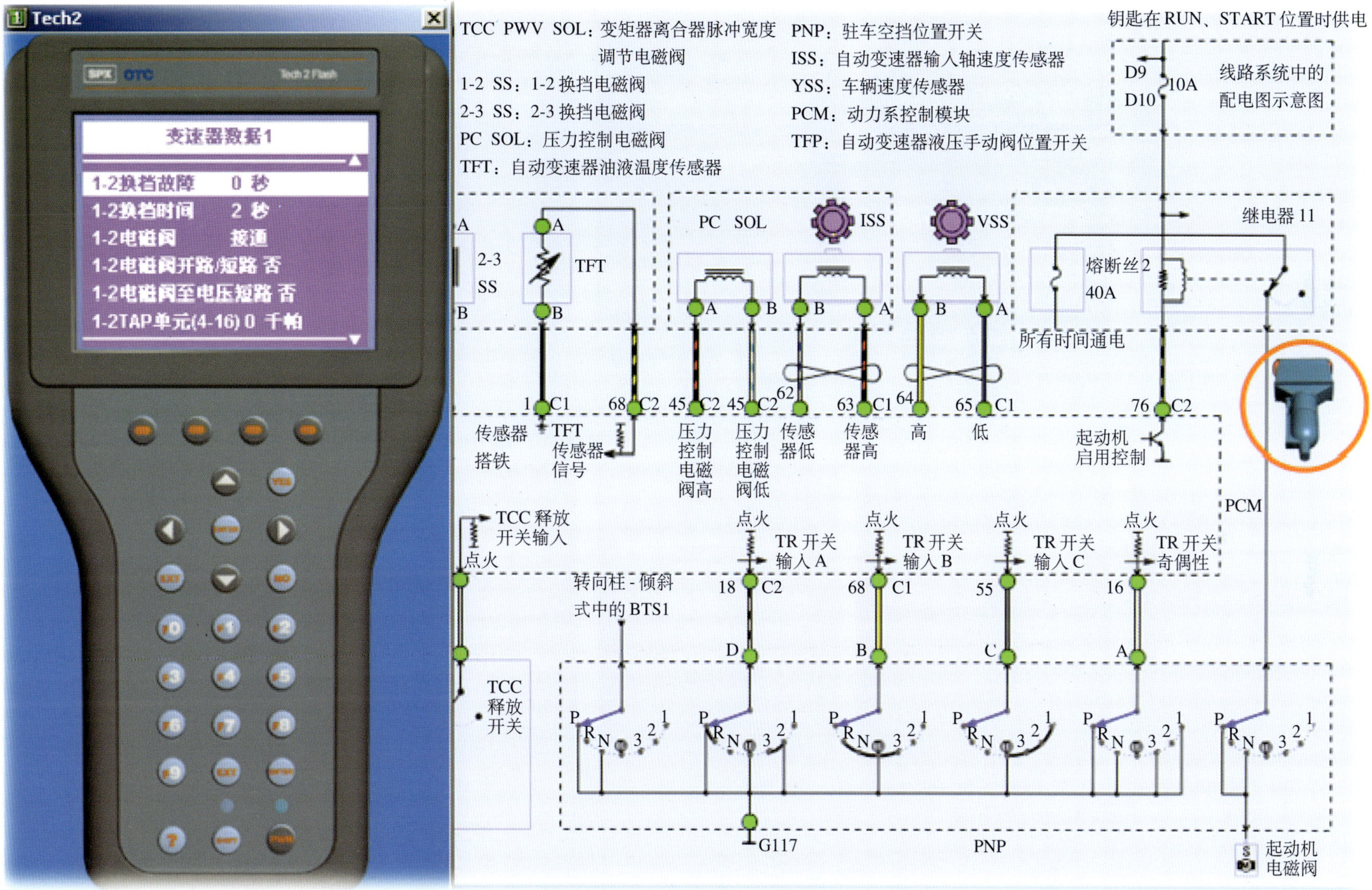

Tech2
变速器数据1
1-2换档故障 0 秒
1-2换档时间 2 秒
1-2电磁阀 接通
1-2电磁阀开路/短路 否
1-2电磁阀至电压短路 否
1-2TAP单元(4-16) 0 千帕
TCC PWV SOL：变矩器离合器脉冲宽度调节电磁阀
1-2 SS：1-2 换挡电磁阀
2-3 SS：2-3 换挡电磁阀
PC SOL：压力控制电磁阀
TFT：自动变速器油液温度传感器
PNP：驻车空挡位置开关
ISS：自动变速器输入轴速度传感器
YSS：车辆速度传感器
PCM：动力系控制模块
TFP：自动变速器液压手动阀位置开关
钥匙在 RUN、START 位置时供电
线路系统中的配电图示意图
继电器 11
熔断丝 2 40A
所有时间通电
传感器搭铁
TFT 传感器信号
压力控制电磁阀高
压力控制电磁阀低
传感器低
传感器高
高
低
起动机启用控制
PCM
TCC 释放开关输入
点火
TR 开关输入 A
TR 开关输入 B
TR 开关输入 C
TR 开关奇偶性
转向柱 - 倾斜式中的 BTS1
TCC 释放开关
G117
PNP
起动机电磁阀

使用专用汽车故障诊断仪 Tech2 检测故障码

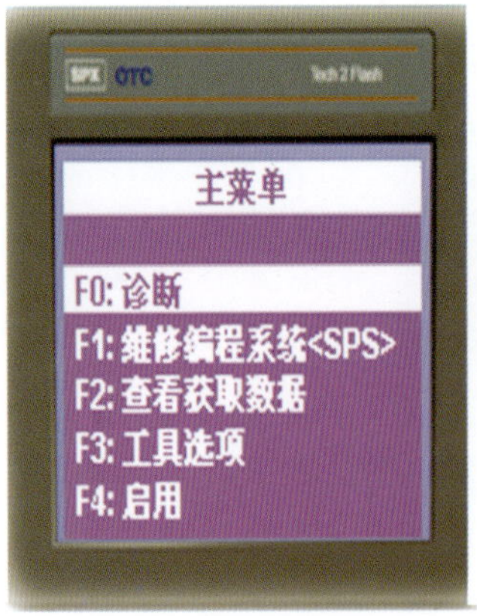

（1）按 PWR 键进入“主菜单”，选择“诊断”，按 F0 键。

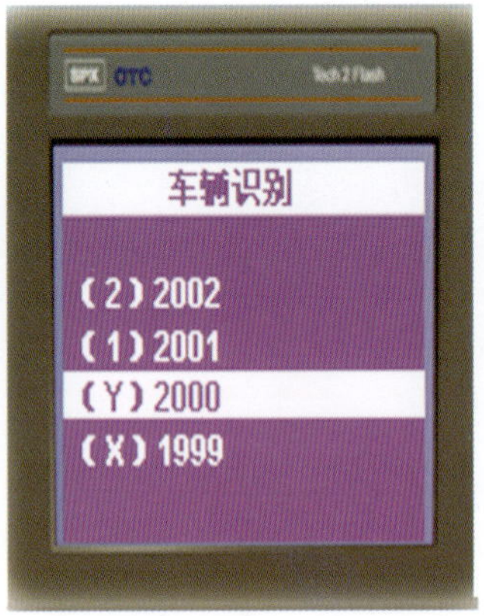

（2）选择“车辆生产年份”，按 ENTER 键。

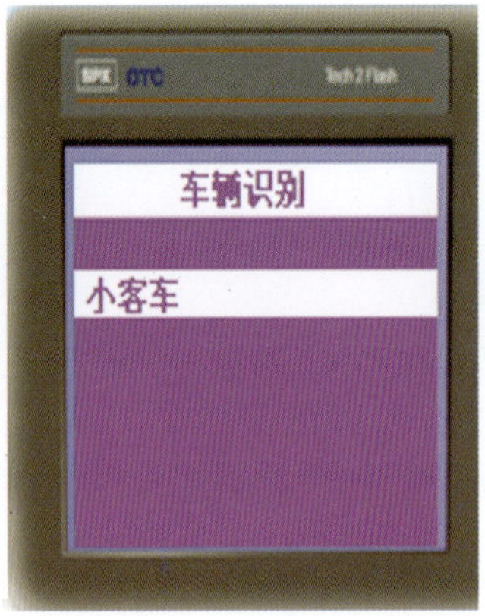

（3）选择“车辆类型”，按 ENTER 键。

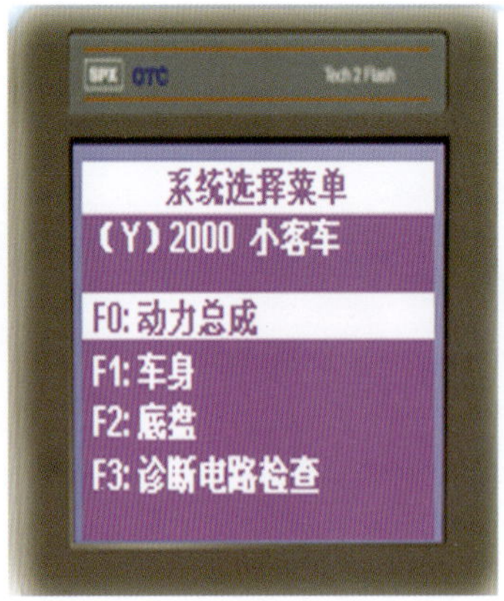

（4）选择“检测系统”，按 F0 键。

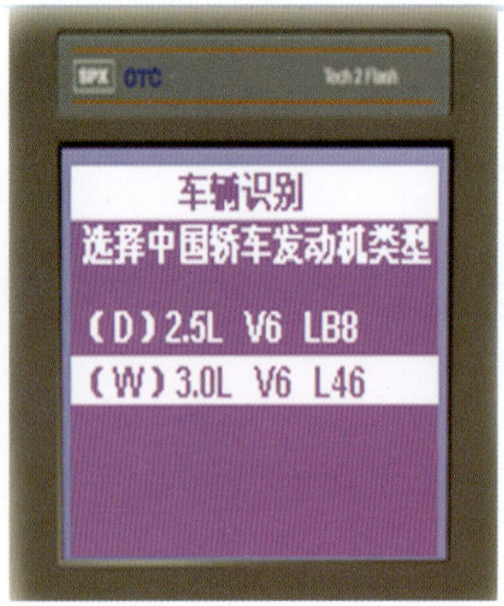

（5）选择“发动机类型”，按 ENTER 键。

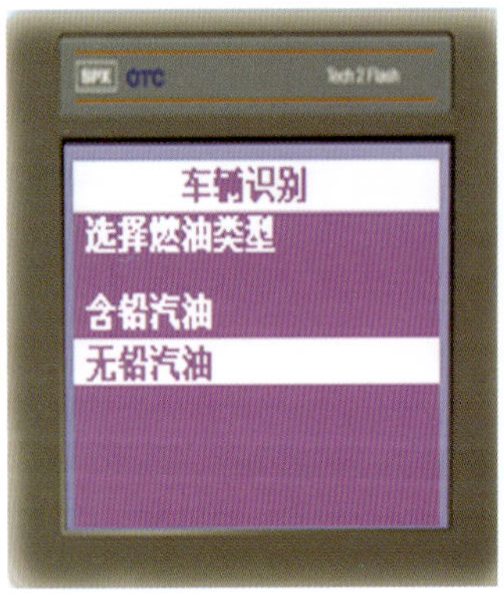

（6）选择“燃油类型”，按 ENTER 键。

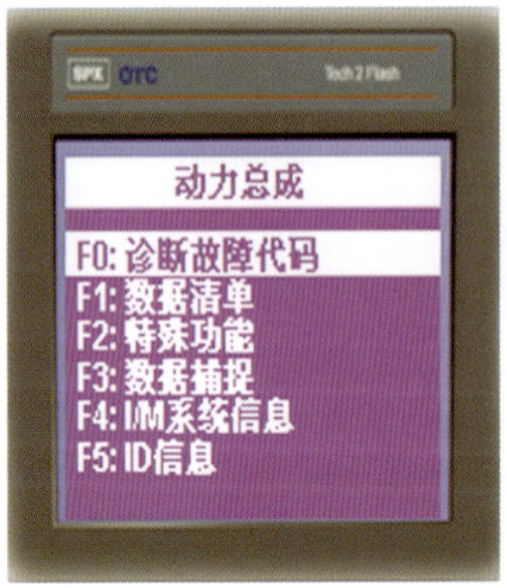

（7）选择“诊断内容”（诊断故障代码），按 F0 键。

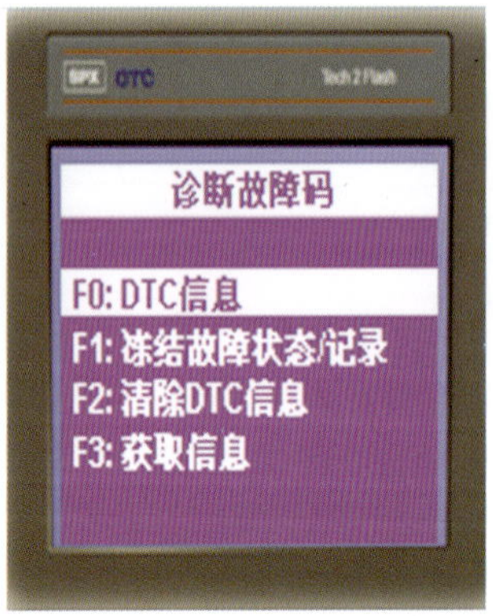

（8）选择“DTC 信息”，按 F0 键。

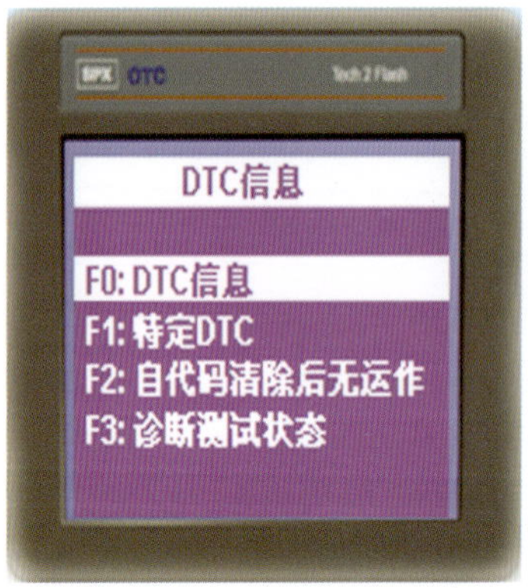

（9）选择“DTC 信息”，按 F0 键。

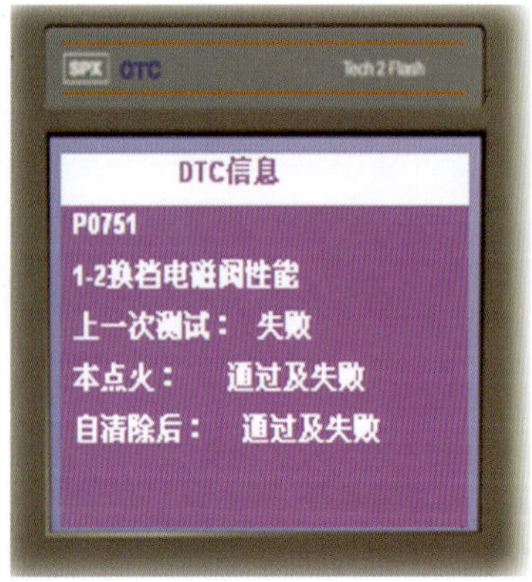

（10）读取故障码及其内容。

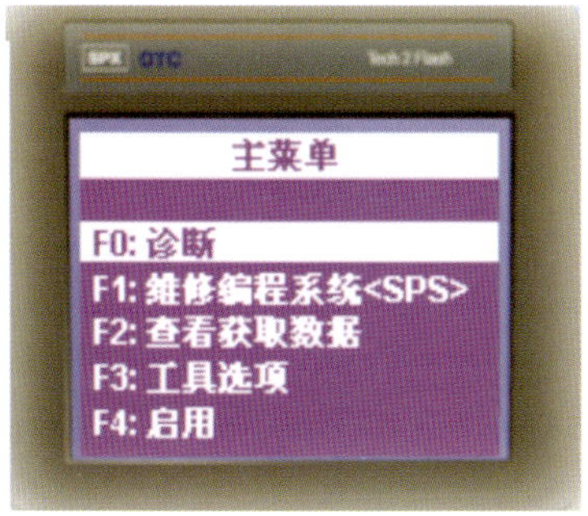

（1）按PWR键进入“主菜单”，选择“诊断”，按F0键。

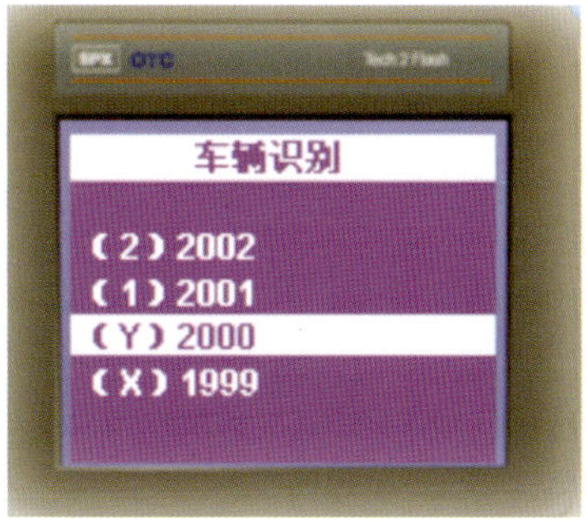

（2）选择“车辆生产年份”，按ENTER键。

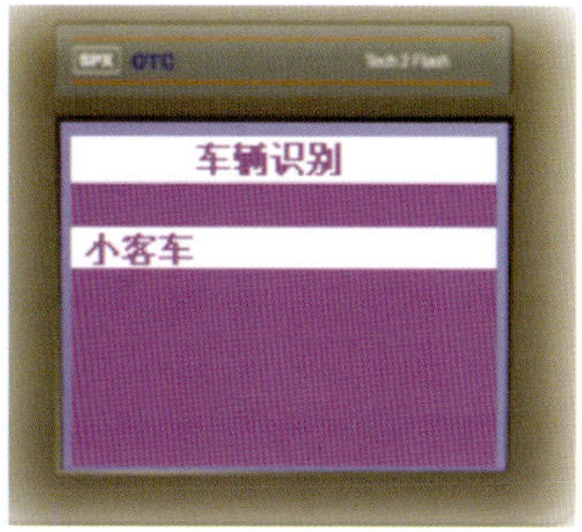

（3）选择“车辆类型”，按ENTER键。

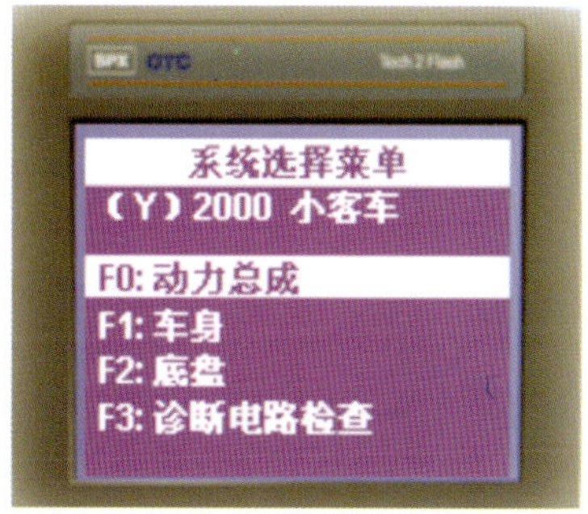

（4）选择“检测系统”，按F0键。

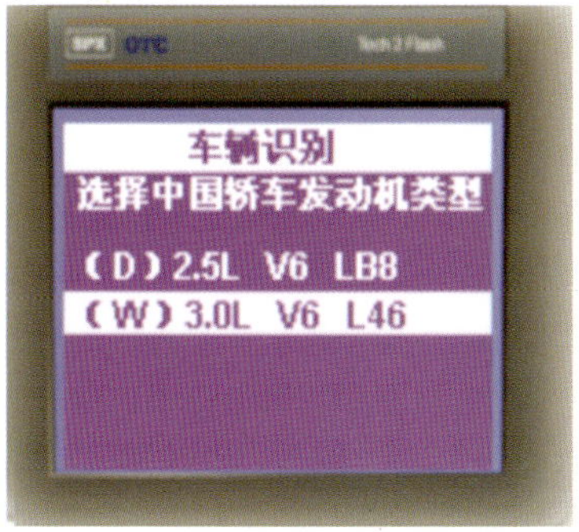

（5）选择“发动机类型”，按ENTER键。

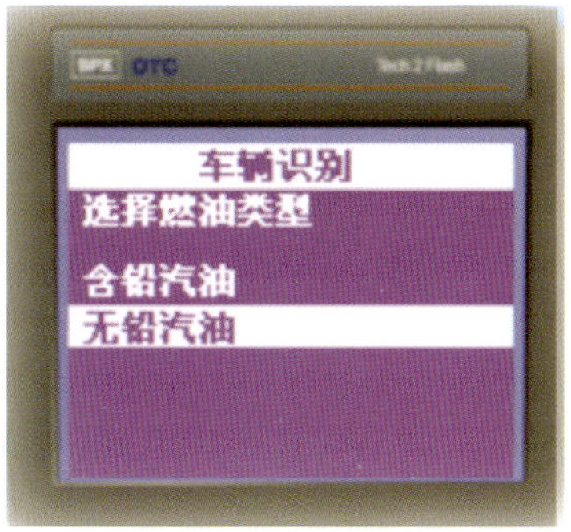

（6）选择“燃油类型”，按ENTER键。

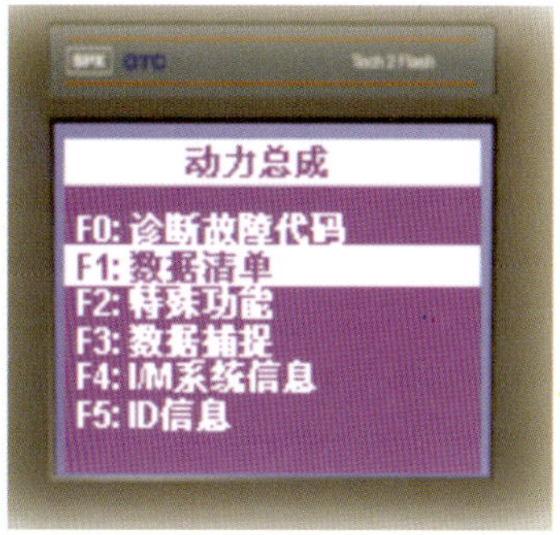

（7）选择“诊断内容”（数据清单），按F1键。

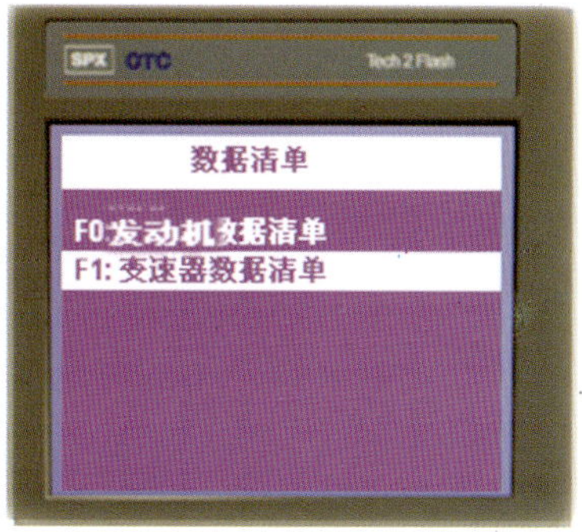

（8）选择“变速器数据清单”，按F1键。

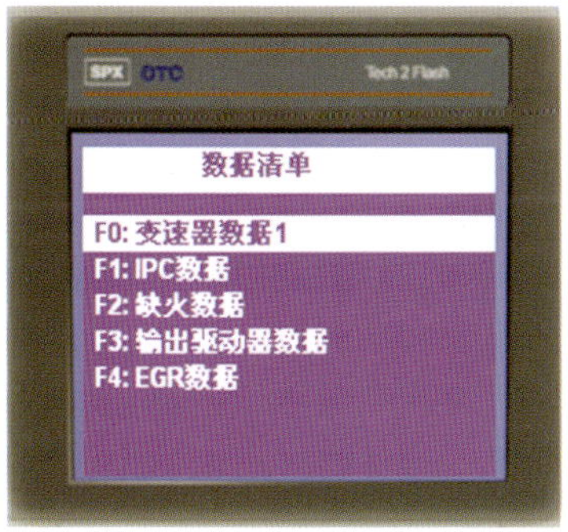

（9）选择“变速器数据1”，按F0键。

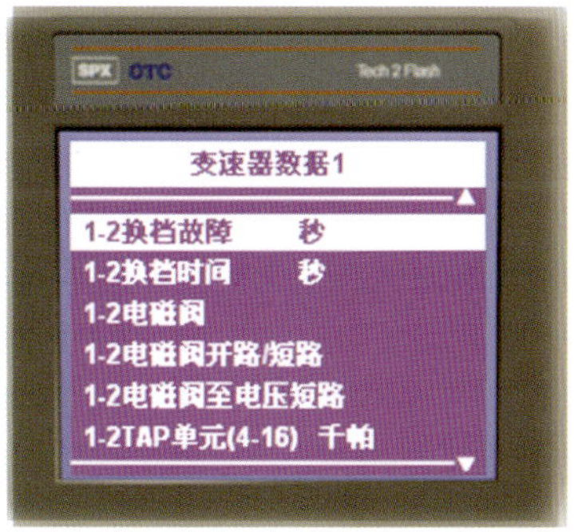

（10）按上、下选择键，读取所需数据。

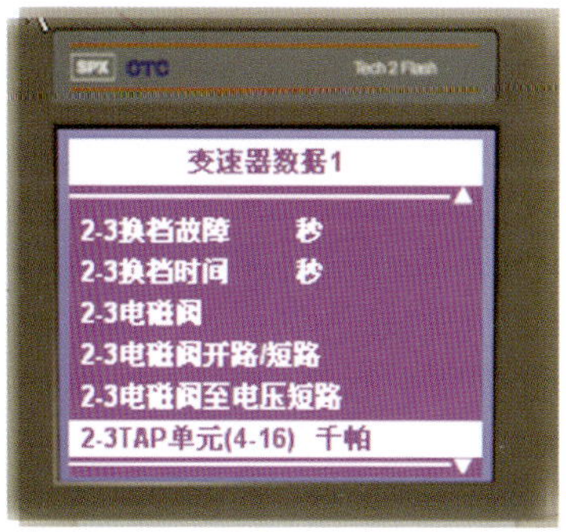

（11）按左、右选择键翻页，读取另一组数据。

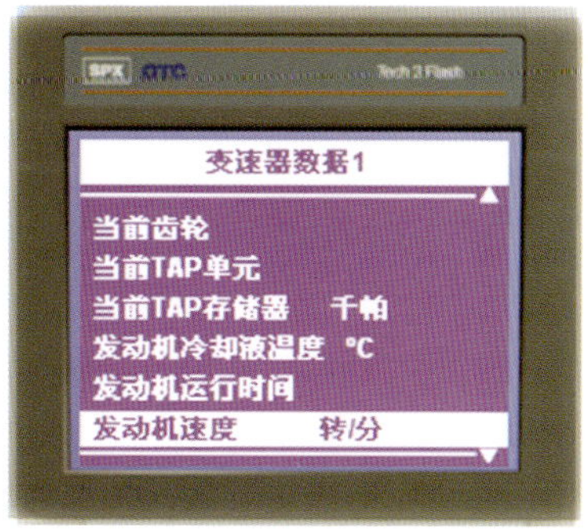

（12）按左、右选择键翻页，可往后读完所有数据。

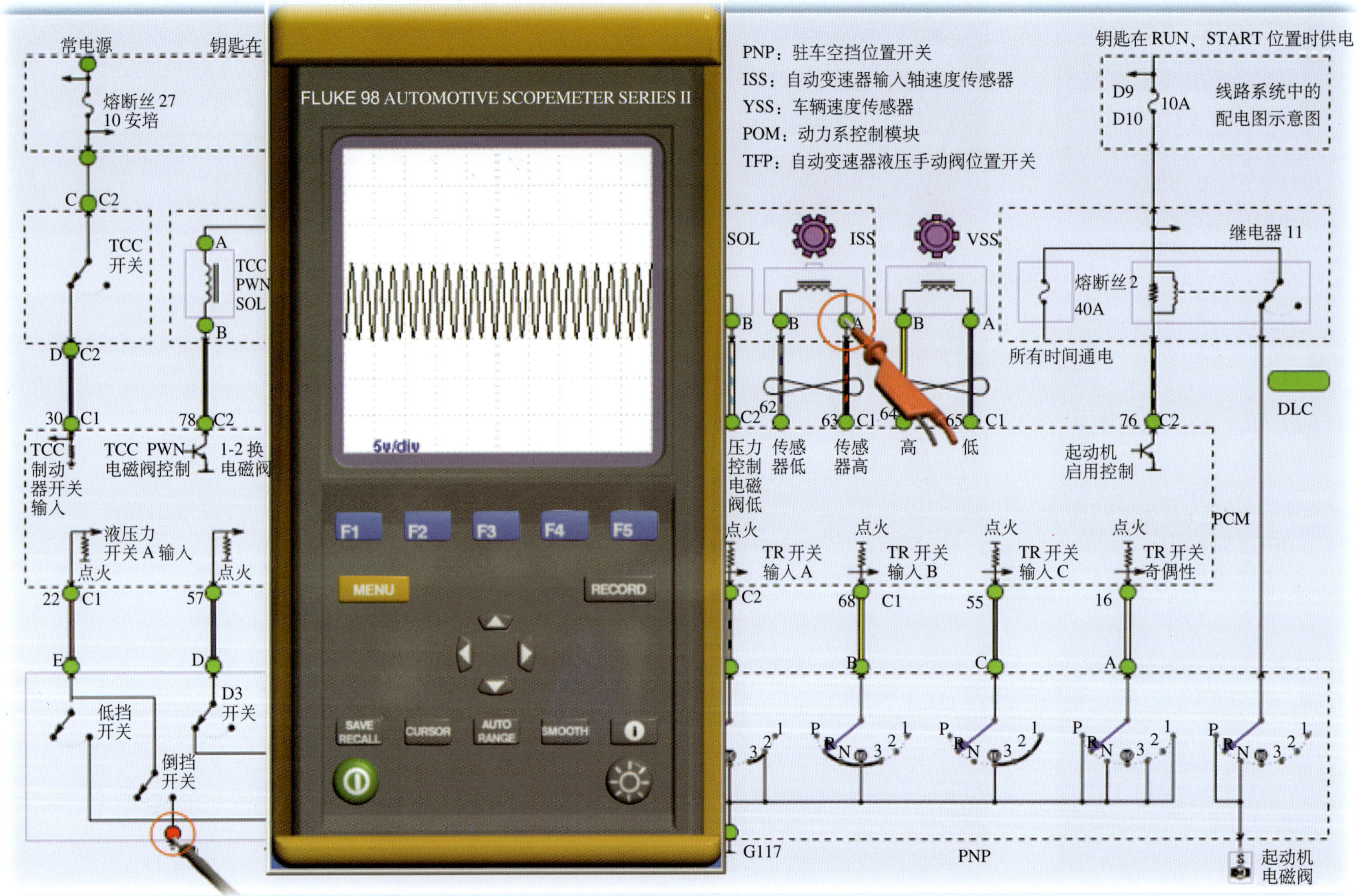
常电源
钥匙在
熔断丝 27
10 安培
TCC 开关
TCC PWN SOL
TCC 制动器开关输入
TCC PWN 电磁阀控制
1-2 换 电磁阀
液压力 开关 A 输入
点火
低挡 开关
D3 开关
倒挡 开关
FLUKE 98 AUTOMOTIVE SCOPEMETER SERIES II
PNP：驻车空挡位置开关
ISS：自动变速器输入轴速度传感器
YSS：车辆速度传感器
POM：动力系控制模块
TFP：自动变速器液压手动阀位置开关
钥匙在 RUN、START 位置时供电
10A
线路系统中的配电图示意图
继电器 11
熔断丝 2
40A
所有时间通电
DLC
压力控制电磁阀低
传感器低
传感器高
高
低
起动机启用控制
PCM
TR 开关输入 A
TR 开关输入 B
TR 开关输入 C
TR 开关奇偶性
G117
PNP
起动机电磁阀

（1）按“PWR”键，进入主界面，按OK键。

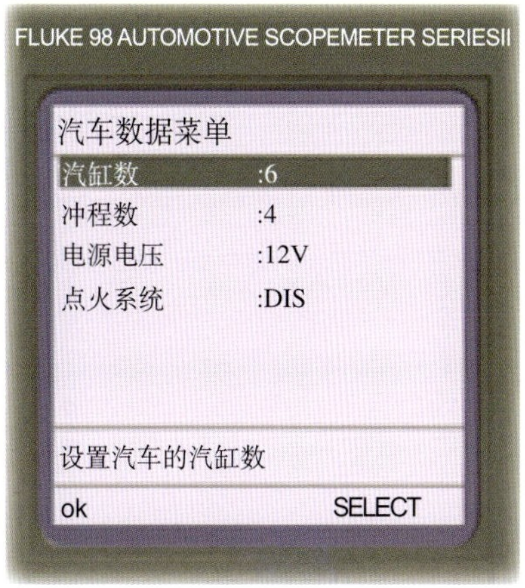

（2）按上、下键，选择“汽车数据”，再按SELECT键。

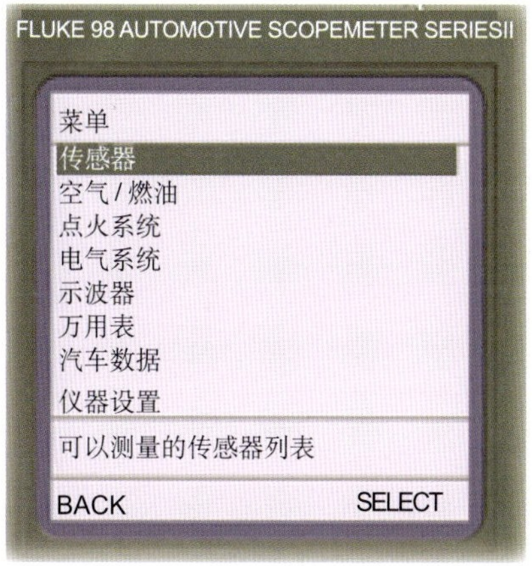

（3）按上、下键，选择“传感器”，再按SELECT键。

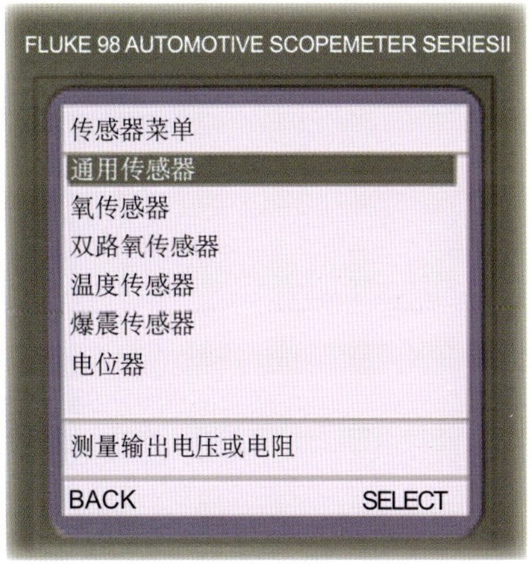

（4）按上、下键，选择“通用传感器”，再按SELECT键。

（5）按照仪器的提示，把示波器的信号拾取线接到传感器信号输出端，地线搭铁。

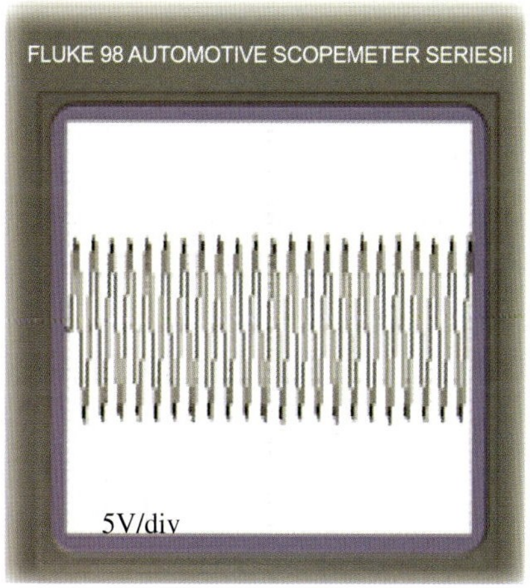

（6）读取传感器的信号波形。